면접관이 공개하는

군무원 면접

합격의 공식

시대에듀

2025 시대에듀 면접관이 공개하는 군무원 면접 합격의 공식

Always **with you**

사람의 인연은 길에서 우연하게 만나거나 함께 살아가는 것만을 의미하지는 않습니다.
책을 펴내는 출판사와 그 책을 읽는 독자의 만남도 소중한 인연입니다.
시대에듀는 항상 독자의 마음을 헤아리기 위해 노력하고 있습니다. 늘 독자와 함께하겠습니다.

머리말

군무원 합격은 면접이다!

군무원 필기합격자 여러분들! 합격을 진심으로 축하드립니다. 군무원은 1차 필기시험에서 1.3~1.5배를 선발한 후 이들을 대상으로 면접을 진행하고, 최종합격 선발은 필기시험 점수와 면접시험 점수를 더하여 높은 점수를 받은 사람 순으로 최종 합격자를 결정합니다. 필자의 오랜 군 생활과 면접관 경험, 그리고 최근 면접실태를 분석해보면 다음 몇 가지를 중요시하여 면접에 임해야 할 것이라고 생각합니다.

첫째 면접관 편성은 부대 실정에 따라 다르지만 대부분 현역 영관장교가 면접관에 포함되어 있습니다. 현역들은 군무원과 함께 근무하면서 겪은 경험적 요소, 특히 군무원의 정신자세와 업무에 대한 숙련도, 구성원 간의 갈등요소 및 갈등해소 등을 중요하게 보므로 이러한 경험적 부분에 대해 질문이 이어질 수 있습니다.

둘째 지원한 직렬분야에 대한 기본지식, 즉 직무수행의 적합도를 평가합니다. 지원 전 직렬에 대한 충분한 검토 후 내게 맞는 직렬을 선택하여야 합니다. 지원한 직렬에 대한 직무내용을 숙지하고, 기술직의 경우 취급 장비 등에 관한 지식, 자신이 근무하면서 발전시키고자 하는 업무 등 전문 분야에 대한 질문을 사전에 준비하여야 합니다.

셋째 매년 나오는 질문인 지원동기, 자신의 장단점 등은 매우 중요합니다. 수험서에 작성된 내용을 참고하여 자신만의 답변 내용을 만들어 반복해서 연습하여야 합니다. 자신의 문제점, 보완할 점 등에 관한 개선사항을 숙지하고 연습하면, 실제 면접에 좋은 답변을 할 수 있을 것입니다.

넷째 최근 시사문제에 관심을 가질 필요가 있습니다. 북한의 정찰위성 발사, 챗GPT 등의 이슈들이 있으며, 군과 관련된 뉴스들도 많이 나오고 있습니다. 최신 시사상식에 관심을 가지고 본인의 생각을 정리할 수 있어야 합니다. 특히 면접 당일 아침 뉴스는 꼭 확인해보는 것이 좋습니다. 또한 공직자로 근무하다 보면 여러 가지 유혹이 필연적으로 따를 확률이 높습니다. "친한 지인, 친척으로부터 직무와 관련하여 청탁이 들어오면 어떻게 할 것인가"라는 형태의 질문을 받을 수 있으니 이에 대비한 면접 답변은 꼭 준비해야 할 것입니다.

마지막으로 강조하고 싶은 것은 자신감을 갖는 것입니다. 대부분의 면접관은 군이라는 조직에 잘 순응하면서 업무를 잘 수행할 수 있는 사람을 선발하는 데 초점을 두고 있습니다. 그러다보니 정신자세 측면이 더 강조되고 답변 시 내용은 다소 부족하더라도 자신감을 갖고 논리 정연한 발표를 통해 면접관을 설득시킬 수 있는 의사발표 능력을 갖는 것이 중요합니다.

최근 면접의 변별력 문제가 언급된 만큼 점점 난도가 높아질 것으로 예상됨에 따라 더 많은 준비가 요구되고 있습니다. '면접관이 공개하는 군무원 면접 합격의 공식'을 통해 준비한 수험생들의 좋은 결과를 기대하고 응원합니다.

(예) 육군 대령 오세훈

군무원 면접 체크리스트 CHECK LIST

군무원 필기합격을 축하드립니다!

군무원 필기시험 합격과 동시에 신원조사를 바로 준비해야 합니다. 신원조사 절차를 진행하지 않으면 면접시험에 응시할 수 없게 됩니다. 기한을 잘 확인하여 면접시험 전 절차를 꼭 진행하시기 바랍니다.

1 필기합격 확인

2 신원조사 관련 서류 준비하기

> ▶ 다양한 서류를 준비해야 하며 발급까지 시간이 걸리는 서류들도 많으므로 유의합니다.
> ※ 발표일과 면접일에 따라 일정이 상이할 수 있습니다.
> ▶ 각 기관(국군방첩사령부 · 육 · 해 · 공군 · 해병대) 홈페이지에 접속하여 신원조사 서류 제출 링크를 통해 확인할 수 있습니다.

3 신원조사 관련 서류 준비하기

서류 종류	준비가능일	완료여부
1. 신원진술서		
2. 개인정보수집 · 이용 · 제공동의서		
3. 자기소개서		
4. 개인신용정보조회서		
5. 기본증명서(상세/주민등록번호 뒤 7자리 표기)		
6. 병적기록표 또는 병적증명서		
7. 경력경쟁채용 면접대상자 개인경력표		

군무원 면접 D-DAY D-DAY

1 면접 당일 준비물

▶ 응시표, 신분증, 단정한 복장

 ※ 신분증 : 주민등록증, 운전면허증, 여권, 주민번호가 포함된 장애인등록증(복지카드) 중 하나
 ※ 사서, 전산, 병리, 의무기록, 방사선, 치무 등의 응시필수자격증이 요구되는 직렬은 취득한 해당
 분야 필수요구 자격증을 제출
 ※ 개명한 응시자는 개명여부 확인 가능한 자료(주민등록초본 등) 지참 후 제출

2 유의사항

▶ 면접시험 대기 중 임의로 배회 및 앞서 응시한 수험생과 접촉 금지
▶ 교육시간부터 면접종료 시까지 휴대폰 등의 통신 · 전자기기 및 면접자료 탑재 금지

3 면접의 진행 과정

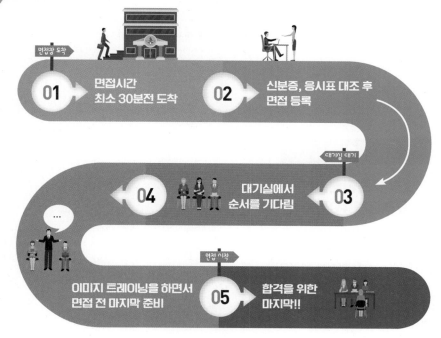

이 책의 구성과 특징 STRUCTURES

CHAPTER 01 군무원이란?

1. 군무원(軍務員)

군부대에서 군인과 함께 근무하는 특정직 국가공무원으로 담당 직렬에 따라 기술, 연구, 일반행정 등의 업무수행을 한다. 군무원을 도입한 목적은 국방업무의 효율적인 수행을 위하여 각 직렬별 전문성을 가진 인력의 필요성이 커진 데 있다.

군인의 경우 계급 및 부대 보직에 따라 업무가 바뀌지만, 군무원의 경우는 그렇지 않다. 따라서 군인의 병과(특기)와 같은 직렬로 구분하고 기술, 연구 및 일반행정 등 업무를 담당하고 있으며, 현재 군 인력정원 감소로 국방업무 유지가 많은 제약을 받고 있는 까닭에 그 부족 인력을 군무원으로 보강하고 있다.

또한 군무원의 모든 대우는 공무원과 동일하다. 복지(복지시설, 아파트 분양 등), 퇴직 후 연금 등 공무원연금공단으로부터 혜택을 받을 수 있으며, 군의 복지 분야도 활용할 수 있다.

2. 군무원의 분류

(1) 일반군무원

① 기술·연구 또는 일반행정 등의 업무담당
② 행정, 군사정보 등 47개 직렬
③ 계급구조: 1~9급

2 시대에듀 | 국방부·육·해·공·해병대 군무원

02
최합 프리패스!
합격전략 10가지

면접에 합격하기 위한 합격전략을 제시하였습니다. 면접에 합격할 수 있는 합격전략 10가지를 학습하고, 이를 활용해 최종합격에 한 걸음 더 다가갈 수 있게 해줍니다.

01
면접 전
꼭 알아야 할 5가지

군무원이란 무엇인지에서부터 면접에 대한 기본 상식, 자기소개서 작성법, 신원조사 제출에 대한 가이드라인을 제시하였습니다.

CHAPTER 01 대기실부터 면접은 시작된다.

1. 면접 당일 지각은 절대 있을 수 없다.

어떻게 지각을 하나 싶겠지만, 생각보다 늦는 사람들이 종종 있다. 면접 당일 지각으로 소중한 면접 기회를 잃을 수 있으므로 시험 시작 전 여유 있게 면접장에 도착하기 위해 조금 서두르도록 하자.

2. 대기실

(1) 자기 차례를 기다리는 동안 조용한 태도로 예상되는 질문에 대한 대답을 최종적으로 정리하면서 마음을 가다듬는다.

(2) 차례가 가까워지면 다시 한 번 자기의 복장을 점검해 본다.

(3) 대기하는 동안 옆 사람과 잡담을 하거나 큰소리로 말하는 것, 지나친 흡연, 다리를 꼬고 비스듬히 앉는 것, 다리를 흔드는 것 등은 삼가야 한다. 대기 중 마실 물은 개별 지침하여야 한다.

3. 호명

(1) 담당장교가 자신의 이름을 부르면 "네"라고 명확하게 대답한다.

(2) 면접실 앞 의자에 앉아 벨이 울릴 때까지 대기한다.

(3) 면접실 입구 앞에서 가벼운 노크를 한 후, 안에서 "들어오세요."라는 응답이 있으면 조용히 문을 열고 실내로 들어간다.

36 시대에듀 | 국방부·육·해·공·해병대 군무원

CHAPTER 01 평정요소 및 배점

01 채점표 예시

구분	평정요소	평정 기준 점수	위원 평정 점수
채점	가. 군무원으로서의 정신자세	수, 우, 미, 양, 가(5점~1점)	점
	나. 전문지식과 그 응용능력	수, 우, 미, 양, 가(5점~1점)	점
	다. 의사표현의 정확성과 논리성	수, 우, 미, 양, 가(5점~1점)	점
	라. 창의력, 의지력 및 발전 가능성	수, 우, 미, 양, 가(5점~1점)	점
	마. 예의, 품행, 준법성, 도덕성 및 성실성	수, 우, 미, 양, 가(5점~1점)	점
	합계	25점 만점	점

02 최신 면접 트렌드

최근 군무원 면접은 과거 면접과 마찬가지로 전공질문과 군무원
질문이 골고루 나왔다. 지원직렬에서 꼭 필요한 전공지식과 관
도 나왔으므로 전공지식과 기출된 질문을 파악한 후 면접 준비

1. 격오지로 발령받더라도 잘 근무할 것인가?

2. 그동안 무슨 경험을 해왔고 임용 후에 어떻게 반영할 것

04 꼭 알고가야 하는 상식

군무원 면접에서 나올 수 있는 국
방혁신 4.0 및 최신 이슈&상식 등
의 내용을 엄선하여, 어떤 질문에
도 당황하지 않고 답변할 수 있도
록 하였습니다.

03 면접 필살기

군무원 면접 5대 평정요소에 맞춘
풍부한 면접 기출에 대한 예상 답
변과 면접관의 의도, 핵심 키워드,
면접 시 주의해야 할 사항 등을 정
리하였습니다.

CHAPTER 02 최신 이슈 & 상식

01 2023 국방·안보 10대 뉴스

※ 국방일보(kookbang.dema.mil.kr)에서는 매년 12월 말에 올해 국방·안보 분야의 10대 뉴스를 선정하여 게시하고
있으니 해당 홈페이지에서 반드시 확인하시기 바랍니다.

정전협정·한미동맹 70주년

2023년은 '한반도 정전협정'이 체결된 지 70주년이 되는 해다. 정전협정은 1953년 7월 27
일 국제연합군 총사령관과 북한군 최고사령관 및 중공인민지원군 사령원 사이에 맺은 한국
군사정전에 관한 협정으로, 6·25전쟁이 일시 중단된 정전 상태에서 무력 충돌을 방지하
는 핵심 장치다. 이러한 정전협정 체결 70주년을 맞아 국방부는 10월 개정·발간한 「정신
전력교육 기본교재」를 통해 한반도 정전체제의 불안정성을 고조시키는 북한의 위협 행보에
대한 올바른 이해가 장병의 정신전력 확립에 필수임을 강조했다. 또한 11월에 개최한 '한
국·유엔사회원국 국방장관회의'에서 유엔군사령부의 정전협정 관리·유지 임무가 한반도
평화 유지를 뒷받침해 왔다고 평가하며, 협력·연대 강화 의지를 밝혔다.
2023년은 1953년 10월 상호방위조약 체결로 한미동맹이 출범한 지 70주년이 되는 해이기
도 하다. 한미동맹은 6·25 전쟁 이후 한국의 안전 보장을 위해 한미상호방위조약을 기초
로 하여 대한민국과 미국 사이에 체결한 동맹으로 한반도 평화와 안전을 위한 제도적 장치
로서 성공적인 동맹이라는 평가를 받고 있다. 이를 기념하기 위해 정상회담에서는 글로벌
포괄적 전략동맹, 인도·태평양 전역에서의 협력 확대, 양자 협력 강화 등 동맹의 미래 70
년을 향한 3대 노력심을 천명했다. 국방 당국 차원에서는 한미 연합전력의 막강한 화력·
기동력을 과시한 '연합·합동 화력격멸훈련'을 대표적으로 '행동'을 통해 '힘에 의한 평화'를
구현하는 데 중점을 뒀다.

이 책의 차례 CONTENTS

PART

01

면접 전 꼭 알아야 할 5가지

CHAPTER 01

군무원이란?

1. 군무원(軍務員)

군부대에서 군인과 함께 근무하는 특정직 국가공무원으로 담당 직렬에 따라 기술, 연구, 일반행정 등의 업무수행을 한다. 군무원을 도입한 목적은 국방업무의 효율적인 수행을 위하여 각 직렬별 전문성을 가진 인력의 필요성이 커진 데 있다.

군인의 경우 계급 및 부대 보직에 따라 업무가 바뀌지만, 군무원의 경우는 그렇지 않다. 따라서 군인의 병과(특기)와 같은 직렬로 구분하고 기술, 연구 및 일반행정 등 업무를 담당하고 있으며, 현재 군 인력정원 감소로 국방업무 유지가 많은 제약을 받고 있는 까닭에 그 부족 인력을 군무원으로 보강하고 있다.

또한 군무원의 모든 대우는 공무원과 동일하다. 복지(복지시설, 아파트 분양 등), 퇴직 후 연금 등 공무원연금공단으로부터 혜택을 받을 수 있으며, 군의 복지 분야도 활용할 수 있다.

2. 군무원의 분류

(1) 일반군무원

① 기술 · 연구 또는 일반행정 등의 업무담당

② 행정, 군사정보 등 47개 직렬

③ 계급구조: 1~9급

2 시대에듀 | 국방부·육·해·공·해병대 군무원

(2) 전문군무경력관

  ① 특정업무담당

  ② 교관 등

  ③ 계급구조: 가군, 나군, 다군

(3) 임기제군무원

일정한 기간 동안 전문지식 · 기술이 요구되거나 임용에 있어서 신축성 등이 요구되는 업무분야에서 근무하는 군무원을 말한다.

3. 군무원의 역할과 활용목적 관련 법 규정

「국방개혁에 관한 법률」 제13조(민간인력의 활용확대)
① 국군의 부대와 기관은 국방 관련 업무의 전문성 · 연속성을 높이기 위하여 군무원 등을 포함한 민간인력의 활용을 확대하여야 한다.

「국방개혁에 관한 법률 시행령」 제8조(민간인력의 활용확대 조치)
② 민간인력의 활용확대 대상은 원칙적으로 국군의 부대와 기관의 군수 · 행정 및 교육훈련 분야로 한다.

「국방조직 및 정원관리 훈령」 제20조(군무원의 정원배정 기준)
① 군무원의 정원은 행정 · 기술 · 연구분야 등 전문성과 지속성을 활용할 수 있는 직위에 배정한다.

4. 근무처

국방부 직할부대(정보사, 기무사, 국통사, 의무사 등), 육군 · 해군 · 공군본부 및 예하부대에서 근무하게 된다.

5. 직렬별 주요 업무 내용

(1) 행정직군

직렬	업무 내용
행정	• 국방정책, 군사전략, 체계분석, 평가, 제도, 계획, 연구 업무 • 일반행정, 정훈, 심리 업무 • 법제, 송무, 행정소송 업무 • 원가회계, 내 · 외자 관리, 세입 · 세출결산, 재정금융 조사 분석, 재산증명, 급여 업무 • 국유재산, 부동산 관리유지 · 처분에 관한 업무
사서	도서의 수집 · 선택 · 분류 · 목록작성 · 보관 · 열람에 관한 업무
군수	• 군수품의 소요 · 조달, 보급 · 재고관리, 정비계획, 물자수불(청구, 불출) 업무 • 물품의 생산 · 공정 · 품질 · 안전관리 · 지원활용 등에 관한 작업계획, 생산시설 유지, 생산품 처리 업무
군사정보	주변국 및 대북 군사정보 수집, 생산관리, 부대전파 및 군사보안 업무
기술정보	• 외국정보 및 산업, 경제, 과학기술 정보의 수집, 생산관리보안 업무 • 정보용 장비 · 기기 등에 의한 정보수집 업무
수사	범죄수사, 비위조사, 범죄예방, 계몽활동 등에 관한 업무

(2) 시설직군

직렬	업무 내용
토목	토목공사에 관한 계획, 설계, 시공 및 감독 업무
건축	건축공사에 관한 계획, 설계, 시공 및 감독 업무
시설	건물에 시설된 각종 냉 · 난방장치의 설비, 시공, 검사, 정비, 수리 업무
환경	대기 · 수질, 폐기물, 오염검사 및 소음진동 측정, 시설물 시공 평가에 관한 업무

(3) 정보통신직군

직렬	업무 내용
전기	전기설계, 전도기, 발전기, 전원부하, 송배전 및 변전, 전기에너지, 압축기구, 전기기기, 전기시설 등 전기 전반에 관한 정비, 수리 업무
전자	• 전자장비 및 주변장비 분해, 조립, 재생, 정비, 수리 업무 • 전탐, 항법장비 조작, 정비, 수리 업무 • 전자현상에 대한 과학 및 응용기술 등 전자 전반에 관한 정비, 수리 업무 • 각종 기계, 계기 등의 교정, 정비, 수리 업무
통신	유 · 무선 통신장비, 기기 조작운용 등 통신 전반에 관한 정비, 수리 업무
전산	• 소프트웨어 개발, 프로그램작성 업무 • 시스템 구조 설계, 전산통신 분석, 체제개발 업무
지도	각종 지도 측량, 편집, 지도제작 업무
영상	• 각종 사진 촬영, 현상, 인화, 확대편집, 필름 보관, 관리 업무 • 각종 사진기, 영사기 조작, 관리 업무 • 항공사진 제작 · 분석, 판독 및 항공표적 분석, 자료생산 업무 • 항공사진 인화, 확대, 현상, 필름 보관, 관리 업무
사이버	사이버 IT, 보안, 정보, 기획, 정책 등 사이버 기반 업무

(4) 공업직군

직렬	업무 내용
일반기계	• 각종 기계 및 장비 부속품의 설계 업무 • 각종 공작기계, 공구 등을 조작하여 금속류의 가공, 제작, 조립 업무 • 각종 장비의 기골, 외피의 금속부분 제작, 정비, 수리 업무
금속	• 금형제작, 주물생산, 금속 및 비금속 성분의 용해로 운용 업무 • 금속의 탄소밀도 변화 처리 • 금속 표면의 산화 및 마모 방지를 위한 각종 도금 업무
용접	전기, 단조저항, 가수, 특수용접 등 각종 용접 업무
물리분석	• 물리학적 감식, 검출 업무 • 방사선 및 전자파 등을 이용한 금속의 결함 탐지, 검사 업무
화학분석	• 각종 금속, 비금속 재료에 대한 화학적 성분 검사 업무 • 각종 연료 분광, 분석 검사 업무 • 화학물질의 성질과 상호 간 화학적 반응 개발 업무 • 생체 구성분 결정, 생체 성분 간 화학적 변화 및 생화학 연구개발 업무

유도무기	• 포 및 유도무기, 사격통제장치, 각종 축적기계 장비의 정비, 수리 업무 • 각종 광학장비 정비, 수리 업무 • 함정, 항공기 탑재 무장장비 및 관련 장비 재생, 설치, 정비, 수리 업무
총포	• 유도장치가 있는 무기를 제외한 각종 총기, 화포, 특수무기 생산, 제작, 정비, 수리 업무 • 각종 화학병기 및 장비의 제작, 관리, 정비, 수리 업무
탄약	• 탄약의 제조, 분해, 품질검사, 성능검사, 저장·안전관리, 정비수리, 재고통제, 적송 업무 • 비파괴시험을 통한 탄약의 결함 검출 및 판독 업무 • 각종 유도탄, 수중탄 발사장치 및 관계되는 장비 분해, 조립, 설치, 정비, 수리 업무
전차	전차·장갑차량의 부품제작, 조립, 정비, 수리 업무
차량	• 건설장비(중장비, 경장비, 컴프레서) 및 연계된 장비 정비·수리 및 관리 업무 • 육상용 차량 분해, 조립, 부품대체, 정비, 수리 업무 • 내·외연기관 및 엔진부품의 생산, 조립, 정비, 수리 업무
인쇄	• 인쇄기기 조작, 운용, 정비, 수리 업무 • 편집, 교정, 교열, 화공 등에 관한 업무 • 원판, 조판, 연마, 제판, 제본 등에 관한 업무

(5) 함정직군

직렬	업무 내용
선체	• 선체골격, 늑골 접합, 의장, 설계, 제작 및 정비, 수리 업무 • 선목의 골격, 늑골 접합, 선체의 목재부분 의장, 설계, 제작, 정비, 수리 업무 • 대·소형 선박용 보일러 제작, 설치, 실험 및 각종 파이프 가공제작, 정비, 수리 업무
선거	입거 함정의 선저(수면하 선체), 장비이동 및 관계되는 업무
항해	함정 입·출거 시 도선 및 기타 항해 업무
함정기관	주 추진기관, 선박용 발전기, 원동기 및 관련되는 보조장비 정비, 수리 업무
잠수	수면하 선체 보수, 수로 장애물 제거, 수중폭파, 용접, 절단, 탐색에 관한 업무

(6) 항공직군

직렬	업무 내용
기체	항공기 기체, 제작, 분해, 조립, 정비, 수리 업무
항공기관	항공기 엔진 및 관련된 보조장비 분해, 조립, 제작, 정비, 수리 업무

항공보기	• 보조기기 및 관련된 보조장비 분해, 조립, 제작, 정비, 수리 업무 • 공 · 유압 계통 장비의 정비, 수리 업무
항공지원	• 지원되는 소방차, 급유차, 견인차, 특수차량, 운전, 정비, 수리, 검사 업무 • 항공기 내 · 외부 도장 및 각종 특수도장 업무

(7) 기상직군

직렬	업무 내용
기상장비	각종 기상장비, 기기 및 관계된 장비 조작, 운용관리 업무
기상예보	기상관측, 예보, 분석, 통계관리 등에 관한 업무

(8) 보건직군

직렬	업무 내용
약무	• 각종 의약품 획득, 투약, 분배, 저장관리 업무 • 약물분석, 감정, 약리작용, 위생화학 등 개발 업무
병리	병리 임상검사, 원인분석, 임상관찰, 환자치료에 관계되는 자료관리 업무
방사선	방사선 이용 질병진단, 환부투시, 촬영, 치료 및 자료관리 업무
치무	• 각종 의치 설계 및 제작 업무 • 치아 및 구강질환의 예방과 위생에 관한 업무(치석 제거, 불소 도포 등)
재활치료	질병 및 신체장애를 예방하기 위해 전기, 광선, 물, 냉온열 등을 이용한 치료적 마사지와 운동 치료를 포함한 치료 업무
의무기록	진료 전반에 대한 통계와 의무기록의 분석 및 미비기록 관리, 의무기록 재검토, 질병색인, 수술색인 등의 색인 업무
의공	• 의지, 의안 설계, 제작 업무 • 각종 의료장비, 기기 제작 및 정비, 수리 업무
영양관리	식품저장, 가공, 영양분석, 식단작성 업무

면접이란?

01 면접의 기본기

1. 면접

(1) 서류나 필기시험으로 알 수 없는 응시자의 성향과 인간성을 평가하기 위한 선발 방식이다.

→ 면접을 통해 응시자의 잠재적 능력이나 창의력 또는 업무추진력 등을 알아보고자 함

(2) 응시자의 조직적합성과 직무적합성을 알아보기 위한 최적의 방법이다.

→ 결국 응시자가 면접관의 동료, 부하 직원이 되기에 적합한지, 우리 조직에서 함께 일하기 적합한 인재인지 판별함

(3) 결국은 면접관의 입장에서 '함께 일할 동료'로 어떤 인재가 적합한지를 직접 대면하여 검증하는 단계이다.

2. 면접의 특성

(1) **대면성**: 면접관과 응시자가 직접 대면하여 실제 목소리로 이야기를 듣고 표정을 보면서 상대의 반응을 즉각적으로 살핀다는 특징이 있다.

(2) **직접성**: 다른 사람이 대신 참여할 수 없으며, 응시자 본인의 역량을 직접 평가받는다.

(3) **종합성**: 응시자의 내 · 외적 특성을 종합적으로 평가받는다.

02 면접 준비하기

1. 면접에서 가장 중요한 것은?

(1) 면접에서 면접관이 평가하고자 하는 것은 말하는 내용(알맞은 답변), 첫인상, 목소리, 태도, 자신감, 간절함 등이다.

(2) 다른 조건들이 동일하다면 결국 면접관은 답변에 진정성이 있는 응시자에게 기회를 주고 싶어 한다. 모든 것이 너무 완벽해도 진정성(간절함)이 느껴지지 않는 사람은 선택받지 못한다.

(3) 필기시험에 합격하였지만 군무원보다 다른 직렬에 관심이 있는 경우도 (솔직히) 종종 있을 것이다. 하지만 그렇더라도 면접관에게는 군무원이 되고자 하는 '간절함'을 표현하는 것을 잊지 말아야 한다.

2. 스피치 - 기본기

(1) **호흡**
   ① 간절함이 지나친 나머지 표현하려 해도 호흡이 잘 안 돼서 끝까지 표현을 못하는 불상사가 생길 수 있음
   ② '복식호흡'은 어깨나 오로지 배를 이용해서 호흡하는 것으로 평소에 복식호흡을 연습하는 것이 좋음

〈복식호흡 방법〉

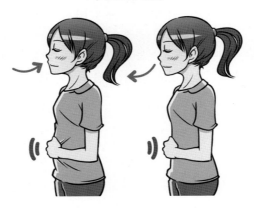

- 배를 충분히 내밀면서 호흡함
- 호흡을 내뱉을 때는 일정한 속도로 일정한 양을 내보내야 함
- 일반적으로 처음에는 12~13초, 연습을 거듭하면 25~35초까지 늘어남
- 누운 상태에서도 무거운 책 등을 배 위에 올려두고 호흡연습을 할 수 있음

(2) 발성 - 내 목소리의 키톤 찾기

① 목소리 톤에 따라 자칫 지루하거나 가볍게 들릴 수 있음
- '도'는 너무 낮아서 전체적으로 발표 내용이 지루해질 수 있음
- '솔'은 너무 높아서 답변 내용이 자칫 가볍게 들릴 수 있음(단, 서비스직의 경우에는 '솔' 톤이 적당)
- 남녀에 따라, 원래 본인의 목소리 톤에서 도와 솔 사이에 있는 톤으로 맞추고 답변하는 연습함

② 입 모양을 크게 해서 연습하고(입 모양이 잘 보이게) 들어가자마자 하는 '안녕하세요'를 본인만의 목소리 톤으로 연습함

(3) 발음

① 비슷한 단어들의 반복 시 연음처리를 위해 다음과 같은 문장들로 연습함

연습
- 간장공장 공장장은 강 공장장이고 / 된장공장 공장장은 공 공장장이다.
- 상표 붙인 큰 깡통은 깐 깡통인가 안 깐 깡통인가?
- 중앙청 창살은 쌍창살이고 시청의 창살은 외창살이다.
- 저기 계신 저분이 박 법학박사이시고 / 여기 계신 이분이 백 법학박사이시다.
- 앞집 팥죽은 붉은 팥 풋팥죽이고 뒷집 콩죽은 햇콩 단콩 콩죽, 우리 집 깨죽은 검은깨 깨죽인데 사람들은 햇콩 단콩 콩죽 깨죽 죽 먹기를 싫어하더라.

---

② 본인이 발음하는 것과 면접관이 듣는 발음에 차이가 있을 수 있으므로 평소에 연습할 때 녹음을 하고 들어보는 것도 정확한 발음을 연습하는 데 도움이 됨

3. 스피치 - 필살기

(1) 강약으로 강조하기

① 전달하고자 하는 단어나 강력하게 설득해야 하는 부분은 강하게 강조함

예 작은 변화가 일어날 때 진정한 삶을 살게 됩니다.

② 희망의 메시지나 좌절, 실패, 절망 등 부정적 요소는 약하게 강조함

예 희망을 버린다는 것은 인생을 포기하는 것과 같습니다.

(2) 속도와 길이로 강조하기

강하면서도 천천히 말하는 것을 연습함

① 중요한 내용, 어렵고 복잡한 내용

② 숫자, 인명, 지명, 연대 등의 정보

예 휘발유 평균값이 전주보다 리터당 22.1원 올랐습니다.

③ 형용사나 부사를 표현할 때 모음의 길이에 변화주기 가능

(3) 포즈(Pause)로 강조하기

포즈는 잠시 멈추고 침묵하는 것으로, 포즈 뒤의 내용이 자연스럽게 강조됨

① 포즈 뒤에 오는 말에 대한 기대감과 긴장감을 조성함

② 말을 세련되고 전문적인 느낌으로 만들어 줌

③ 포즈를 적절히 활용하여 면접관이 들은 내용을 이해하고 정리하는 기회를 줌

CHAPTER 03 면접 평가항목 분석

01 군무원 면접의 평가

1. 면접 평가기준

(1) 합격대상자

평정요소 5개 항에 수(5점), 우(4점), 미(3점), 양(2점), 가(1점)로 평정하여 각 면접 시험위원이 채점한 평점의 평균이 '미(15점)' 이상인 사람을 합격자로 결정한다.

(2) 불합격대상자

면접시험위원의 과반수가 2개 이상의 평정요소에 대하여 '가'로 평정한 경우 또는 어느 하나의 평정요소에 대하여 면접시험위원의 과반수가 '가'로 평정한 경우에는 불합격이다.

2. 5가지 면접 평정요소

(1) 군무원으로서의 정신자세

군무원은 군부대에서 군인과 함께 근무하는 공무원으로서, 신분은 「국가공무원법」상 특정직 공무원으로 분류된다. 군무원은 공무원의 일종으로 다른 어떤 직업보다 투철한 직업관, 즉 공직관과 그에 걸맞은 정신자세가 요구된다. 이에 따라 면접에서도 공직관, 국가관, 윤리관 등에 관한 질문이 자주 제시되므로 응시자는 자신이 공직자가 된다는 데 대한 투철한 사명감을 가지고 있다는 부분이 부각될 수 있도록 답변을 준비해 두는 것이 좋다.

① **공직관**: 국가직, 지방직 등 다른 공무원이 아닌 군무원이 되고자 하는 이유를, 국가 관에는 오늘날 시급히 해결해야 할 사회적 문제가 무엇인지를, 윤리관에서는 군무 원에게 특히 강조되는 공직 윤리가 무엇인지를 자주 묻는다. 이와 함께 생활신조나 장단점, 장래 포부와 같은 개인 신상에 관한 질문들도 많은 편이다.

② **인생관 · 사회관 · 직업관**: 어떠한 인생관 · 사회관 · 직업관을 가지느냐 하는 것은 본 질적으로 개인의 자유이기 때문에 면접관도 이에 대한 일반적인 평가를 내릴 수는 없다. 그러나 실제로 면접에서는 인생관이 무엇인지에 대해 질문을 많이 하는데 이 는 응시자의 인생관 · 직업관 자체를 아는 것으로 성품을 어느 정도 추정할 수 있으 며, 생활환경, 집단 적응능력 등을 판단하는 데 충분히 참고할 수 있기 때문이다.

(2) 전문지식과 응용능력

평가방식은 단답형 구술평가에 가깝다. 자신이 지원한 해당 직렬과 관련성이 높은 1~2개의 질문이 주어지면 단답형으로 간략하게 답변하면 된다. 물론 상황에 따라서 서술식 답변 또는 개인적인 느낌이나 견해를 요구하기도 하는데 이런 경우에도 장황하 게 이야기하기보다 자신의 견해를 간단 · 명료하게 밝히면 된다.

① **전문지식**: 지망하는 직렬에 대한 지식, 잘하는 과목, 취미활동 등에 대하여 구체적 으로, 철저하게 질문하여 학식과 지성을 평가한다. 면접관이 해당 분야의 전문가라 면 그 평가기준도 매우 전문적이고 높은 수준일 확률이 높다.

② **일반상식**: 면접 시 일반상식이나 시사상식에 관한 질문이 많으므로 일간지나 시사 잡지 등을 꾸준히 보는 것이 좋다. 특히 『국방일보』를 통하여 최근 군 동성 및 이에 대한 논의, 국방정책 등 군 관련 소식을 검색해 보면 도움이 된다.

③ **응용능력**: 이론에 대한 전문지식뿐만 아니라 그 지식에 대한 응시자의 응용능력을 확인하고자 하는 것이다. 아무리 뛰어난 지식을 가지고 있더라도 실제 응용능력이 떨어진다면 업무 처리가 제대로 이루어질 수 없기 때문이다.

(3) 의사표현의 정확성과 논리성

평소 화술이나 발표에 자신이 없는 사람이라 하더라도 스터디나 모의 면접에 참여하는 등 발표력을 향상시키는 데 신경을 써야 한다. 의사전달의 논리성과 정확성은 면접 시 중요한 평가요소 중 하나이다. 군무원 면접은 보통 15분 이내의 짧은 시간에 시행되므로, 평소 주어진 시간 내에 자신의 생각을 정확하게 전달할 수 있도록 지속적인 훈련이 필요하다. 또한 즉흥적인 상황에 당황하지 않도록 자신의 주변 상황과 시사문제에 대한 생각을 정리해 두고 답변 시 침착성과 유연함을 유지하도록 해야 한다.

> – 바르게 이해하고 적절한 판단을 내리는가?
> – 음성이 명료하고 용어는 적절한가?
> – 간결하고 정확하게 말하는가?
> – 자기의 의견을 솔직히 표현하는가?
> – 사고방식이 합리적인가?

① **이해력**: 질문내용을 잘 이해한다는 것은 응답의 기본이다. 따라서 질문의 의도를 잘못 이해하거나 속단하여 멋대로 응답을 해서는 안 되고, 질문의 취지를 잘 이해하지 못할 때는 반드시 다시 물어 확인해야 한다. 그렇지 않으면 이해력이 부족하다는 것을 단적으로 나타내는 것이 될 수도 있기 때문에 엉뚱한 대답을 하는 것보다 되물어 바른 대답을 하는 것이 바람직하다.

② **표현력**: 응시자와의 문답을 통해 면접관은 응시자가 답변하는 데 있어서 '전개가 질서정연한가, 사족을 달지 않고 요점만 간결하게 말하고 있는가, 답변이 듣는 사람에게 감명을 주는가, 사용하는 용어가 적절한가, 어휘력이 풍부한가' 등을 평가하게 된다. 따라서 일관성 없는 대화의 전개나 상대방에게 혐오감을 주는 지나친 속된 표현 또는 어휘력의 부족과 용어의 잘못된 사용은 감점의 대상이 된다.

③ **대화법**: 언어의 명료함이나 응답 태도를 평가한다. 즉, 자신감이 없는 작은 목소리로 응답하거나, 은어 · 속어 등을 써서는 안 된다. 또한 응답에 너무 오랜 시간을 지체하는 것은 좋지 않으나, 말 한 마디 한 마디를 신중하게 하며 경솔한 느낌을 주지 않도록 한다. 반대로 너무 즉답을 하게 되면 경박한 인상을 주거나 외운 답변을 한다는 인상을 주기 때문에 1~2초 정도 후에 답을 하는 것이 좋다. 이런 모습은 신중하게 대답한다는 인상을 줄 수 있다.

(4) 창의력 · 의지력 및 발전 가능성

① **판단력**: 면접시험에서의 질문내용은 각양각색이므로 순간적으로 판단을 망설이고 긴장을 하면 면접관이 어떤 의도로 질문했는지 판단이 서지 않을 때가 있다. 이때는 신중히 생각하여 경솔한 대답을 하지 않도록 한다.

② **창의력 및 의지력**: 면접관은 의욕적 활동, 왕성한 연구심, 일에 대한 창조적 노력, 강렬한 패기 및 정열 등을 질의응답 과정에서 평가하게 된다. 따라서 힘든 일은 피하려는 듯한 태도, 무기력하고 소극적인 사고를 보여서는 안 된다.

③ **계획성**: '앞으로의 목표는 무엇인가'와 같은 질문을 통하여 계획성 있게 일을 하는 성격인가 또는 그러한 노력이 있는가 등을 평가하는 요소이다.

④ **안정성**: 정서가 안정되어 있는가를 평가하는 요소이다. 대인관계가 원만하고, 건전한 사고관을 지니고 있음을 강조해야 한다.

⑤ **사회성**: 자신의 생각을 지나치게 고집하거나, 불평불만을 많이 하는 사람은 어느 조직에서든 반기지 않는다. 따라서 면접관들은 교우관계나 가정환경에 관한 질문을 통하여 사회적응력이 있는 성격을 높은 점수로 평가하게 된다.

(5) 예의, 품행, 준법성, 도덕성 및 성실성

예의, 명랑성, 협동성, 패기, 호감도 등 응시자의 외모에서 받는 인상을 추정하는 평가요소를 말한다.

① **건강**: 아무리 명석한 인재라도 얼굴이 창백하거나 병약해 보이면 곤란하다. 응시자가 의학적으로는 건강하다 하더라도, 의욕이 없는 목소리나 피곤한 표정 등 건강하지 않은 인상을 주지 않도록 한다.

② **복장**: 청결하고 단정해야 한다. 아무리 비싼 옷을 입는다고 해도 단정한 분위기가 풍기지 않거나 타인에게 혐오감을 주는 복장을 해서는 안 된다.

③ **태도**: 전체적으로 활기와 패기가 넘치면서도 침착하며 부드럽고 편안한 느낌을 주는 것이 좋다. 응답할 때에는 시선 · 손놀림 · 자세와 기타 예의범절에 주의해야 한다.

④ **활기**: 사람의 성격이 외향적인 것이 좋은지, 내향적인 것이 좋은지는 경우에 따라 일장일단이 있으므로 어느 쪽이 좋다고 단정할 수 없으나 일반적으로 조직을 형성 · 유지해 나가기 위해서 외향적 성격을 선호하는 편이다. 따라서 면접 시에는 어둡고 우울한 성격(내향적 성격)을 드러내기보다는 활기 있는 밝은 미소로 임하는 것이 좋다.

⑤ **협동성**: 어느 집단에서나 구성원의 협조성이 중요시되며, 사회에 대한 감정 · 태도가 원만하고, 좋고 싫음의 감정이 극단적이지 않고 중용적인 사람을 선호한다. 따라서 과도한 자신감이나 편집적인 성격 또는 독단적인 고집 등을 나타내서는 안 된다.

⑥ **호감**: 첫인상이 대인관계에 미치는 영향은 매우 크다. 특히 면접시험에서는 상대방에게 호감을 주어야 하는데, 상대방의 호감을 얻으려면 본인 스스로 밝은 생각을 갖도록 해야 한다.

⑦ **성실성**: 아무리 뛰어난 재능을 가지고 있다고 해도, 무책임하고 즉흥적이고 성실하지 못한 사람은 남의 협력이나 도움을 받을 수가 없다. 면접관들은 수험자 스스로의 장단점이나 인생관에 관한 질문을 통하여 사물에 대해 얼마나 성실한 사고방식을 가졌는지, 또 얼마만큼 자신에게 충실한지 등을 평가한다.

02　최종합격자 결정

면접시험 합격자가 선발 예정 인원을 초과할 때에는 필기시험 점수와 면접시험 점수를 더하여 높은 점수를 받은 사람 순으로 최종합격자를 결정하게 된다. 이때 필기시험과 면접점수는 각각 50점으로 환산하여 합산한다(면접시험일 기준 적용 법령에 따라 결정).

CHAPTER

04

신원조사서 & 자기소개서

01 신원조사 전산화 시스템

필기합격과 동시에 2차(경채의 경우 3차) 면접을 앞두고 신원조사 절차를 거치게 된다. 2020년 상반기까지만 해도 신원조사 관련한 서류와 자기소개서 등은 직접 작성하여 우편 등으로 제출했는데, 하반기부터는 국군방첩사령부 홈페이지를 통하여 온라인으로 접수하게 되었고, 2023년 면접시험부터는 각 기관 홈페이지를 통해서도 접수가 가능해졌다.

1. 각 기관(국군방첩사령부·육·해·공군·해병대) 홈페이지 접속 후 로그인

(1) 각 기관(국군방첩사령부 · 육 · 해 · 공군 · 해병대) 홈페이지 접속

(2) 신원조사 서류제출 아이콘이나 배너 클릭

(3) 로그인 인증 클릭

2. 신원조사 과정 선택

(1) 면접지원 과정 선택

(2) 본인이 응시한 과정 확인 및 '제출' 클릭

3. 서류제출

(1) 신원진술서A 필수항목 작성 및 개인정보수집 동의서 항목 내용 확인 후 체크/서명

(2) 핵심내용 위주로 '자기소개서' 직접 작성 후 서명

(3) 개인신용정보서 첨부서류는 스캔 후 JPG 파일로 저장 → 파일첨부

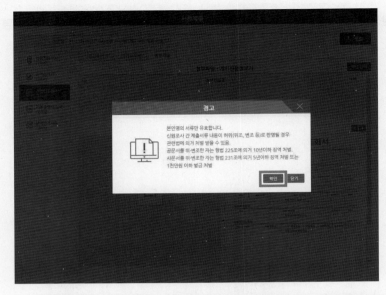

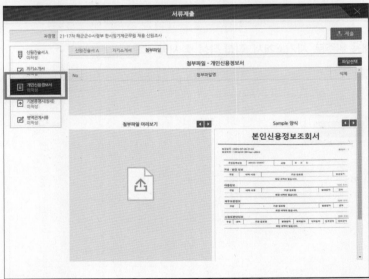

(4) 기본증명서 첨부서류는 스캔 후 JPG 파일로 저장 → 파일첨부

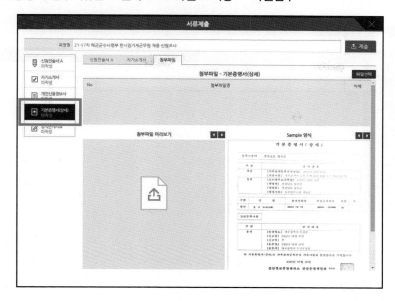

(5) 병역 관계 서류(군필자는 병적기록표, 군 미필자는 병적증명서)는 스캔 후 JPG 파일로 저
    장 → 파일첨부

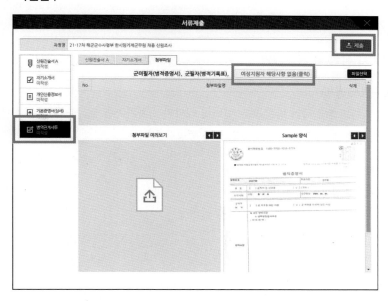

※ 여성응시자 중 군 복무 경험이 없을 경우 '해당사항 없음' 클릭

4. 제출서류 확인

(1) 제출서류 확인(신원조사 과정, 제출일자)

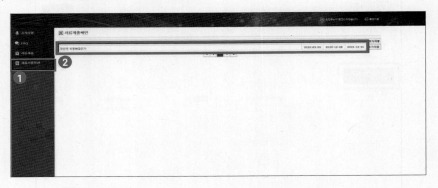

① 제출서류 확인 클릭
② 제출 과정 및 제출일자 등 확인

(2) 서류 추가제출 → 과정선택 → '추가제출'

식별이 어려운 서류입력 등으로 '반송' 문자 또는 유선 안내를 받았을 경우 미비된 서류만 다시 제출해야 하며, 반송 문자(유선) 안내 없이 임의로 제출한 서류는 무효이다.

※ 출처: 국방부(www.mnd.go.kr) 신원조사 구비서류 인터넷 제출 방법 안내

5. 신원조사 작성 시 참고사항

(1) 기본증명서(상세)

① 지역 주민센터 직접 방문 또는 인터넷 대법원 전자가족관계등록시스템을 통해 발급
② 주민번호 13자리가 모두 기재된 상세 증명서를 첨부

(2) 개인신용정보서

① 한국신용정보원 등에서 발급
② 신용정보조회서 일부 누락 시 제출 불인정

(3) 병역사항

① 군필자(여군 포함)는 병무청 누리집 또는 지방 병무청을 방문하여 병적기록표를 발급

② 군 미필(면제)자는 인터넷 '정부 24' 홈페이지에서 병적증명서를 발급

(4) 그 외 참고사항

① 서버 장애 방지 및 개인정보 보호를 위해 30분 이내로 작성

② 휴대폰 촬영이 아닌 반드시 원본서류를 스캔하여 JPG 파일로 제출

02 자기소개서

1. 합격하는 자기소개서 작성법

(1) 면접관이 듣고 싶은 말로 작성한다.

어느 조직이든 면접관이 요구하는 인재상이 있다. 면접관도 마찬가지로 그 조직의 일원으로서 우리 조직에 대하여 꼭 필요한 사람, 구성원을 내가 직접 뽑는다는 자세로 선발을 한다. 이런 자세로 면접에 참여하기 때문에 면접관은 기본적으로 응시자의 일대기가 아닌, 나와 일할 동료가 얼마나 이 일에 진심이고 열정적인가를 가장 중요하게 판단한다. 따라서 면접관(=장래의 동료, 선배, 부서장 등)이 궁금하고 관심 있는 내용 중심으로 기술하면 된다.

(2) 지나친 열심과 열정의 반복은 식상하다.

글자(활자)에는 표정과 감정이 없다. 기승전 '열심히 하겠다., 최선을 다하겠다.' 이런 말들의 반복보다는 구체적인 노력과 열정의 내용과 태도, 결과가 표현되어야 한다. 결과의 경우 숫자, 수치로 구체화할 수 있다면 더욱 좋다. 진부한 근거 없는 자신감이 넘치는 자소서는 신뢰감을 저감시킨다.

(3) 구체적으로 작성한다.

내 경험과 생각에 대한 정리를 5회 이상 반복하면서 내 행동, 노력의 결과와 그 성공여부, 실패 후의 내 개선사항 등을 구체화 한 후에 작성한다. 이러한 노력은 실제 면접장에서도 그 위력을 발휘할 수 있다.

2. 자기소개서 양식

신원조사 전산화 시스템을 통하여 직접 입력하게 되어 있다. 항목은 기존과 비슷하나, 텍스트는 각 항목당 최대 700byte로 제한되어 있으며, 이는 통상 320자 정도라고 생각하면 된다. 시스템상에 올리기 전 미리 한글이나 워드 문서로 작성해 보고, 문법이나 어법에 어긋남이 없는지 확인해 보는 것을 추천한다. 인터넷상에서 자기소개서를 작성 후 검토할 수 있는 프로그램들이 다양하므로 이들을 활용해 보는 것을 추천한다.

가정 및 성장 환경 (최대 700byte)	우리 가정의 장점과 단점을 포함하여 "최대한 상세하게 작성하셔야 합니다."
성장과정 (학교생활, 동아리활동, 학생회 경험, 봉사활동 등) (최대 700byte)	중학교(포함) 이후 가장 보람 있었던 경험, 가장 어려웠던 경험을 포함하여 "최대한 상세하게 작성하셔야 합니다."
자아표현 (성격, 국가관, 안보관, 좌우명, 인생관, 가치관 등) (최대 700byte)	본인의 장점과 단점, 성격의 장점과 단점, 국가관, 안보관, 가치관, 좌우명을 "최대한 상세하게 작성하셔야 합니다."
지원동기 및 비전과 포부 (최대 700byte)	최대한 상세하게 작성

3. 자기소개서 작성 시 유의할 점

(1) 면접 시 자기소개를 할 수 밖에 없기 때문에 자기소개서를 작성하며 자기소개 내용과 흐름을 미리 정리해두는 것이 중요하다.

(2) 지식에 관한 단순 나열보다는 '왜 뽑혀야 하는지'에 대한 이유를 작성하여야 한다.

(3) 본인을 표현하고자 하는 키워드는 1~2개만! 너무 많으면 진실성이 떨어져 보일 수 있다.

(4) 오탈자, 맞춤법, 띄어쓰기를 주의한다.

(5) 본인의 이름, 지원한 직렬이 맞는지 반드시 확인한다.

(6) 인터넷 비속어 사용은 지양한다.

(7) 작성 전 아래의 4가지 질문에 먼저 답해보자.
　　① 당신을 뽑아야 하는 이유는 무엇인가?
　　② 다른 응시자들과 차별화되는 역량은 무엇인가?
　　③ 군무원의 업무를 수행하기 위해서 어떤 준비를 하였는가?
　　④ 본인의 가장 자랑스러운 성취 경험은 무엇인가?

4. 자기소개서 예시

(1) 가정 및 성장환경

작성 Tip
- 부모님의 성격 → 부모님으로부터 물려받은 기질 → 본인이 이룬 성취와 성과
- 블라인드 면접 기조에 따른 공직 혹은 군 관련 부모님 직업 적시 금지

예시답안

부모님께서는 타인에 대한 존중과 배려를 늘 말씀하셨습니다. 이것이 인간관계의 기본임을 설명하시면서 평소 관심과 노력을 기울이도록 교육하셨습니다. 특히 사회적 약자와 장애인들에 대한 배려를 강조하셨습니다. 부모님의
성격이나 성향

이런 가르침의 영향으로 저는 사회적 약자에 대한 배려 및 그들과의 상생을 중요한 가치로 삼고 살기위해 노력하였습니다. 물려받은 기질

중학교 2학년 때는 같은 반 장애를 가진 친구와 친밀하게 소통하며 원만한 교우관계를 유지했습니다. 이런 모습을 보고 선생님과 친구들의 추천으로 학급 반장이 되기도 하였습니다. 반장을 하면서는 타인을 위해 봉사하는 정신을 배웠습니다. 본인이 이룬
성취 경험

피해야 할 답안

어린 시절부터 저는 부모님과의 마찰로 인해 독립적으로 성장하기 위해 노력하였습니다. 부모님과 좋지
못한 관계

○사단 출신 준장이셨던 저희 아버지는 늘 어린 아들에게도 군인과 같은 군기를 요구하셨고, 저는 아버지의 그런 부분이 마음에 들지 않아 부모님과의 교류를 줄이고 독립적으로 살기 위해 노력하였습니다. 군 관련 부모님
직업 언급

이러한 독립적인 성장에도 중학교 시절 전교 회장 역임, 고등학교 시절 반장 3회, 봉사상 4회, 표창장 2회, 성적우수상 등 많은 리더 경험과 수상 실적을 쌓았고, 친구들로부터 존경을 한몸에 받았습니다. 단순 실적 나열

이런 제가 군무원이 된다면 학창시절 경험을 살려 훌륭한 리더가 되겠습니다. 추상적인 다짐

(2) 성장과정

작성 Tip

육하원칙에 따른 경험 서술 + 경험을 통해 느낀(배운) 점
└─ 1) 학교생활, 동아리활동, 봉사활동 등 과거 경험
2) 역량(책임감, 봉사정신, 성실성)을 뽐낼 수 있는 경험

예시답안

중학생 때부터 지역 아동센터에서의 교육 봉사활동을 시작으로 연탄배달, 다문화 멘토링 등 여러 사회공헌 활동에 꾸준히 참가하면서 약 ○시간의 봉사활동을 했습니다. ⟧ 육하원칙 서술

그중 가장 기억에 남는 것은 ○요양병원 봉사활동입니다. 그때 저는 급식 봉사, 어르신들 말벗이 되어드렸는데 특히 치매이신 한 할머니 식사를 도와 드리기 위해 최선을 다했고, 친손자 같다며 제 손을 잡아주는 모습은 아직도 기억에 남습니다. ⟧ 봉사활동 과거 경험

이 경험을 바탕으로 다른 사람에게 도움을 주는 것이 얼마나 기쁜지 느끼고 진심은 통한다는 것을 깨달았습니다. 항상 국가와 국민을 위해 마음을 다할 수 있는 인재가 되겠습니다. ⟧ 경험을 통해 배운 점

피해야 할 답안

저는 1남 2녀의 형제 중 둘째로 태어나 ○○어린이집, ○○유치원을 졸업하고 ○○초등학교, ○○중학교, ○○고등학교에 다녔습니다. ⟧ 맥락 없는 단순 나열

어린 시절부터 저는 밝은 성격과 남다른 리더십으로 친구들 사이에서 항상 앞장서며 모임을 주도하였고, 성인이 되어서도 술자리 게임에서 늘 분위기를 주도하였습니다. ⟧ 적절치 못한 역량 경험

이런 성격 때문에 일찍이 여자친구가 있었지만, 고등학교 때 공부에 집중한 나머지 여자친구에게 소홀해져 결국 헤어졌습니다. 이 경험을 통해 사람에 대한 책임감을 배울 수 있었습니다. ⟧ 적절치 못한 사적인 경험

제가 군무원이 된다면 이 경험을 통해 얻은 책임감으로 모든 업무에 임하도록 하겠습니다.

(3) 자아표현

• 성격(장단점), 좌우명, 인생관 언급 → 성격(장단점), 좌우명, 인생관에 따른 본인의 실천내용
            └ 본인이 지침으로 삼는 좌우명, 명언, 가훈 어떤 것이든 가능

• 국가관 · 안보관 언급
          └ 본인이 생각하는 국가 · 안보란 무엇인지

예시답안	
제가 생각하는 가장 이상적인 국가는 국민의 든든한 버팀목 역할을 하는 국가라고 생각합니다. 그리고 든든한 국가가 되기 위해서는 국민이 각자의 자리에서 책임을 다해야 한다고 생각합니다.	국가관
저 또한 국가에 도움이 되는 군무원이 되어 항상 국가안보를 점검하고 예방하여 안보의식을 철저히 하겠습니다.	본인의 실천내용 · 미래
제 책상에 붙여 놓은 좌우명은 사자성어인 둔필승총이며, 이는 서툰 글씨라도 기록하는 것이 기억보다 낫다는 뜻입니다.	좌우명
저는 플래너를 매일 작성하여 우선순위를 정하며 기록을 일상화하고 있습니다. 이러한 습관 덕분에 ○○기사 외 총 ○개의 자격증을 취득할 수 있었습니다.	본인의 실천내용
피해야 할 답안	
어린 시절 ○○시에서 자라오면서 자연스럽게 미군 부대 근처에 살게 되었습니다. 시내에 있는 미군들은 어린 저희에게 항상 위협적인 존재였습니다. 한미동맹이 유지되어야 하는가에 대한 논의가 대두되고 있는 현재, 만약 제가 군무원이 된다면 굳이 미군 주둔 없이 자주국방을 이룰 수 있도록 노력하고 싶습니다.	옳지 못한 국가관 · 안보관
저의 좌우명은 '뭐든지 할 수 있다'입니다. 이게 언제부터 저의 좌우명이 되었는지는 잘 모르겠지만, 이 좌우명을 바탕으로 군무원이 된다면 멋지게 일해보고 싶습니다.	좌우명에 따른 구체적인 실천내용 결여

(4) 지원동기 및 비전과 포부

작성 Tip

• 군무원이 되고 싶은 직접적인 계기가 있다면 그 계기를 작성
• 군무원이 되고 싶은 계기가 부족하다면 거짓말보다는 솔직한 지원동기 작성
     └ ※ 단, 군무원에 대한 관심과 준비 노력이 철저함을 반드시 함께 밝혀야 함
• 포부 · 목표 작성 시 '구체적'으로 작성
     └ 1) 단순히 '잘하겠다.', '열심히 하겠다.'는 표현은 삼가
       2) 1년, 3년, 5년 등 기간별로 목표를 설정하여 작성하는 것도 좋은 방법

예시답안

고등학생 시절 참여한 꿈 찾기 프로젝트에서 1순위로 공무원이라는 결과가 나오게 되었고, 그때부터 공무원을 제 목표로 선택하였습니다. 그러던 중 행정병으로 입대를 하게 되었고 군무원과 함께 근무를 하면서 군무원이라는 직업적인 장점과 사명감, 투철한 국가관 등에 대한 많은 이야기를 나누게 되었습니다. 그분을 보면서 저도 그때부터 저의 성격, 사상과도 잘 맞을 것 같다는 확신이 들었고, 활동적인 것과 전기기능사 자격증이 있는 저에게 큰 장점이 되는 직업이라는 생각이 들었습니다. — **지원동기**

군무원이 된다면 나라에 헌신하고 싶습니다. 국민이 있어야 나라가 있고, 나라가 있어야 국민이 행복하게 생활할 수 있기 때문에 소중한 사람을 지키기 위해서는 나라를 지켜야 한다고 생각합니다. 그래서 저는 소중한 사람과 국가를 지키는 군무원이 되고자 합니다. — **포부**

피해야 할 답안

전문대를 졸업하고 살길이 막막하였습니다. 무엇을 하면서 돈을 벌어야 할까 고민 중, 친구들이 군무원 시험공부를 하는 것을 보고 문제가 쉬워 보여 지원을 하게 되었습니다. — **진정성이 떨어지는 지원동기**

어린 시절부터 머리가 좋았던 탓에 많은 노력을 안 했지만, 군무원 필기시험에 가뿐히 합격할 수 있었습니다. — **합격을 위한 노력 부족**

만약 제가 군무원이 된다면 누구보다 정말 열심히 하겠습니다. 꼭 붙고 싶습니다. — **추상적인 목표**

(5) 본인의 장점과 단점

작성 Tip

• 장점 → 본인의 성격 · 성향 등 자랑하고자 하는 이야기를 작성
  └ 1) 장점에 관한 구체적인 근거를 함께 작성해야 함
    2) 장점을 단점처럼 작성하는 것을 피해야 함(예 너무 꼼꼼하다, 완벽주의자)
• 단점 → 직무에 직접적으로 영향을 미치지 않는 본인의 단점을 작성
  └ 1) 자신의 장점으로 극복할 수 있는 단점을 기술해야 함
    2) 단점을 보완하기 위한 본인의 노력까지 작성

예시답안

저는 강인한 의지를 갖췄습니다. 목표한 일이 있으면 부단한 노력을 기울입니다. 고등학교 기말고사 시험 전날 몸이 매우 아파 시험을 포기하고 싶은 생각이 들었지만, 시험을 잘 보겠다는 의지로 이를 악물고 공부했고, 그 결과 좋은 성적을 거두었습니다. 저의 장점이 발휘된 경험이라고 생각합니다. ⟧ 장점

하지만 목표를 이루기 위해 하나의 일에 몰두하다 보니, 그 일에 대한 걱정이 저의 단점으로 작용할 때가 있습니다. 그래서 저는 '나는 지금 내가 한 일에 자신이 있다.'라는 말을 매일 열 번 이상 되뇌었습니다. 이러한 노력의 결과, 약점이 오히려 생활해 나가는 데 긍정적인 힘으로 작용하고 있습니다. ⟧ 단점

피해야 할 답안

저는 꼼꼼한 성격을 가진 완벽주의자인 것이 가장 큰 장점이라고 생각합니다. 어떤 일을 맡으면 그것이 완벽하게 처리될 때까지 끊임없이 확인하는 습관을 지닌 것이 저만의 장점이라고 생각합니다. 저의 이 장점을 살려 군무원이 된다면 맡은 바 최선을 다하고 싶습니다. ⟧ 단점과 같은 장점

감정 조절을 잘하지 못하는 것이 저의 단점이라고 생각합니다. 이 성격이 원인이 되어 부모, 친구들과도 자주 싸웠지만, 현재는 많이 고치려고 노력 중입니다. 군무원이 된다면 이 성격을 최대한 숨기고 업무에 임하겠습니다. ⟧ 장점으로 극복할 수 없는 단점

CHAPTER 05 답변만이 면접의 전부는 아니다.

01 면접 옷차림

면접장 문이 열리는 순간 첫인상이 70% 이상 그 사람을 판단한다고 해도 과언이 아니다. 또한 면접장에 도착해서 대기실에서부터 현직자를 대면한다. 본인 순서로 면접장에 들어 서면 당신이 입을 열기 전에 보이는 당신의 모습으로 당신을 평가하게 되므로 그 찰나의 순간의 이미지를 수정하는 데는 아주 오랜 시간과 노력이 필요할 것이다.

1. 남성 옷차림

(1) 헤어스타일

청결하고 깔끔한 인상을 주는 헤어스타일이 바람직하다. 젤이나 헤어스프레이 등을 이 용하여 단정하게 마무리한다.

(2) 양복

상하 한 벌이 바람직하고 남색 또는 회색 계통이 무난하다. 단색의 단조로움을 피하고 싶을 경우에는 가는 줄무늬나 체크무늬도 괜찮다. 기관에 따라 나름대로의 성향이 있 으므로 그에 걸맞게 입는 센스가 필요하다.

(3) 셔츠

흰색이 무난하지만 푸른색이나 베이지색 등 산뜻한 느낌을 주는 것도 좋다. 다만 양복 보다 밝은 색상을 선택하도록 한다. 그리고 와이셔츠의 칼라, 양복의 깃, 넥타이가 만 나는 부분이 산뜻하고 단정한 느낌을 주어야 한다.

(4) 넥타이

양복 및 셔츠의 색상과 조화를 이뤄야 하며, 넥타이를 맬 때는 선 자세에서 벨트를 살짝 가리는 정도의 길이가 적당하다.

(5) 구두, 양말

검정색 구두가 단정하고 어떤 색의 양복과도 잘 어울린다. 그러나 양복의 색상이 갈색 계열인 경우에는 갈색 구두가 잘 어울린다. 양말은 양복과 구두의 중간색이 적당하며, 흰색 양말은 피해야 한다.

2. 여성 옷차림

(1) 헤어스타일

커트나 단발 스타일이 활동적인 이미지를 준다. 긴 머리의 경우에는 뒤로 묶는 것이 깔끔한 인상을 준다. 앞머리는 눈을 가리지 않도록 주의하고 짙은 염색이나 강한 웨이브는 삼간다.

(2) 화장

자신의 분위기에 맞게 자연스럽고 밝은 이미지를 표현하는 것이 중요하다. 피부 톤은 자신의 피부보다는 약간 밝은 톤으로 표현하고 번들거림이 없도록 한다. 눈썹은 자연스러운 곡선미를 살려 부드러운 느낌을 주도록 하고, 립스틱 색상은 너무 진하거나 어두운 색은 피한다. 색조 화장 시 브라운 톤은 이지적인 면을, 핑크 톤은 화사함을 표현하는 데 효과적이지만 진한 톤의 블러셔를 이용한 입체 화장은 피해야 한다.

(3) 의상

단정한 스커트 투피스 정장이 좋으며, 슬랙스 슈트 정장도 활동적인 이미지에 잘 어울린다. 색상은 차분한 무채색이 무난하다.

(4) 구두, 스타킹

구두, 스타킹은 통일감 있게 연출하는 것이 좋다. 구두는 심플한 디자인으로 굽이 너무 높은 것은 피한다.

3. 옷차림 체크리스트

구분	남성	여성	체크
헤어	청결한 인상을 주는가?		
	흐트러진 곳 없이 깔끔하게 손질했는가?	헤어 액세서리가 화려하지 않은가?	
얼굴	• 눈은 충혈되지 않았는가? • 치아는 청결한가?		
	수염은 깔끔하게 깎았는가?	화장은 깔끔하게 마무리되었는가?	
상의/와이셔츠/ 블라우스	• 셔츠 깃과 소매는 깨끗한가? • 깔끔하게 다림질되어 있는가? • 얼룩, 주름, 먼지는 없는가? • 자신의 체형에 잘 맞는가?		
손	손과 손톱의 상태는 청결한가?		
바지/스커트	• 단정하게 다림질되어 있는가? • 길이는 적당한가?		
넥타이/ 스타킹	색상은 적당한가?		
	비뚤게 매지는 않았는가?	올은 나가지 않았는가?	
구두	• 색상과 모양은 조화로운가? • 깨끗하게 닦여 있는가?		

02 면접시험 진행순서

면접장 이동	개인별로 지정된 면접일자와 시간에만 면접시험에 응시가 가능
응시자 교육 및 각종 서식 작성	7급 공채를 지원한 응시자의 경우 개인발표 작성문 1부를 20분간 작성
대기	해당 시험실 앞 대기 장소에서 시험관리관에게 응시표와 신분증을 제시하여 본인 확인
입실	• 시험실에 입실하면 면접위원에게 인사 후 응시자 좌석에 착석 • 개인발표 대상자는 발표문 사본 4부를 중앙에 있는 면접위원에게 제출하고 착석 (발표문은 발표에 활용, 면접 종료 후 진행요원에게 제출)
면접	• 개인별 약 10~15분 소요, 5~10개 내외의 질문으로 이루어진 면접 진행 • 면접관은 보통 2~3명으로 군무원과 현역 군인으로 구성(다만, 지역 · 부대별 형태에 따라 면접 구성인원은 상이)
퇴실	퇴실 시 대기 중인 응시자와 접촉 불가

34 시대에듀 | 국방부·육·해·공·해병대 군무원

최합 프리패스!
합격전략 10가지

대기실부터 면접은
시작된다.

1. 면접 당일 지각은 절대 있을 수 없다.

어떻게 지각을 하나 싶겠지만, 생각보다 늦는 사람들이 종종 있다. 면접 당일 지각으로 소중한 면접 기회를 잃을 수 있으므로 시험 시작 전 여유 있게 면접장에 도착하기 위해 조금 서두르도록 하자.

2. 대기실

(1) 자기 차례를 기다리는 동안 조용한 태도로 예상되는 질문에 대한 대답을 최종적으로 정리하면서 마음을 가다듬는다.

(2) 차례가 가까워지면 다시 한 번 자기의 복장을 점검해 본다.

(3) 대기하는 동안 옆 사람과 잡담을 하거나 큰소리로 말하는 것, 지나친 흡연, 다리를 꼬고 비스듬히 앉는 것, 다리를 흔드는 것 등은 삼가야 한다. 대기 중 마실 물은 개별 지침하여야 한다.

3. 호명

(1) 담당장교가 자신의 이름을 부르면 "네"라고 명확하게 대답한다.

(2) 면접실 앞 의자에 앉아 벨이 울릴 때까지 대기한다.

(3) 면접실 입구 앞에서 가벼운 노크를 한 후, 안에서 "들어오세요."라는 응답이 있으면 조용히 문을 열고 실내로 들어간다.

4. 입실(면접)

(1) 면접실에 들어서면 조용히 문을 닫고 의자 옆에 서서 "안녕하십니까."라고 말한 후 정면을 향해 30° 정도 가볍게 허리를 굽혀 인사한다.

(2) "△△번 ○○○입니다."라고 자기의 수험번호와 성명을 말한 후, 면접관이 "앉으세요."라고 말하면 의자에 앉는다. 남성의 경우 다리는 어깨넓이만큼 벌리며, 여성의 경우 다리를 가지런히 모으고 두 손을 무릎 위에 자연스럽게 올려놓은 자세로 질문을 기다린다.

(3) 시선은 면접관의 눈을 빤히 쳐다보거나 이리저리 굴리지 말고, 면접관의 가슴 부분이나 넥타이 목 부분에 고정시키는 것이 적당한 시선각도이다.

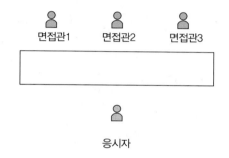

5. 질의응답

(1) 솔직하고 자신 있는 태도로 대답한다.

(2) 대답을 잘 못했다고 하더라도 머리를 긁적이거나 혀를 내밀지 않는다.

(3) 대답할 때는 "예-", "저-" 등의 불필요한 말(습관어)이 나오지 않도록 하며, "-하구요"가 아닌 "-하고"라고 정확히 말할 수 있도록 한다.

(4) 음성은 면접관이 분명히 들을 수 있도록 크게, 발음은 정확하게 그리고 자신감을 가지고 임해야 한다.

(5) 만일 모르는 질문일 때는 머뭇거리거나 더듬지 말고, 5~10초 정도 지나 "잘 모르겠습니다."라고 말하는 등의 솔직한 답변을 한다.

6. 퇴실

(1) 면접관이 "수고하셨습니다." 등으로 면접이 끝났음을 알리면 "감사합니다."라고 정중히 인사를 한 후, 의자에서 조용히 일어나며 면접관을 향해 다시 한 번 인사하는 것을 잊어서는 안 된다.

(2) 면접시험에서 언짢은 내용이 있었더라도 퇴실할 때는 도망치듯 급히 행동하거나 문을 거칠게 여닫는 일이 없도록 끝까지 세심한 주의가 필요하다.

CHAPTER 02

면접관의 관점에서 준비하자.

1. 면접관 질문의 의도를 파악하자.

면접관의 모든 질문에는 숨은 '의도'가 있다. 예를 들어, 학창시절의 실패경험에 대한 질문을 받았다고 해보자. 이런 실패, 저런 실패를 경험했다는 식의 열거는 짧은 시간에 면접관이 알고 싶은 내용이 절대 아니다. 실패를 통해 어떤 교훈을 얻었는지, 그 교훈을 통해 어떤 반성과 행동 및 사안에 대한 수정을 했는지가 중요한 것이다. 즉, 피드백이 가능한 인재인지를 알고 싶은 것이다.

응시자는 질문의 요지를 정확히 파악하여 답변해야 한다. 그러나 긴장해서 질문의 요지를 파악할 수 없을 때는 주저하지 말고 "지금 하신 질문은 이러한 의미입니까?"라고 물어보고 의미를 정확히 이해한 다음에 대답해야 한다.

또한 면접장에 온 응시자가 면접관의 "A인가요?"라는 질문에 "B입니다."와 같이 단답식으로 답변을 하는 경우도 간혹 있다고 한다. 이런 태도라면 절대 합격을 바라볼 수 없다.

2. 결론부터 말하자.

면접관의 질문에 의도를 정확히 파악했다면 그 의도에 맞는 답변을 '두괄식'으로 대답한다. 길지 않은 답변시간 동안 면접관이 당신의 답변을 끝까지 모두 들어야 할 의무는 없다. 따라서 같은 내용이라도 높은 점수를 받고 싶다면 당연히 핵심을 먼저 언급하고, 그 근거를 차례대로 제시하는 것이 좋다. 두괄식 답변은 미리 준비하지 않으면 현장에서 잘 나오지 않으므로 두괄식 답변이 익숙해질 때까지 반복 연습을 해야 한다.

우리 책에서는 질문에서 면접관의 의도가 무엇인지를 분석하고, 핵심내용이 무엇인지(두괄식 배치), 그 근거가 무엇인지 정리할 수 있도록 준비하였다. 그 순서대로 연습한다면 면접관이 선택할 수밖에 없는 응시자가 될 것이다.

3. 면접관은 피곤하다.

군에 따라서는 면접관들이 몇 주에 걸쳐 면접에 참여할 수도 있다. 따라서 수많은 응시자를 대상으로 비슷한 질문을 몇 주간 반복하기도 한다. 그런데 응시자는 비슷한 질문에 비슷한 유형의 A급 답안만을 외우듯 답변한다. 답안 자체에는 문제가 없다. 그러나 면접관이 피곤해진다. 이럴 때 반드시 기회가 온다. 피곤한 면접관에게 비타민과 같은 새콤달콤한 답변을 할 수 있다면 분명 그 응시자에게는 플러스 점수가 가능할 것이다.

이렇게 답변에 차별화를 가져올 수 있는 것은 결국 '개인의 경험을 토대로 한 참신한 답변의 연결'을 통해 가능하다. 그래야 응시자에 대한 차별점을 면접관도 알 수 있고 거기에 가치를 부여할 수 있는 것이다.

4. 면접관에 따른 질문

장교와 군무원이 기술직인 경우 최근 들어 자주 전공과 교수들이 면접관으로 참석한다.

(1) 장교

면접관은 군인 신분이기 때문에 응시자는 곧 민간인이라고 생각한다. 그렇다면 이 응시자가 군이라는 특수한 조직에 잘 적응할 수 있는지, 국가관은 투철한지 등에 대해 질문할 것이다. 또한 군이라는 특수성으로 인하여 격오지 근무나 여러 훈련상황들에 대하여 질문할 가능성이 높다.

(2) 군무원

본인이 앞으로 같이 일할 동료 또는 상관으로서 부하직원을 뽑는 것이다. 따라서 조직 내에서 잘 지낼 수 있을지, 일은 잘 할지, 내 말은 잘 들을지, 우리 부서에서 잘 적응할 수 있을지 등 실질적인 업무에 대한 내용이나 적응도, 성실도에 관한 질문을 할 가능성이 높다.

(3) (외부)전공과 교수

이들은 장교나 군무원에 비해 군대 내 특수성, 부대 내 업무와 관련해서는 자세히 모른다. 다만 기술직렬의 경우 응시자가 전공지식에 대해 얼마나 알고 있는지에 대해 질문할 것이다. 그렇다고 그 질문들이 굉장한 고난도이거나 최신이론, 심도 깊은 전공지식은 아닐 것이다. 따라서 너무 걱정할 필요는 없다. 질문에 대해 답변을 잘 못했다고 해서 필패로 이어지는 것도 아니다. 면접 전에 각 직렬별 기출문제를 한 번씩 정리해 볼 것을 추천한다.

1분 자기소개의 중요성

1. 왜 자기소개가 중요한가?

통상적으로 면접은 면접관이 일방적으로 응시자에게 여러 가지 질문을 계속하는 시간이다. 따라서 응시자 입장에서 하고 싶은 이야기를 할 수 있는 기회는 '자기소개'가 거의 유일하다. 자주 묻는 질문이기에 미리 준비가 가능하며, 대부분 면접 초반에 나오는 질문이기 때문에 응시자 자신에 대한 좋은 인상을 심어줄 수도 있다. 하지만 잘못하면 반대의 경우도 발생할 수 있으므로 주의한다.

2. 자기소개의 내용

보통 자기소개를 내 자신에 대한 이야기, 내 자신의 역사로 생각하는 응시자도 있다. 그러나 과연 1분간 나의 역사에 대한 기술이 가능할까? 가능하다고 하더라도 절대로 시도하면 안 된다.

자기소개에서는 면접관에게 본인이 '조직에서 요구하는 인재상'임을 집약적으로 표현하는 것이 가장 중요하다. 우선 업무에 대한 열정이 있는 사람, 조직(부서)에서 화합·단결할 수 있는 사람, 자신의 직무에 전문성이 있는 사람임을 최대한 어필해야 하는 것이다. 지원한 직렬의 직무, 업무와 관련된 경험이 있다면 작성해 볼 것을 권한다.

3. 표현 방법상의 주의사항

(1) 비유기법(×)

보통 면접 초반이기 때문에, 본인을 사물이나 동물에 비유하면서 시작하는 응시자가 있다. 그러나 이렇게 짧은 시간에 비유기법까지 사용한다면 본인보다 사물이나 동물만 기억에 남는 경우가 많다. 그보다는 직접적이고 구체적으로 본인을 표현하는 것이 좋다.

(2) 추상적인 단어 사용 지양

응시자들은 보통 가치, 비전, 열심, 열정 등과 같은 추상적인 단어를 많이 사용한다. 그러나 가치나 비전, 열정 등의 단어와 관련된 구체적 내용이 뒷받침되지 않는다면 면접관들의 머릿속에 그 단어들이 어떤 내용인지 남는 것이 전혀 없다. 따라서 추상적인 단어들보다는 구체적인 단어와 그를 뒷받침하는 내용이 들어가는 것이 더 좋다. 또한 수치나 지표(예) 1일, 50% 등)가 언급되는 것이 효과적이며, 구체적인 이미지화가 가능하여 매력적인 응시자로 남을 수 있다.

CHAPTER 04 나온 질문은 또 나온다.

1. ○○에 지원한 동기는 무엇인가?

지원동기에 대한 질문으로 어떤 곳을 지원하든 반드시 나오는 질문이다. 특히 공직생활에 필요한 사명감, 국가관, 공직관 등을 갖추었는가에 비중을 두고 질문한다.

2. 차별화된 본인의 강점을 말해 보시오.

이 직무를 수행할 사람을 선발할 때 그 근거를 찾기 위해 질문하는 것이다. 성공 경험, 성과를 낸 경험 등에서 나온 나만의 특성과 강점이라고 생각하는 경험을 위주로 하여 그에 대한 실행과 결과물부터 제시해야 한다. 이런 결과물을 보여줄 때 추상적인 단어 선택은 안 된다. 반드시 수치나 명칭으로 구체화할 수 있는 내용만 언급한다는 마음으로 준비해야 한다.

3. 힘들었던 경험과 극복 사례를 말해 보시오.

위에서도 언급했듯이 극복 및 성공 경험을 통해 응시자의 근성과 대처능력 등을 알고자 하는 질문이다. 실패로 끝날 수도 있다. 그렇다면 어떤 점을 배웠고 어떻게 개선해 나갈 것인지도 피드백 해야 한다. 이때 주의할 점이 있다. 수많은 응시자들이 이런 경우 약점보완으로 '교육'이나 '노력' 등을 언급하는데 이런 것들의 언급만으로는 면접관에게 점수를 얻을 수 없다. 이럴 때는 '교육' 자체에 대한 의미만 강조하기보다는 힘들었던 경험을 잘 극복한 사례가 현업을 파악할 수 있는 기회가 되었다는 점 정도로 언급하는 것이 좋다. 왜냐하면 교육 자체가 모든 문제를 해결해 줄 수는 없기 때문이다.

4. 상관의 부당한 지시에 어떻게 대처하겠습니까?

이 질문을 통해서 면접관은 응시자가 가지고 있는 부당함을 판단하는 가치기준, 체계 등에 대해 알아보고자 하는 질문이다. 우선 이 조직에 들어와 보지 않은 응시자는 독단적으로 상관 지시의 부당함을 판단할 지식과 경험이 부족하다. 따라서 응시자 기준에서 부당한 지시라 판단하여 명령에 불응할 수 있는 경우는 비윤리적, 불법적 업무지시뿐이라고 생각하면 질문 의도에 접근하기 수월하다. 윤리적인 문제가 없다면 업무를 지시한 상사가 옳은 지시를 했기 때문에 그 지시에 따르고, 본인의 업무능력이 부족할 수 있다는 전제 하에 겸손한 태도로 답변을 준비하는 것이 맞다. 그러나 비윤리적 지시일 경우 상사나 선배 등에 확인 후 업무수행을 해야 한다. 조직 내에서는 보고체계와 규율이 있음을 잊지 말자.

5. 마지막으로 하고 싶은 말이 있으면 말해 보시오.

이 질문은 반드시 포함되는 것은 아니다. 또한 이 질문으로 불합격이 합격으로 변경되는 경우는 드물다. 그러나 면접 과정 중 여러 가지의 사정으로 답변이 미흡했다 생각이 든다면 한 번쯤 시도해 볼 수 있는 마지막 카드라는 생각으로 정리해 본다.

(1) 면접 중 미흡한 답변이 있는 경우

면접 전 준비된 내용이었지만 답변이 부족했다면, 이 기회를 통해 다시 말씀드리겠다 하고 짧게 정리하여 발표한다. 이때 그 전의 답변시간보다 긴 시간이 주어지는 것이 아니므로 본인의 경험을 통한 핵심내용만 간결하게 정리하여 발표하는 것이 좋다.

(2) 면접 중 답변이 미흡하지 않은 경우

응시자는 입장부터 퇴장 시까지 최선을 다해야 한다. 따라서 간결하게나마 오늘 면접에 대한 겸손한 소회와 면접관들에 대한 감사를 표하는 것도 좋을 것이다. "더 이상 할 말 없습니다."라고 씩씩하게 답하는 응시자들도 종종 있는데 그런 태도보다는 간단한 인사가 더 좋아 보인다.

CHAPTER 05

3가지는 면접에서
절대 하지 말자.

1. 무조건 '열심히 하겠습니다.'라는 표현

군은 특수한 조직이다. 그렇다면 무조건적인 '패기'를 보여주는 것이 좋을까? 군무원의 경우 격오지 근무의 가능성, 육체적으로 힘든 업무에 대한 부담, 군대라는 폐쇄적인 분위기 등에 대한 질문을 자주 받게 된다. 특히 여성들이 자주 받는 질문이다. 기혼자의 경우 격오지로의 전출입이 가능한지, 왜소한 체형의 응시자가 무거운 장비를 옮긴다든지 하는 실무에 관한 질문이다. 따라서 이런 질문들에 대하여 "무조건 할 수 있다."는 가장 옳지 못한 답변이다. 대책도, 대안도, 방법도 없지만 패기 있게 무조건 한다고 하는 것은 응시자에 대한 불신만 키우는 답변일 수 있다.

이런 경우에는 본인의 경험을 언급하는 것이 좋다. 체력적으로 힘든 업무에 대해 물어본다면, 본인이 예전에 아르바이트를 하면서 했던 비슷한 업무에 대한 경험을 예로 들어 성공하기 위한 노력과 의지 등을 덧붙여 대답하자. 면접관은 질문에 대한 의심을 한 번에 거두고 점수를 부여할 것이다. 본인의 상황에 따라 미리 준비하자. 이때 가장 중요한 것은 적절한 대책과 대안으로 극복한 경험 사례를 들어 신뢰감을 주는 것이다.

2. 수동적 표현

보통 응시자들은 "~라고 생각하기 때문에 ~하게 ~되었습니다."라는 표현을 많이 사용한다. 이 문장을 본다면 어떤 행동의 근거는 응시자의 '생각'이 되는 것이다. 그러나 면접관은 보이지 않는 추상적 생각으로 결론에 이르는 답변에 만족할 수 없다. 또한 그 생각의 근거를 묻는 등의 꼬리질문도 가능하게 된다. 이런 경우에는 행동, 결과 등의 근거를 조사나 경험을 근거로 답변하는 것이 좋다. 조사에 의한 데이터나 경험은 구체적 행동의 근거로 최상이다. 좋은 답변으로는 "제 경험에 의하여 ~해 본 결과, ~하게 되었습니다."라고 답변을 한다면 응시자의 경험에 초점을 맞추어 재질문을 할 수 있기 때문에, 범위가 자신의 경험으로 한정되어 답변하기 더 쉬울 것이다.

3. 추상적 표현

개념 자체가 불분명한 답변은 지양해야 한다. 이것은 곧 점수를 부여할 만한 답변이 되지 못하기 때문이다. 보통 답변할 때 많이 나오는 추상적 표현은 열심, 희망, 가치 등과 같이 구체성이 떨어지는 단어이다. 면접시간은 상당히 짧기 때문에 추상적 표현에 대한 질문을 다시 받는다면 정작 내 필살기는 드러내기 어렵게 된다. 그렇다고 그냥 넘어간다면 얻을 점수가 많지 않을 것이다.

지원동기에 "군무원이 되어 저의 역량을 발휘하고 싶습니다."라고 답변한다면 분명 '역량'에 대한 궁금증을 면접관들은 가지게 될 것이고, 그 근거를 재질문하게 될 것이다. 이렇게 바꿔보자. "저는 차량정비를 전공하였고, 관련 자격증을 2종 취득했습니다. 또한 그 전공을 살려 틈틈이 K정비센터에서 아르바이트를 하면서 실무를 경험했습니다. 이러한 그간의 경험을 바탕으로 저는 차량직렬 군무원으로 완벽하게 준비되었다고 자신합니다."가 보다 좋은 답변일 것이다.

최종합격을 부르는
실패경험

1. 왜 실패를 물어볼까?

면접관의 질문에는 항상 '의도'가 숨어 있다. 그렇다면 왜 실패 경험에 대해 물어보는 질문이 빈번하게 나오는 것일까? 응시자가 격무에 대처할 수 있는지, 온실 속의 화초처럼 너무 여린 것은 아닌지, 힘들다고 퇴직하지는 않을지 등 이 직무를 지속적으로 잘 수행할 수 있는가에 대해 알고 싶은 것이다.

2. 언급하면 안 되는 것

실패 경험 시 감정적으로 힘들었던 부분에 대해 회피하거나 포기 등을 언급하는 것은 면접 시 감점 사유가 된다. 동아리에서 어려운 선배와의 갈등을 힘들었던 점으로 언급하면서 갈등을 해결하기 위해 피하거나 탈퇴한 경험을 이야기하는 것은 질문 의도에 맞지 않는 답변이므로 절대 피해야 한다.

이런 상황에 대한 돌파, 어려움 극복과 관계회복, 새로운 인간관계 형성으로의 경험 등이 있어야 점수를 얻을 수 있다. 극복되지 않았다면 감정적 어려움을 언급하는 순간 극복을 찾아가는 길이 너무나도 험난하다.

3. 꼭 언급해야 하는 것

실패하게 된 원인이 무엇인가, 어떻게 대처하였는가, 그 과정에서 어떠한 교훈을 얻었는가, 그 경험을 바탕으로 성공경험까지 갔는가 등 이러한 것들이 면접관이 원하는 답변이다. 이런 응시자는 내 조직, 우리 조직에서도 어려움을 통해 학습하고 단련하면서 어떤 과업이든 성공시켜 나갈 수 있는 인재란 확신을 줄 수 있다. 더 나아가 이런 응시자는 높은 수준의 목표를 늘 염두에 두고 그 달성을 위해 노력하는 사람으로 인지될 수 있다. 실패가 중요한 것이 아니라 이를 극복해 낸 승리자가 내 동료로 적합한가의 문제이다.

1. 첫인상

첫인상이 면접 전체를 좌우한다. 상대방에게 좋은 인상을 주지 못하면 어떤 이야기를 해도 전하고자 하는 바가 충분히 전달되지 않을 수 있다. 건강하고 신선한 이미지를 주기 위해서는 청결한 복장을 하고, 바른 자세로 침착하게 임해야 한다.

2. 좋은 표정

거울 앞에 서서 웃는 연습을 해본다. 잘생기고 예쁜 얼굴과는 상관없다. 웃는 얼굴은 상대방을 편안하게 만들고, 긴장된 분위기를 풀어준다. 자기의 이야기를 강하게 전하고 싶을 때는 상대방의 눈을 바라보며 얘기한다. 시선처리는 면접관들을 적절히 배분하여 바라보며 이야기할 수 있도록 한다. 그러나 시선이 너무 빨리 교차하면 불안해 보일 수 있으니 적절한 시선처리에 유념한다.

3. 경어 사용

올바른 경어(敬語)를 사용한다. 경어를 사용하는 법이 쉬운 것 같지만, 실제로는 그렇지가 않다. 경어는 시간 · 장소 · 지위 등의 환경이나 조건에 따라 구분해 쓰는 것이 중요하다.

4. 필살기

자신 있는 부분에 승부를 건다. 자신 있는 이야기는 설득력이 있으므로 질의응답 중 자기가 자신 있는 분야로 이야기를 끌어가야 한다. 또한 화제가 자신 있는 분야로 모아진다면 기회를 놓치지 않아야 한다.

5. 불쾌한 질문

불쾌한 질문에도 성의껏 대답한다. 불쾌한 질문을 받더라도 면접 중임을 명심하고 평정심을 잃지 않고 대답하는 것이 좋다. 또한 사소한 질문이라고 생각되는 경우에도 성의껏 대답한다.

6. 태도

마지막 순간까지 최선을 다한다. 면접 질문에 대답을 못했거나 면접 분위기가 엉망이 됐다 할지라도 결코 도중에 포기해서는 안 된다. 모든 질문에 핵심을 찌르는 대답을 못했다 하더라도 끝까지 포기하지 않는 모습을 보이는 것이 중요하다.

7. 대기 중 자세

답변하지 않을 때의 자세도 중요하다. 대부분의 응시자들은 답변하고 있을 때는 긴장하여 바른 자세를 유지하지만 답변이 끝나고 면접관의 표정이 부정적이면 자세가 흐트러지는 경우가 많다. 항상 면접관의 질문에 경청하면서 바른 자세를 유지하도록 한다.

8. 개성 있는 표현

면접에서 평범한 답변으로는 좋은 점수를 기대하기 힘들기 때문에 자신의 구체적인 경험이나 사실을 바탕으로 내실 있게 표현하여 개성을 드러내는 것이 중요하다. 단, 개성 표현은 좋지만 지나치게 튀는 것은 위험하다. 또한 다른 구성원들과 잘 융화되지 못할 것 같은 정도의 튀는 인상을 남겨서도 안 된다.

면접 전 반드시 정리해야 할 것

1. 본인의 경험

(1) 이유

앞에서 자주 언급되었던 것들이 '경험'이다. 자기소개서 작성부터 각종 질문의 대답에 대한 근거를 대부분 본인이 직접 경험한 사안들을 중심으로 구성하는 것이 면접관에게 근거에 대한 신뢰감을 줄 수 있을 뿐만 아니라 추가질문 또한 그 경험 범위 내에서 받을 가능성이 크기 때문에 어느 정도는 사전에 준비할 수 있다.

(2) 방법

예상되는 질문리스트에 적당한 경험들을 기입해 보자. 이렇게 적다 보면 경험이 너무 많거나 너무 적은 경우들이 있다. 경험이 너무 많을 때는 내가 가장 강조하고 싶은 주제로의 연결이 가능한 경험을 위주로 스토리를 정리해 보면 된다. 문제가 되는 것은 반대로 경험이 없다고 생각하는 경우인데, 경험은 극히 개인적이고 그 크기와 가치를 타인이 결정할 수 없는 것으로, 이는 없는 것이 아니라 잘 정리하지 못한 것일 수도 있다. 이럴 때 경험 정리가 더 빛을 발하게 되는 것이다. 또한 면접관들은 성공만 한 경험보다는 실패 경험을 성공으로 이끈 노력과 근성에 매료된다.

(3) 경험 사례 정리

① 의미 있는 경험: 내가 경험에서 어떤 결과를 얻었나?

② 실패한 경험: 왜 아무 결과도 못 얻었나? → 진짜 아무것도 못 얻은 게 맞나?(사소한 경험도 다시보기) → 사소한 결과라도 어떻게 얻을 수 있었나?(사소한 경험에서 의미 찾기)

2. 군과 직렬에 대한 이해

너무나 당연한데 군에 대한 이해가 부족한 응시자들도 간혹 보인다. 물론 짧은 시간에 전체적인 조직을 모두 이해하는 것은 어려울 수 있다. 그러나 이 책에서 제안하는 정도는 반드시 숙지하는 자세가 필요하다. 답변 시에도 군에 대한 이해를 바탕으로 답변을 해야 하는 경우들이 있다. 그런 경우, 조직에 대한 이해를 답변 내용에 녹일 수 있다면 분명 군 출신의 면접관에게는 좋은 점수를 받을 수 있다.

3. 국방 10대 뉴스

국방일보에서는 작년 한 해 동안 있었던 국방 정책, 뉴스 중 주요한 것들만 모아서 연말에 10대 뉴스를 발표한다. 군무원은 군 안에 소속되어 근무하는 공무원으로서 이 정도는 관심을 갖고, 알고 있어야 하는 가장 핵심적인 내용의 주제들이다. 따라서 이 부분은 정리가 되어야 한다. 특히 기술직렬들은 본인 분야의 정책이나 무기, 기술개발 등의 이슈가 있다면 반드시 숙지하는 것이 좋다.

4. 긍정적인 마음가짐

응시자 간의 실력에는 큰 차이가 없다는 것을 기억하라. 필기전형을 통과했다면 기본적인 능력만큼은 인정을 받은 것이다. 동료 응시자가 학력이나 성적, 답변 실력이 뛰어나다고 해서 위축될 필요는 없다. 자신감을 가지고 당당하게 대응하는 것이 무엇보다 중요하다.

01 **육군 행정직 합격자 ○○○**

안녕하세요~ 우선 합격을 축하드립니다. 간단한 자기소개 부탁드리겠습니다.

안녕하세요? 육군 행정직에 합격한 ○○○입니다.

면접위원과 응시자는 몇 명으로 구성되어 있었나요?

총 3분의 면접위원이 계셨고, 그중 2분은 현역 영관장교, 1분은 군무원이신 것 같았습니다. 응시자는 1명씩 들어가서 3:1 면접이었습니다.

면접은 몇 분 정도 진행되었나요?

면접은 한 분당 1~2개의 질문으로 총 15~25분 정도 진행되었습니다.

압박 질문이 있었나요?

사실 저도 압박 면접에 대해 걱정을 많이 했는데, 개인마다 느끼는 게 조금 씩 달라서 그럴 수도 있다고 생각했습니다. 제 경우에는 특별히 압박 면접이 라고 느끼지 못했습니다.

어떤 질문이 나왔으며, 기억에 남는 질문이 있다면 무엇인가요?

제가 작성한 자기소개서를 보시고 질문을 많이 하시는 것 같았습니다. 개인적인 이야기도 많이 녹여서 작성했는데 그 부분에 대해 사실여부를 확인한다는 느낌이 들었습니다.

기출되었던 질문 위주로 질문을 많이 하셔서 답변하는 데 큰 어려움이 없었습니다.

면접 준비는 어떻게 하셨나요?

 저는 취업 준비를 하면서 늘 면접에서 낙방을 했었기 때문에 면접스터디 참여의 필요성을 느꼈습니다. 그래서 SD에듀 면접 도서로 학습하는 스터디에 참여하였습니다.

스터디를 하면서 단순히 호구조사 정도로만 생각했던 자기소개서와 신원진술서의 중요성도 알게 되었고, 스터디원끼리 서로 꼼꼼하게 챙겨주셔서 면접 준비하는 데 도움이 되었습니다.

군무원 면접을 보게 될 후배들에게 줄 수 있는 팁이 있을까요?

 면접에서 가장 중요한 것은 자신감이라고 생각합니다. 내용이 다소 미흡하더라도 군이라는 조직의 특성상 기죽지 않고, 자신의 의사를 정확히 밝혀 논리 있게 풀어나가는 것이 중요합니다.

이를 위해서 면접특강이나 도서 등에 정리되어 있는 예시답안은 꼭 읽고 본인의 생각을 정리하여 면접에 들어가는 것이 필요합니다.

안녕하세요. 해군 군수직에 최종합격하신 것 축하드립니다.

감사합니다.
전 이번 해군 군수직에 합격한 ○○○입니다.

면접 전날 어떤 준비를 했었는지 기억하시나요?

전날까지 스터디원들과 만나서 최종으로 모의면접을 진행했었고, 돌아와서는 모의면접 촬영본을 보면서 수정해야 할 것들을 정리하였습니다.

어떠한 부분들이 수정해야 할 부분으로 보였나요?

제가 평소에 말할 때 당황하면 머리카락을 만지는 버릇이 있었는데 영상을 보다 보니 당황하여 묶고 있는 머리를 만지더라구요. 그래서 면접 시에는 앉아서 손을 무릎에 얹어 놓고 움직이지 말자 생각했습니다. 또 시험 전날이라서 더 그랬던 것 같은데, 입은 웃지만 표정이 밝아보이지는 않더라구요. 그래서 면접 당일 대기실에서도 예상 답변을 연습하면서 일부러 얼굴 근육을 푸는 동작들도 함께 했습니다.

스터디가 많은 도움이 되었나요?

저는 대학 입학 면접 이후로는 면접이 처음이었습니다. 그래서 많이 떨리기도 하고 긴장되어 실제로 저희 팀원(총 4명)들 앞에서 실전처럼 말하는 연습을 많이 했습니다. 그 덕에 막상 시험장에서는 많이 떨리지 않았습니다. 그런 부분에서는 많은 도움이 되었습니다.

예상질문에 대한 답변 연습을 어떻게 하셨나요?

군무원 면접도서를 보니 예상질문들에 대한 내용이 있더라구요. 거기에 나와 있는 질문들의 대부분을 원고로 만들었습니다. 그래서 제 나름의 체계를 잡고 그 순서대로 답변을 준비했습니다.

본인만의 체계는 어떤 것인가요?

무조건 질문에 대한 답을 앞에 두는 것입니다. 그리고 그 근거들을 첫째, 둘째, 길면 셋째까지 정리하여 근거가 충실하고 구체적인 답변을 만들려고 노력했습니다. 그리고 그 근거는 구체적으로 저의 경험과 지식수준에서만 준비했습니다. 즉, 아는 대로 정확히 답변하자가 중심이었던 것 같습니다.

미리 준비한 질문과 답변이 많이 나왔나요?

솔직히 많이 놀랐습니다. 일반적인 질문부터 전공관련 질문까지 다양하게 똑같거나 유사한 질문들이 나왔고, 준비한 대로 천천히 답변드렸습니다.

기억에 남는 질문이 있으신가요?

제가 여자이다 보니 물품을 정리하거나 관리하는 업무도 주어지는데 가능하겠냐는 질문을 주셨습니다. 이 질문도 예상질문 중 하나였고 예전에 제가 편의점 아르바이트를 했던 경험을 중심으로 위의 체계에 맞춰 답변드렸더니 가운데 계신 군 출신 면접관께서 아빠미소를 보여 주셨습니다.

면접을 준비하는 후배들에게 한마디?

필기와 마찬가지로 면접도 제가 그 일을 하고 싶다는 열정이 있다면 성공할 수 있다고 생각합니다. 필기도 과목에 대한 학습과 부단한 연습을 하잖아요. 그것과 다르지 않습니다. 직렬에 대한 학습과 부단한 연습이 있다면 꼭 합격하실 수 있습니다.

기술직렬 면접 준비

01 육군 통신직 합격자 ○○○

안녕하세요~ 간단한 자기소개 부탁드리겠습니다.

안녕하세요? 육군 통신직에 합격한 ○○○입니다.

면접위원과 응시자는 몇 명으로 구성되어 있었나요?

면접실에 면접위원 3분이 계셨고, 3:1로 진행이 되었습니다. 그중 사복을 입고 계신 분이 있었는데 그분이 아마도 전공과 교수로 생각이 됩니다.

면접은 몇 분 정도 진행되었나요?

면접 시간은 총 15분 정도로 진행되었습니다.

전공과 관련한 질문이 있었나요?

네, 블라인드 면접임에도 불구하고 전공이 무엇인지 질문을 받았습니다. 저는 비전공자인 문과생이어서 좀 당황했습니다. 왜냐하면 비전공자임을 밝힌 후 날카로운 전공 질문을 받았고 많이 놀랐습니다.

전공 질문에 너무 당황하여 말을 더듬고, 일부 질문에 대답을 못하는 경우가 있는데 그러한 경우 너무 당황하지 마시고 아는 부분을 자신 있게 대답하고 모르는 부분도 분명한 어조로 모름을 인정하는 것이 좋겠습니다. 전공지식을 줄줄이 암기하고 있고, 긴장된 환경에서 술술 풀어 말할 수 있는 것은 상당히 어려운 일이기 때문에 당황하지 않고 대답하는 것에 집중하는 것이 좋을 것 같습니다.

면접 준비는 어떻게 하셨나요?

기술직렬이다 보니 전공과목에 좀 더 많은 시간을 투자했습니다. 전 면접경험이 있었기 때문에 전공 질문은 외부에서 오신 교수님께서 하시는 것을 알고 있었습니다. 전공 기술이 실제 군대에서 어떻게 적용되는지에 대해서는 공부할 필요가 없으며 전공시험의 이론 내용을 심도 있게 공부하는 것이 좋다고 생각하고 정리했습니다.

군무원 면접을 보게 될 후배들에게 줄 수 있는 팁이 있을까요?

면접 시 전공 질문은 전공과목을 서술식으로 공부한다는 마음으로 준비하면 좋을 것 같습니다. 결국 전공 질문은 필기시험의 전공과목에 관한 질문입니다. 필기시험의 객관식 보기를 자세히 살펴보는 것이 좋을 것 같습니다.

안녕하세요~ 우선 합격을 축하드립니다. 간단한 자기소개 부탁드리겠습니다.

안녕하세요? 공군 항공직에 합격한 ○○○입니다.

면접위원과 응시자는 몇 명으로 구성되어 있었나요?

면접실에 들어갔더니 총 3분의 면접위원이 반갑게 맞아주며 진행되었고, 3:1로 진행이 되었습니다.

면접은 몇 분 정도 진행되었나요?

면접 시간은 총 10~15분 정도로 진행되었습니다.

전공과 관련한 질문이 있었나요?

네, 전공 관련한 질문이 있었고, 항공 관련 학과를 나와서 대부분 어렵지 않게 대답했지만, 깊이 있는 질문을 받았을 때는 조금 당황했습니다.

잘 모르는 부분에 대한 질문에는 어떻게 답변하셨나요?

순간 머릿속이 하얘졌지만 최대한 비슷하다고 생각하는 것으로 답변했습니다.

이 부분이 계속 마음에 걸렸었는데 다시 돌아간다면 잘 모른다고 인정하고 꼭 찾아보겠다고 답변할 것 같습니다.

면접 준비는 어떻게 하셨나요?

우선, 면접 시 제출하는 자기소개서와 신원진술서를 작성하면서 제 자신을 더 잘 알기 위해 노력했습니다. 제가 가진 능력이 무엇인지, 왜 저를 뽑아야 하는지, 어떤 마음으로 근무할 것인지(포부) 등에 대해 큰 틀을 먼저 잡았습니다. 그리고 면접도서에 수록되어 있는 면접 기출 문제에 저만의 답안을 작성하고 예시 답안과 비교해가면서 수정하는 과정을 거쳤습니다.

군무원 면접을 보게 될 후배들에게 줄 수 있는 팁이 있을까요?

 면접에서는 어떤 질문을 받게 될지 모르기 때문에 다양한 상황을 예상하고, 편안한 마음으로 대화하듯이 임했으면 좋겠습니다. 또한, 처음에 긴장을 풀어주시기 위한 질문들(뭐 타고 왔는지, 식사는 했는지 등)에 대해 단답형으로 대답하는 것이 아니라 대화하듯이 말하면서 긴장을 푸는 것도 중요한 것 같습니다.

훌륭한 가정만한 학교가 없고,
덕이 있는 부모만한 스승은 없다.

– 마하트마 간디 –

면접 필살기

CHAPTER 01 평정요소 및 배점

01 채점표 예시

구분	평정요소	평정 기준 점수	위원 평정 점수
채점	가. 군무원으로서의 정신자세	수, 우, 미, 양, 가(5점~1점)	점
	나. 전문지식과 그 응용능력	수, 우, 미, 양, 가(5점~1점)	점
	다. 의사표현의 정확성과 논리성	수, 우, 미, 양, 가(5점~1점)	점
	라. 창의력, 의지력 및 발전 가능성	수, 우, 미, 양, 가(5점~1점)	점
	마. 예의, 품행, 준법성, 도덕성 및 성실성	수, 우, 미, 양, 가(5점~1점)	점
	합계	25점 만점	점

02 최신 면접 트렌드

최근 군무원 면접은 과거 면접과 마찬가지로 전공질문과 군무원 특유의 직무특수성에 대한 질문이 골고루 나왔다. 지원직렬에서 꼭 필요한 전공지식과 관련된 전공질문이 1~2개 정도 나왔으므로 전공지식과 기출된 질문을 파악한 후 면접 준비를 시작하는 것이 좋다.

1. 격오지로 발령받더라도 잘 근무할 것인가?

2. 그동안 무슨 경험을 해왔고 임용 후에 어떻게 반영할 것인가?

3. 일반사회와 군사회의 차이점은 무엇이라고 생각하는가?

전반적으로 특별한 배경지식 없이도 답할 수 있는 주제가 다수 출제되었으나, 최신 이슈와 시사상식 그리고 국방이슈를 가볍게 점검할 필요가 있다. PART 04에서 꼭 알고 가야하는 상식으로 국방혁신 및 이슈와 상식을 정리해 두었으니 꼭 읽고 정리해보기를 바란다.

특히 질문에 대해 정확하게 파악하고 답변하는 것이 중요하며, 답변은 얼마나 논리적으로 자신의 주장을 잘 발표하는지가 중요하다. 이때, 본인이 지원한 직렬과 연관지어서 대답하는 것이 가장 좋다.

다음에 나오는 면접 질문들은 시험장에서 응시자가 실제로 들었던 질문들이므로 미리 답변을 정리해보고 가는 것이 좋다. 공지에 나온 평정요소별로 문항을 나누어 정리하였으며, 면접관의 의도를 파악해 왜 이런 질문을 했는가에 대해 알아보아야 한다. 면접관의 질문 의도에서 크게 벗어나지 않는 답변을 해야 좋은 점수를 받을 수 있고 핵심적인 답변을 할 수 있기 때문이다. 면접에서는 두괄식 답변을 통해 면접관의 눈길을 사로잡아야 한다. 답변의 시작에 핵심적인 내용을 담아 면접관의 시선을 끌고 뒤에 부연설명을 해야 한다. 초반에 면접관의 주의를 사로잡지 못하면 면접관의 집중도는 떨어지고, 이로 인해 응시자 또한 자신감을 잃어 명확한 답변을 하지 못할 수도 있다.

예시로 작성해둔 답변을 보고 어떤 방식으로 답변을 해야 하는지 확인하고, 실제로 본인의 경험을 살려 미리 작성하는 연습을 해보자. 답변을 작성할 때는 꼭 본인의 사례를 중심으로 작성하는 것이 중요하며, 이를 작성한 후 꾸준히 연습하여 자신만의 답변으로 만들어야 한다. 본인이 작성한 내용 중 꼭 빠지지 않고 들어가야 하는 내용이 있다면 키워드를 정리하고, 마지막에 질문과 키워드 중심으로 확인하고 들어가면 답변을 무사히 마칠 수 있을 것이다. 질문 제일 마지막에는 답변하면 안 되거나 유의해야 하는 내용들을 정리해두었다. 혹시 본인이 준비하려던 답변에 해당하는 내용들이 있는지 확인해보는 것이 좋다.

CHAPTER 02 전문지식과 그 응용능력

공통

- 실제 직무관련 경험이 부족한데 잘 적응할 수 있겠습니까?
- 지원한 직렬에서 하는 일이 무엇인지 말해보시오.
- 일반 공무원과 군무원의 차이가 무엇이라고 생각합니까?
- 전문지식의 습득을 위해 어떤 노력을 했습니까?
- 직장 내 괴롭힘 금지법에 대해 말해보시오.
- 공기업 부정합격에 관해 어떻게 생각하십니까?
- 저출생·고령화에 대한 본인의 생각을 말해보시오.
- 직렬에 가장 필요한 가치는 무엇이라고 생각합니까?
- 오늘 아침 헤드라인 뉴스는 무슨 내용이었습니까?
- 군무원의 덕목은 무엇이라고 생각합니까?
- 군무원 수험생활 기간과 군무원 시험을 어떤 방법으로 준비했는지 말해보시오.
- 배려와 양보의 차이는 무엇이라고 생각합니까?
- 본인은 리더와 팔로워 중 어떤 유형입니까?

행정

- 추가경정예산의 정의와 시기에 대해서 자세히 설명해보시오.
- 허츠버그의 동기위행론에 대해서 설명해보시오.
- 공무원 징계의 종류에 대해서 설명해보시오.
- 법 적용 원칙에 대해서 설명해보시오.
- 재량행위와 기속행위의 구별실익과 군무원으로서 재량과 기속 중 어떤 것이 처리하기 편할지 말해보시오.
- 책임운영기관은 무엇이며 이를 군에 적용할 방안에 대해 말해보시오.
- 준예산의 정의와 편성 사례를 말해보시오.
- 직위분류제에서 직위 등에 대해 설명해보시오.

- 행정법에서 행정강제의 종류에 대해 설명해보시오.
- 행정이란 무엇이라고 생각합니까?
- 행정소송의 종류에 대하여 말해보시오.
- 직업공무원제에 대해 말해보시오.
- 옴부즈맨 제도에 대해 말해보시오.
- 예산을 효율적으로 운영할 수 있는 방법에 대해 말해보시오.
- 특정직 공무원 중에서 경찰, 소방 공무원 등은 공무원이라 불리는데 왜 유독 군무원만 공무원이라 불리지 못하고 군무원이라 불리는지 알고 있습니까?
- 공정력과 공정성의 차이에 대하여 말해보시오.
- 변혁적 리더십이란 무엇인지 말해보시오.
- 준예산의 개념, 준예산이 쓰이는 곳에 대하여 말해보시오.
- 법치행정의 개념, 법규창조력의 개념에 대해 설명해보시오.
- 처분 / 직위분류 / 영기준 예산에 대해 설명해보시오.
- 부정부패를 해결하기 위한 방법에 대하여 본인의 생각을 말해보시오.
- 갈등의 순기능과 해결 방안에 대하여 말해보시오.
- 내부 고발자제도에 대하여 말해보시오.
- 목표의 전환에 대해 설명해보시오.
- 레임덕 현상에 대하여 말해보시오.
- 관료제의 장단점에 대하여 말해보시오.
- 고위 공무원 제도의 장단점에 대하여 말해보시오.
- 고소와 고발의 차이점에 대해 설명해보시오.
- 공법 행위에 대해 설명해보시오.
- 헌법에 납세의 의무가 명시되어 있는 이유에 대해 설명해보시오.

사서
- 재현율과 정확률에 대해 말해보시오.
- 사서로서 논문을 작성하는 이용자들에게 어떻게 도움을 줄 수 있는지 말해보시오.
- 빅데이터를 도서관에 어떤 방식으로 적용할 수 있는지 말해보시오.

군수
- 평등원칙과 자기구속법리에 대해서 자세히 설명해보시오.
- 군수 업무와 용어에 대해 아는 대로 말해보시오.
- 내부조달과 외부조달에 대해서 설명해보시오.

- 조달의 구체적인 품목과 시스템에 대해서 말해보시오.
- 군수란 무엇이며, 군수의 8대 기능에 대해서 말해보시오.
- 수리부속의 수령과정에 대해서 말해보시오.
- 수요와 소요의 차이에 대해서 말해보시오.
- 군수 직무수행 절차에 대하여 말해보시오(군수의 8대 기능과 동일).
- SWOT분석에서 자신의 위협에 대해 말해보시오.

기술정보
- 감청과 도청의 차이가 무엇이라고 생각합니까?
- 신호정보에 대해 아는 대로 말해보시오.
- 신호정보의 종류에는 무엇이 있습니까?
- 신호정보를 수집하면서 전파를 보내고 받는 역할과 원리에 대해서 맡게 될 본인 업무와 연관 지어서 설명해보시오.

군사정보
- 베이지안 기법에 대해 설명해보시오.
- 정보와 첩보의 차이점에 대해 말해보시오.
- 정보의 순환단계에 대해 설명해보시오.
- 영상정보의 장단점과 영상정보를 수집하는 국내장비에는 어떤 것들이 있는지 말해보시오.
- 군에서 사용하는 정보체계에 대해 설명해보시오.
- 통합방위작전의 절차와 구성에 대해 말해보시오.
- 인포메이션과 인텔리전스의 차이에 대해 설명해보시오.
- 정보업무와 보안업무의 개념에 대해 설명해보시오.

수사
- 사정판결에 대해서 설명해보시오.
- 진정소급과 부진정소급에 대해서 각각 설명해보시오.
- 수사관의 위법한 수사에 대한 생각을 말해보시오.
- 알고 있는 수사기법에 대해 말해보시오.
- 위법과 부당의 차이를 말하고, 상관의 위법·부당 지시에 따른 대응방법에 대해서 말해 보시오.
- 법치주의에 대해 설명해보시오.
- 범죄예방교육을 어떻게 실시할 것인지 말해보시오.

- 가소성포장과 강성포장의 차이점에 대해 설명해보시오.
- 도량환산계수에 대해 설명해보시오.
- 사면안전공법에 대해 설명하시오.

시설

- 수격작용에 대해 말해보시오.
- 최근 에어컨에서 사용하는 냉매는 무엇이며, 소형냉장고에 사용하는 냉매는 무엇인지 말해보시오.
- 통기관의 역할과 종류에 대해서 말해보시오.
- 친환경 에너지의 열에너지, 전기에너지 저장방법 및 저장장치에 대해서 말해보시오.
- 제어에 대해서 말해보고, 시퀀스제어에 대해서 설명해보시오.
- 스팀트랩에 대해서 설명해보시오.
- GHP의 냉매 흡수제에 대해서 설명해보시오.
- 보일러 안전밸브의 위치와 흡수식 냉온수기의 안전밸브의 위치에 대해 말해보시오.
- 보일러의 마력과 일반 마력의 차이점에 대해서 말해보시오.
- 급수배관의 파손을 막을 수 있는 설비에 대해 말해보시오.
- A급 화재에 대해 말해보시오.

건축

- 철근 콘크리트에서 피복 두께의 역할에 대해서 말해보시오.
- 르코르뷔지에가 말한 건축에 대해 말해보시오.
- 병원 신축현장에서 일하게 될 텐데 병원건물과 일반건물의 마감 시 차이점에 대해서 말해보시오.
- 실내와 실외를 개보수하려고 합니다. 어떤 다른 점이 있겠습니까?
- 하중의 종류를 설명해보시오. 그리고 이것이 구조물을 설계할 때 어떻게 반영되는지 말해보시오.
- 군 시설물에 쓰일 수 있는 다른 구조방식에 대해 생각해본 적이 있습니까?
- 건축과 다른 종류 산업과의 결합가능성을 생각해본 적이 있습니까?

환경

- 실내 공기 질과 관련한 권고 기준 및 종류에 대해서 말해보시오.

- 피뢰기를 어디에 설치해야 합니까?
- 특고압을 취급해 본 경험이 있습니까?
- 피뢰기의 역할과 설치장소에 대해서 말해보시오.
- 단상과 3상의 차이에 대해서 말해보시오.
- 접지의 종류에 대해서 말해보시오.
- 직류와 교류의 차이점에 대해서 설명해보시오.
- 현재 면접실에 추가해야 할 전기설계에 대해서 말해보시오.
- 지금 정전이 되면 어떻게 하겠습니까?
- 2차 전지의 정의에 대해서 말해보시오.
- 누전차단기의 정의와 배선용 차단기와의 차이점에 대해 말해보시오.
- UPS에 대해서 설명해보시오.

- 광케이블의 구성요소에 대해서 설명해보시오.
- ICT기술 발달과 4차 산업 발달이 지속되고 있는 가운데, 현재 군에서 적용하고 있는 4차 산업은 어떤 것이 있는지 말해보시오.
- 5G에 대해서 설명해보시오.
- 새로운 이동통신기술이 무엇이며, 이것을 군에 어떻게 적용할 수 있는지 말해보시오.
- 군에서 사용하는 보안통신기술에 대해 말해보시오.
- 일반적인 사회에서의 통신과 군대 통신의 차이점에 대해 말해보시오.
- 라인코딩과 HDB3에 대해 설명해보시오.
- 양자암호통신에 대해 구체적으로 설명해보시오.
- CSMA와 CD에 대해 말해보시오.
- OSI 7계층의 각 계층에 대해 예시와 함께 설명해보시오.
- PSK와 OPSK의 차이점에 대해 말해보시오.
- UPS에 대해 설명해보시오.
- PCM에 대해 설명해보시오.

- 형광등의 주파수에 대해 말해보고, 교류신호인지 직류신호인지 말해보시오.
- KCL과 KML에 대해 설명해보시오.
- TR의 역할에 대해 설명해보시오.

- 아날로그 통신과 디지털 통신에 대해 설명해보시오.
- 안테나에 대해 아는 대로 말해보시오.
- 클리퍼 회로가 무엇인지 설명해보시오.
- 트랜지스터의 기능과 활성영역에 대해서 말해보시오.
- 수리를 위한 계측장비에 대해 아는 대로 말해보시오.
- 변조와 복조란 무엇인지 말해보시오.
- 멀티미터로 측정 가능한 3가지를 말해보시오.

전산

- 3차 산업혁명과 4차 산업혁명은 무엇을 기준으로 나누는지 말해보시오.
- 정화의 내용과 목적에 대해서 말해보시오.
- 자바 언어에 어떤 것이 있는지 말해보시오.
- 자바와 객체지향 언어에 대해서 설명해보시오.
- 랜섬웨어의 정의, 감염경로, 예방책, 웜바이러스와의 차이에 대해서 말해보시오.
- 빅데이터와 딥러닝에 대해서 설명해보시오.
- 지도학습과 비지도학습의 차이점에 대해서 말해보시오.
- 4차 산업혁명과 블록체인에 대해서 설명해보시오.
- 직접 프로그래밍을 해본 프로그램이 있습니까? 어떤 알고리즘으로 작동하는지 말해보시오.
- 랜섬웨어에 대해 설명해보시오.

영상

- 에펙을 사용할 수 있는지 말해보시오.
- 해당 직렬에서 일하게 된다면 어떤 영상을 만들고 싶은지 말해보시오.
- 현재 사용하는 카메라와 프로그램은 무엇인지 말해보시오.
- 타임랩스, 하이퍼타임랩스, 헬리캠, 액션캠에 대해서 설명해보시오.
- 프로그램 모드와 오토 모드의 차이점에 대해 설명해보시오.
- 프리 프로덕션, 프로덕션, 포스트 프로덕션에 대해 설명해보시오.

지도

- 군수사 주소가 무엇인지 알고 있습니까?
- 지도를 설명해보시오.
- GPS에 대해 설명해보시오.
- 측량은 무엇이라고 생각합니까?
- 업무와 관련한 자격증이 있다면 말해보시오.

- 상향 절삭과 하향 절삭의 특징에 대해 말해보시오.
- 열처리 방법의 정의와 종류 4가지를 말해보시오.
- 인발, 전조, 압출에 대해 설명해보시오.
- 마이크로미터와 하이트게이지의 용도에 대해 설명해보시오.
- CAD와 CAM을 다루어 본 적이 있습니까?
- 강의 열처리 방법에 대해 말해보시오.
- 새로운 기계가 들어온다면 어떻게 하겠습니까?
- 선반으로 어떤 가공이 가능합니까?
- 리벳과 용접의 특징 및 차이와 각각의 장단점에 대해 말해보시오.
- 엔트로피와 엔탈피에 대해 설명해보시오.
- 임계점이 무엇인지 설명해보시오.
- 절삭저항 3분력의 종류를 말해보시오. 그중 가장 큰 저항력은 어떤 것이며, 그 이유는 무엇입니까?
- 경도측정방법의 종류와 그 특징을 설명해보시오.

- 비파괴시험의 종류에 대해서 설명해보시오.
- 고주파교류 용접기와 일반교류 용접기의 차이점에 대해 말해보시오.
- 티그 용접에 대해 설명해보시오.
- 테르밋 용접에 대해 설명해보시오.
- 피복 아크 용접에 대해 설명해보시오.
- 중 · 후판에 적용시킬 용접에 대해 말해보시오.

- 화포의 작동원리와 총포 이외에 특수무기에는 무엇이 있는지 말해보시오.
- 중량물 취급 시 어떻게 해야 하는지 말해보시오.
- 총포직의 주요 업무에 대해 말해보시오.
- 총기 풀림자용 문제의 원인이 무엇이라고 생각합니까?
- M60소총에 가장 많이 발생하는 문제가 무엇이라고 생각하는가?
- 창정비 공정에 대한 기술적인 것에 대해서 말해보시오.
- 계측장비 및 토크렌치의 역할을 말해보시오.
- 박격포에 대해 알고 있습니까? 제원 등을 아는 대로 설명해보시오.
- 총과 포의 차이점에 대하여 아는 대로 말해보시오.

- 변속기에 대해 설명해보시오.
- 변속기와 클러치의 기능에 대해서 말해보시오.
- 점화플러그 구비조건 3가지에 대해서 말해보시오.
- 전차정비 시 주의사항에 대해 말해보시오.
- 장갑차 제동장치 고장 시 점검사항에 대해 말해보시오.
- 수냉식 엔진의 과열 원인은 무엇입니까?
- 윤활유에 흰색 오일이 섞여 나오는 이유는 무엇입니까?

인쇄

- UX는 무엇입니까?
- UI는 무엇입니까?
- 종이 종류를 아는 대로 설명해보시오.
- 통꾸밈의 3가지 방법과 적정 압력에 대해 설명해보시오.
- 잉크용제가 몸에 해로운데 괜찮겠습니까?

금속

- 금속직이 육군에서 어떠한 일을 하는지 알고 있습니까?
- 킬드강에 대해 들어보았습니까? 킬드강 제조 시 탈산을 하기 위해 첨가되는 첨가물은 무엇입니까?
- 강괴의 종류에 대해 설명하시오.
- 금속들의 공통적인 특징은 무엇입니까?
- 숟가락과 젓가락은 철금속입니까, 비철금속입니까? 숟가락과 젓가락을 철금속으로 만들면 안 되는 이유는 무엇입니까?

물리분석

- MT 검사를 해본 적 있습니까?
- PT 검사 방법 중 VSC(용제 제거성 염색침투탐상)의 절차를 말해보시오.
- 경도계의 종류 4가지를 말해보시오.
- 엑스선발생장치로 적용할 수 있는 검사기법을 3가지 이상 말해보시오.

화학분석

- 분석기기 사용 시에 소수점 이하 몇째 자리까지 유효숫자로 봅니까?
- 정확도와 정밀도의 차이는 무엇입니까?
- 수산화나트륨 1몰 제조법에 대해 말해보시오.

- 군과 민간에서 사용하는 폭약의 차이점을 각각 설명해보시오.
- 도화선, 흑색화약, 카르노 열기관에 대해 설명해보시오.
- 화약, 폭약, 화공품의 정의에 대해서 말해보시오.
- 자연발화의 뜻과 원인에 대해서 말해보시오.
- 탄약과 유도탄의 차이에 대해서 말해보시오.
- 화약의 특징에 대해서 말해보시오.
- 탄약직이 하는 일에 대해 말해보시오.
- 화약의 분류 중 법령에 의한 분류로는 화약, 폭약, 화공품이 있는데 각각의 종류를 2개씩 말해보시오.
- TNT의 풀네임과 성질 3가지를 말해보시오.

차량

- 연료분사 펌프 조건에 대해 말해보시오.
- ABSD에 대해 말해보시오.
- 과급기(터보차저)에 관해 설명해보시오.
- 차가 주행 중에 시동이 꺼졌다면 그 이유가 무엇이라고 생각하십니까?
- 수동변속기와 자동변속기의 차이에 대해서 말해보시오.
- 폭스바겐 사건이 뭔지 알고 있습니까? 이 사건 이후 덤핑 할인으로 폭스바겐을 구입하는 인원이 있는데 이에 대해 어떻게 생각합니까(폭스바겐 디젤게이트)?
- 파스칼의 원리는 무엇입니까?
- 에어컨 냉매의 순환경로에 대하여 설명해보시오.
- 하이브리드 차량과 전기차의 구동 요건, 회생제동의 원리에 대하여 말해보시오.

항해

- 타력과 그 종류에 대해서 말해보시오.
- 선박사고 유형 중 가장 많이 일어나는 사고는 무엇인지 말해보시오.
- 승선 시 업무적응을 위해 본인이 했던 방법은 무엇이 있습니까?
- 해군이 국민적인 신뢰를 얻기 위해 해야 하는 노력에는 무엇이 있습니까?

선거

- 독(Dock)의 종류에 대해 말해보시오.
- 전처리 과정에 대해 설명해보시오.
- 앵커체인이 꼬였을 때 푸는 방법이 무엇인지 알고 있습니까?

- 샌드블라스팅을 설명해보시오.

함정기관

- 해군함정(공군전투기)에 대해 아는 대로 말해보시오.
- 가솔린과 디젤의 차이점에 대해 말해보시오.
- 배기가 흑색일 때 어떻게 조치할 것인지 말해보시오.
- 터보차저를 설치하는 목적은 무엇입니까?
- 가솔린 기관과 디젤 기관의 차이점에 대해 말해보시오.
- 보슈(Bosch)식 연료분사 펌프의 역할에 대해 말해보시오.
- 흑색 배기가스의 원인은 무엇입니까?
- 크랭크축의 구성요소에 대하여 말해보시오.

유도무기

- 뉴턴의 물리법칙에 대해서 말해보시오.
- 육군 유도무기의 종류에 대해 알고 있다면 말해보시오.
- 플레밍의 왼손 법칙에 대해 설명해보시오.
- 유도무기를 일반인에게 알기 쉽게 설명한다면 어떻게 설명하겠습니까?
- 오실로스코프를 사용해 본 적이 있습니까?
- 지상유도무기와 수중유도무기 유도방식의 차이점은 무엇입니까?
- 레이더의 매질에 대해 설명해보시오.
- 멀티미터와 오실로스코프의 차이와 사용법을 말해보시오.
- 유도무기에 대해 아는대로 말해보시오.
- 항법유도 시스템과 관성시스템에 대해 아는 대로 말해보시오.
- 최신 유도무기 동향에 대해 아는 대로 말해보시오.

항공기체

- 랜딩기어란 무엇입니까?
- 유압 밸브 중 릴리프 밸브란 무엇입니까?
- 페일 세이프 구조란 무엇입니까?
- 스로틀이란 무엇입니까?
- 회전익 동력전달 과정에 대해 설명해보시오.
- 회전익과 고정익 차이는 무엇입니까?
- 육군 헬기의 종류에 대해 말하고, 항공기 연료 및 정비에 문제가 생기면 어떻게 할 것인지 말해보시오.

항공보기

• 항공보기에 대해 설명해보시오.

• 유압밸브에 대해 설명해보시오.

항공기관

• 항공기관에 대해서 말해보시오.

• 연소실의 구비조건에 대해 말해보시오.

• 연료탱크의 벤트라인이 있는 이유를 말해보시오.

• 터빈 냉각방법에 대하여 설명하시오.

• 엔진 압축기 실속 발생 시의 현상과 해결법에 대하여 말해보시오.

항공지원

• 항공 관련 대학을 나왔는데, 학교의 특징이 무엇이라고 생각하십니까?

방사선

• 정도관리에 대해서 말해보시오.

• CT와 MRI에 대해 설명해보시오.

• MRI 세차운동에 대해 설명해보시오.

• MRI 코일에 대해서 설명해보시오.

• 세차주파수에서 RF 펄스 말고 관여하는 것이 무엇인지 말해보시오.

• 듀얼 소스 CT, 듀얼 에너지 CT에 대해서 말해보시오.

• 방사선 관련 업무를 해왔던 경험에 대해 이야기해보시오.

• MRI나 CT 촬영을 해 본 적이 있습니까?

재활치료

• 발목 치료과정에 대해 설명해보시오.

• 군병원과 민간병원의 차이점을 각각의 장단점과 함께 말해보시오.

• 군대나 군병원의 인식이 좋지 않은데, 인식을 개선하기 위한 방안을 말해보시오.

의공

• 초음파의 5가지 특성 및 주의할 점은 무엇입니까?

• 초음파를 사용하면 안 되는 곳을 말해보시오.

병리

• 검사실 인증을 받아본 적이 있는지 말해보시오.

- 정도관리에 대해서 간략히 설명해보시오.
- 정도관리에서 가장 중요한 점은 무엇인지 말해보시오.
- 정도관리 시 내부와 외부의 차이에 대해서 말해보시오.
- 외부정도관리에 대해서 말해보시오.
- 혹시 기사 중에 의무병의 의료법 위반에 관한 기사를 본 적이 있습니까?
- 소변관리에 제일 중요한 점은 무엇이라고 생각하는지 말해보시오.
- Gram염색, AFB염색, 요검사의 검사 절차에 대해 말해보시오.
- 조직병리 박절 순서를 말해보시오.

치무

- 저작근의 종류와 기능에 대해 말해보시오.
- 임시치아의 요구 조건에 대해 말해보시오.
- 개 · 폐구 시 사용되는 근육에 대해 말해보시오.
- 임시보철물을 사용하는 이유에 대해 말해보시오.
- 치과국소마취제에 들어가는 혈관수축제의 역할을 말해보시오.

의무기록

- 의무기록 작성 원칙에 대해서 말해보시오.

영양관리

- 식중독 원인균 1위가 무엇인지 말해보고, 자신의 직책에서 할 수 있는 예방법은 무엇인지 말해보시오.
- HACCP에 대해서 설명해보시오.
- HACCP에서 본인이 가장 중요하게 생각하는 것은 무엇인지 말해보시오.
- 위해요소 3가지를 말해보고, 그중 가장 위험한 것이 무엇인지와 어떻게 대처할 것인지 말해보시오.
- 최근 식중독에서 가장 문제되는 것은 무엇인지 말해보시오.
- 영양사의 중요한 역할은 무엇인지 말해보시오.

사이버

- 무결성을 침해하는 공격에는 어떤 것이 있으며, 이를 막을 수 있는 방안에 대해 말해보시오.
- 사이버 위기경보 5단계에 대해 말해보시오.
- DoS와 DDoS의 차이를 말해보시오.

군무원으로서의 정신자세

1. 독도영유권 주장 및 위안부 문제 등 일본의 역사왜곡에 대한 본인의 생각을 말해보시오.

군무원으로서 자신이 국토 방위와 국가안보의 주축임을 인지하고 있는지를 알아보기 위한 질문이다.

독도 수호, 역사적 사실(삼국사기, 동국여지승람, 일본총독부 공식 문서, 위안부 할머니 증언), 단호한 대응

> **도입**
>
> 독도는 우리 영토라는 사실이 명백히 밝혀졌으며, 위안부 문제 역시 명백하게 밝혀져 있는 역사적 사실입니다.

직접작성

- 독도는 삼국사기, 동국여지승람, 일본총독부 공식 문서 등에서 우리 영토라는 사실을 확인할 수 있습니다.
- 일본군이 조선여성을 강제로 동원하여 성적 노리개로 삼았다는 것은 생존해 계시는 위안부 할머니들의 생생한 증언, 당시 일본의 전쟁문서 등에서 확인할 수 있습니다.

직접작성

맺음말

일본의 역사왜곡에 대해 단호하게 대응해야 하며 군대에 복무하는 젊은 층에는 이러한 사실에 대해 잘 모르거나 일본측의 왜곡된 주장에 동조할 수 있는 병사가 존재할 수도 있으므로 임용이 된다면 병영생활 동안 대화와 교육을 통해 올바른 생각을 갖도록 지원해야 한다고 생각합니다.

직접작성

❗ **이런 말은 안 돼요**

일본의 역사왜곡에 대해 인지하지 못하고 있다고 판단될 수 있는 답변이나, 일본 측의 역사왜곡에 관한 주장에 동조하는 답변을 해서는 안 된다.

2. 국가안보란 무엇이며 안보에 어떻게 기여하겠습니까?

국가관 및 안보관에 대한 이해를 알아보기 위한 질문이다.

국가 위협 방지, 북한의 위협, 군 전투력 향상에 기여, 군의 대비태세 홍보

도입

국가안보란 국내외 각종 군사·비군사적 위협으로부터 국가목표를 달성하기 위하여 정치, 외교, 문화, 군사, 과학기술 등의 제 수단을 종합적으로 운영함으로써 당면하고 있는 위협을 효과적으로 배제하거나 미연에 방지하고 나아가 불의의 사태에 적절히 대처하는 것이라 할 수 있습니다.

직접작성

부연설명

- 여러 국가안보 관련 요소 중 현실적으로 가장 중요하다고 생각되는 것은 북한의 위협이라 생각합니다.
- 북한 군은 우리 군과 실질적으로 대치하고 있으며, 과거부터 최근까지 다수 도발 사례가 있었습니다.

직접작성

군무원이 된다면 군인 이상의 안보관을 가지고 제 자신의 직무수행을 충실히 수행함으로써 군 전투력 향상에 기여하고 싶고, 제 주변 사람들에게 군의 대비태세를 신뢰할 수 있도록 적극 홍보해 나가겠습니다.

직접작성

! 이런 말은 안 돼요

정부시책에 반하는 내용이나 북한의 주장을 긍정하는 내용의 답변을 해서는 안 된다.

3. 군대가 필요한 이유에 대하여 말해보시오.

군대의 역할에 대해 인지하고 있는지를 알아보기 위한 질문이다.

[핵심 키워드]

국가안보, 국민 안전, 국토 분단, 휴전 상황

도입

군대는 국가에 있어 매우 소중한 조직입니다. 국가의 안보력이 굳건해야 국민의 안전과 자유를 지키고 국민 또한 권리를 보장받으면서 살 수 있습니다.

직접작성

부연설명

• 일제 강점기 때 우리는 나라와 군대가 없는 설움을 겪었습니다.
• 우리나라는 현재 분단 상태의 휴전 국가이기에 군대의 필요성이 더욱 큽니다.

직접작성

맺음말

군대는 강한 힘과 정신력으로 적의 도발을 억제하고 적들과 싸워 이길 수 있다는 믿음을 줄 때 진정으로 국민들에게 신뢰를 줄 수 있으며 군무원 역시 군대의 한 구성원으로서 우리 군에 중요한 역할을 할 수 있다고 생각합니다.

직접작성

❗ 이런 말은 안 돼요

군대의 필요성에 대해 회의적인 태도를 보이거나, 군대에서 군무원의 역할을 축소시키는 내용의 답변을 해서는 안 된다.

4. 국가관이란 무엇이며 이를 실천하기 위한 덕목은 무엇입니까?

공직자의 국가관에 대해 알아보고, 더 나아가 직렬과 관련지어 국가관을 실천할 수 있는지를 묻는 질문이다.

대한민국의 역사와 전통, 계승, 직무 실천, 사명감, 애국심, 충성심

도입

국가관이란 국가에 대한 가치관이나 태도를 의미하며, 제가 생각하는 국가관은 우리 선조들이 물려주신 자랑스러운 대한민국 역사와 전통을 우리 후손들에게 물려주는 것이라고 생각합니다.

직접작성

부연설명

- 이를 실천하기 위해 자랑스러운 대한민국을 사랑하는 애국심을 갖는 것이 매우 중요하다고 생각합니다.
- 군무원은 국가의 기초질서와 법규를 준수하며, 국가와 국민이 위험에 처하지 않고 안전할 수 있도록 직무를 수행해야 한다고 생각합니다.

직접작성

군무원으로 임용된다면, 군무원으로서의 책임완수와 희생정신으로 선열과 조상들로부터 이어져 내려온 나라와 업적을 잘 지키고 보존하겠습니다.

직접작성

이런 말은 안 돼요

우리나라의 역사와 전통에 대해 부정적으로 답변해서는 안 된다. 또한, 개인주의적인 답변은 피하는 게 좋다.

5. 애국심을 발휘한 경험을 말해보시오.

(면접관의 의도)
공직자로서 애국심을 가지고 있는지, 이를 실천한 경험이 있는지를 알아보기 위한 질문이다.

(핵심 키워드)
국가에 대한 헌신, 공공의 이익, 자부심

도입

애국심이란 나라를 사랑하고 그 사랑을 바탕으로 국가에 대하여 헌신하는 의식, 신념을 말합니다. 따라서 자신의 일에 자부심을 가지고 임하는 동시에 공공의 이익에 부합되는 일이라면 이 또한 애국심이라 할 수 있습니다.

직접작성

부연설명

• 제가 거주하고 있는 아파트의 가로등에 국기를 꽂을 수 있는 장치를 마련할 것을 건의하여, 국경일마다 국기를 게양할 수 있게 했습니다.
• 대한민국의 아름다운 문화유산인 한글을 알리기 위해 한글 관련 캠페인에 동참했습니다.

직접작성

맺음말

우리 주변에는 큰일이 아니더라도 나라를 사랑하는 마음을 표현할 수 있는 것이 많습니다. 저는 주변을 정리하고 맡은 임무를 충실히 수행하면서 군무원으로서 조직 내에서 계속해서 최선의 노력을 다하겠습니다.

직접작성

❗ 이런 말은 안 돼요

남의 경험을 인용하여 거짓으로 꾸미거나 애국심과 무관한 사례를 말해서는 안 된다.

6. 국가의 주된 역할은 무엇입니까?

(면접관의 의도)
일반적인 국가관 이상의 공직자로서의 기본 소양을 묻는 질문이다.

(핵심 키워드)
국민 안전보장 및 삶의 질 향상, 공직자로서의 임무와 역할, 안보담당

도입

국가의 주된 역할은 국민의 안전보장과 삶의 질을 향상시키는 것입니다.

직접작성

부연설명

- 국민의 안전을 위해 국가의 안보를 지키겠습니다.
- 국가가 국민을 지키고 국민의 편의를 도모하듯이, 저는 군무원으로서 국가에 헌신해 국민을 마치 제 가족처럼 생각하고 지키겠습니다.

직접작성

국가는 어떠한 경우에도 제가 지켜야 할 가족 같은 존재이므로 군무원에 임용된다면 공직자로서 맡은 임무와 역할을 다하고 안보담당 최일선에 서 있는 나라의 역군으로서 책임을 다하겠습니다.

직접작성

❗ 이런 말은 안 돼요

국가의 역할을 축소시키거나 공직자의 책임에 대해 생략해서는 안 된다.

7. 국기에 대한 경례를 하는 이유에 대해서 말해보시오.

면접관의 의도

공직자로서 국가에 대한 충성심과 애국심을 알아보기 위한 질문이다.

핵심 키워드

애국심, 의식, 국가의 상징, 충성심

도입

국기에 대한 경례는 나라를 사랑하는 마음과 애국심을 나타내기 위한 경건한 의식이라고 생각하며 대한민국 국민이면 누구나 경례를 해야 합니다.

직접작성

부연설명

• 국기는 국가를 상징하는 깃발인 동시에 애국심을 고양할 수 있는 매개체입니다.
• 애국심을 바탕으로 국기에 예를 갖출 필요가 있다고 생각합니다.

직접작성

맺음말

군무원은 국가에 대한 충성심을 갖는 것이 필수입니다. 따라서 국기에 대한 경례를 하는 것은 당연한 것이며, 일반 국민들도 대한민국에서 태어났음을 자랑스럽게 여기고 나라를 사랑하는 마음과 고마움의 표시로 반드시 경례를 해야 한다고 생각합니다.

직접작성

⚠ 이런 말은 안 돼요

국기에 대한 경례 의식이 불필요한 절차라거나 과거의 인습이라는 입장을 표해서는 안 된다.

참조

p.366 '태극기'

8. 안보관이란 무엇입니까?

군무원으로서 국가의 안보에 대한 중요성을 인지하고 있는지 알아보기 위한 질문이다.

국가와 국민의 생명을 지키고 안전을 확보하는 일, 희생정신, 헌신, 사명감

도입

안보란 외부의 침략으로부터 국가와 국민의 생명을 지키는 것이며, 나아가 평시 또는 유사시 국가와 국민의 안전을 확보하고 유지하는 것이라 생각합니다.

직접작성

부연설명

• 올바른 안보관을 갖추기 위해 군대의 존재이유를 명확히 인식해야 한다고 생각합니다.
• 군대와 군무원은 국가와 국민을 안전하게 지켜야 할 소명이 있다고 생각합니다.

직접작성

군인정신과 같은 충성심과 희생정신, 제가 맡은 일에 대한 근면·성실성, 사명감 그리고 전문성 발휘 등 맡은 바 역할을 충실히 수행하는 것이 국가와 국민을 위한 길이라고 생각합니다. 저는 유사시 제가 소속된 군인들과 함께 적과 싸워 반드시 이길 수 있는 강력한 전투력이 유지될 수 있도록 하여 어떤 적이 침략하더라도 강력히 대응하여 적을 무력화시킬 수 있도록 노력하겠습니다.

직접작성

! 이런 말은 안 돼요

군무원은 군에서 일하는 공직자이므로 국가의 안보를 등한시하는 태도를 보여서는 안 된다.

9. 군무원으로서 본인은 국가에 어떻게 기여할 수 있습니까?

군무원의 역할과 자신의 직무에 대한 인식을 알아보기 위한 질문이다.

국방부의 목표(국가보위, 평화통일 뒷받침, 지역안정과 세계평화)

도입

군무원으로서 국방부의 세 가지 목표 중 특히 지역안정과 세계평화에 기여하겠습니다.

직접작성

부연설명

• 군무원으로서 국가와 국민을 사랑하는 투철한 애국심과 안보의식을 갖추겠습니다.
• 군무원으로서 조직과 지역 내 사회적 약자를 돌보고 살피는 활동들로 국민과 지역안정에 도움
  을 드리고 싶습니다.

직접작성

군무원으로서의 올바른 역량과 인성을 갖추어 국가와 국민의 안전에 보탬이 되고 싶습니다.

직접작성

❗ 이런 말은 안 돼요

막연히 '열심히 하겠다' 혹은 '최선을 다하겠다'는 식의 답변은 지양해야 한다.

10. 군무원에게 충성이란 무엇이라고 생각합니까?

군무원으로서 직무수행 시 필요한 충성에 대한 가치관을 알아보기 위한 질문이다.

핵심 키워드
맡은 직무를 충실하게 수행, 상급자의 지시사항 이행, 무조건적인 충성은 지양

도입

충성이란 국가 또는 높은 사람(상급자)에 대한 마음 깊은 곳에서 우러나오는 정성을 말합니다. 군무원 입장에서 자신의 직급, 직책과 관련하여 업무를 성실하게 수행하는 것과 상급자의 지시사항을 충실하게 따르고 행동하는 것도 충성의 개념에 포함될 수 있습니다.

직접작성

부연설명

• 상급자의 지시사항이라도 개인적이거나 조직의 목적에 부합되지 않은 행위를 수행함으로써 많은 사람들에게 피해를 주는 행위(이적행위 포함)는 절대 해서는 안 됩니다.
• 상급자에게 시의적절한 조언과 의견 개진으로 올바르게 판단할 수 있도록 돕는 것도 올바른 충성이라 할 수 있습니다.

직접작성

군무원으로 임명이 되면 개인의 사욕을 버리고 군의 발전을 위해 상급자를 충성으로 모시고 직무를 충실히 함으로써 저의 역할을 다하겠습니다.

직접작성

❗ 이런 말은 안 돼요

충성심을 과도하게 표출하고자 국가와 상급자의 지시에 맹종하겠다는 답변을 해서는 안 된다. 주체적인 생각과 바른 판단으로 직무를 수행하는 것이 올바른 충성의 길이다.

11. 6 · 25 전쟁에 대하여 아는 대로 설명해 보시오.

군무원으로서 6 · 25 전쟁에 대해 얼마나 알고 있는지 알아보기 위한 질문이다.

김일성, 북한군의 남침, 인천상륙작전, 중공군의 참전, 정전협정, 분단, 자유 수호 전쟁

도입

6 · 25 전쟁은 김일성이 일으킨 명백한 남침전쟁으로 휴전 협정을 맺을 때까지 3년이나 지속되었습니다. 공산주의 세력에 맞서 싸운 자유 수호 전쟁이라 할 수 있습니다.

직접작성

부연설명

· 1950년 6월 25일 새벽 4시 북한군의 기습 남침으로 시작되어 3일 만에 서울이 함락되고 7월에는 북한군이 낙동강까지 진출하였습니다.
· 6 · 25 전쟁 중 인천상륙작전으로 전세가 역전되어 서울이 탈환되고 압록강 선까지 진출하였으나 중공군의 참전으로 후퇴, 전선 고착 그리고 1953년 7월 27일 정전협정으로 남북이 분단되었습니다.

직접작성

자유는 결코 거저 주어지는 것이 아니므로 선조들의 고귀한 희생이 헛되지 않도록 각오를 다져야 합니다. 또한 6 · 25 전쟁을 북침이라고 주장하는 거짓세력들을 경계하고 북한이 또 다시 도발해 온다면 즉각적이고 단호하게 응징하겠다는 일전불사의 의지로 싸워 이겨야 할 것입니다.

직접작성

❗ 이런 말은 안 돼요

6 · 25 전쟁이 북침전쟁이라고 주장해서는 절대 안 된다.

➕ 면접 플러스

6 · 25 전쟁에 대한 질문은 군 간부 등의 채용 시 빠지지 않는 질문이다. 군무원도 군의 일원으로서 우리나라가 분단된 과정과 결과, 앞으로의 대처 방향에 대해 꼭 숙지해야 한다.

▌참조

p.304 '군사분계선'

12. 남북한 9.19 군사합의사항에 대하여 아는 대로 말해보시오.

군무원으로서 남북한 긴장완화와 신뢰구축에 관한 중요한 9.19 군사합의에 대해 얼마나 알고 있는지를 묻는 질문이다.

남북 간 긴장완화, 신뢰구축, JSA 비무장화, 상호 감시초소(GP) 시범 철수, 상호 적대행위 중지, 비무장지대 남북공동 유해 발굴, 한강하구 공동이용 군사적 보장, 남북 군통신선 완전 복구, 남북 군사위 구성

도입

JSA 비무장화와 상호 감시초소(GP) 시범 철수, 상호 적대행위 중지 그리고 비무장지대 남북공동 유해 발굴, 한강하구 공동이용 군사적 보장 등과 기타(남북 군통신선 완전 복구, 남북 군사위 구성, 군통신선 이용 제3국 불법조업 어선 정보교환 등) 사항에 대해 남북 간이 합의한 사항입니다.

직접작성

부연설명

- 이는 남북 간 군사적 긴장완화 및 신뢰구축에 관한 실질적 기여와 한반도 비핵화 및 남북관계 발전을 위한 추동력을 얻을 수 있었습니다.
- 이는 한반도의 항구적 평화정착을 위한 국민적 공감대를 형성하는 성과를 얻을 수 있었다고 생각합니다.

직접작성

9.19 군사합의사항을 통해 화살머리고지 유해 발굴 등의 성과도 얻었지만, 북쪽의 참여가 저조해 반쪽짜리 합의라는 평가를 받기도 했습니다.

직접작성

⚠ 이런 말은 안 돼요

응시자의 배경지식에 대해 묻는 경우 틀린 사실을 답변한다면 감점요인이 되므로 주의한다.

참조

p.298 '북 9 · 19 군사합의 파기'

13. 우리나라 국방비 규모는 어느 정도입니까?

군무원을 준비하면서 국방에 대해 얼마나 관심을 가지고 있는지를 알아보기 위한 질문이다.

국방 예산, 작년 대비 국방비, 총 예산에 대한 국방비의 비율

도입

우리나라 군사비 지출은 세계 10위권 내외인 것으로 알고 있습니다.

직접작성

부연설명

2024년 우리나라의 국방예산은 59조 4,244억 원으로 2023년 57조 143억 원 대비 약 4.2% 증가 했습니다. 이 중 군사력 건설을 위한 방위력 개선비는 17조 6,532억 원으로 총 국방예산의 약 29%를 차지합니다.

직접작성

국방 예산은 우리나라뿐만 아니라 세계 각국에서 증가하고 있는 추세이며, 우리나라는 유일한 분단국가로서 국방에 대한 지원은 꾸준하게 증가하는 것이 옳다고 생각합니다.

직접작성

❗ **이런 말은 안 돼요**

최신 국방비 규모에 대해 알고 있으면 좋지만 그렇지 않을 경우, 단순히 모른다고 답변하기보다는 몇 년도 기준 어느 정도의 규모라고 대답하는 것이 좋다.

더 알아보기

연도별 국방예산 및 증가율

(단위: 억 원)

14. 최근 군 관련 이슈에 관해 말해보시오.

군무원으로서 국방과 군에 대한 관심 정도를 알아보는 질문이다.

한미 핵협의그룹, 북한 오물풍선 살포, 탄도미사일 도발 등

도입

한미 핵협의그룹, 북한 오물풍선 살포, 탄도미사일 도발 등이 최근 군 이슈라고 생각합니다.

직접작성

부연설명

- 워싱턴 선언에 따라 출범한 핵협의그룹(NGC)는 대북확장 억제 강화를 논의하는 협의체 입니다.
- 북한은 탄도미사일 두 발을 발사했으나 그 중 한 발 실패한 것으로 추정됩니다. 그러나 의도적으로 내륙을 향해 발사한 것은 처음이라 주의깊게 볼 필요가 있습니다.

직접작성

군에서도 각종 사회 현안 및 국제 정세에 관심을 기울이고 민감하게 대응 및 대비해야 한다고 생각합니다.

직접작성

최신 이슈가 아니거나 군과 관련이 없는 사례를 답변해서는 안 된다.

최근 군 관련 이슈에 대한 설명에 덧붙여 자신의 의견을 밝힌다면 좋은 인상을 남길 수 있다.

p.300 '북한 탄도미사일 도발'
p.302 '한미 핵협의그룹(NCG)'
p.303 '북한 오물풍선 살포'

15. 현재 우리나라가 해외에 파병하고 있는 부대에 대하여 아는 대로 말해보시오.

면접관의 의도

군무원으로서 군에서 어떤 나라에 파병을 보냈는지 알고 있는지, 군에 대해 얼마나 관심을 가지고 있는지를 알아보기 위한 질문이다.

핵심 키워드

한빛부대(남수단재건지원단), 동명부대(레바논평화유지지원단), 아크부대(UAE군사협력단), 청해부대(소말리아 해역 호송전대)

본론

현재 우리나라가 해외에 파병하고 있는 부대는 한빛부대(남수단재건지원단), 동명부대(레바논평화유지지원단), 아크부대(UAE군사협력단), 청해부대(소말리아 해역 호송전대)가 있습니다.

직접작성

❗ 이런 말은 안 돼요

해외 파병 부대에 대해 하나도 대답하지 못한다면 군에 대한 관심이 부족하다는 인상을 줄 수 있으므로 해외 파병 부대를 파악하고 있는 것이 좋다.

■ 더 알아보기

해외 파병 부대

- 한빛부대는 남수단에 파병된 부대로 2011년 7월 26일 반기문 유엔사무총장의 파병 요청에 따라 2013년 1월 7일 정식 창설되었다.
- 동명부대는 레바논에 파병된 부대로 2006년 12월, 350여 명 규모의 파병을 결정, 2007년 7월 UNIFIL 서부여단 예하부대로 편성되어 레바논 남부 타르지역에 전개하여 임무를 수행하고 있다. 불법 무장세력 유입, 무기 반입을 통제 및 감시하는 고정감시, 기동정찰임무도 수행한다.
- 아크부대는 아부다비 알아인에 파병된 부대로 2010년 12월 8일 파견 결정 후 UAE특수전 부대 교육훈련 지원 및 유사시 재외 한국인 보호임무를 수행한다.
- 청해부대는 대한민국 해군 최초로 전투함을 중심으로 편성되어 아프리카 소말리아 해역에 파병된 부대로 2009년 3월 3일 창설되었다. 해상작전헬기를 탑재한 충무공이순신급 구축함을 4~5개월 단위로 교체투입하고 있으며, 해군특수전전단(UDT/SEAL)의 대테러특임대 요원들도 편승하고 있다.

16. 공군의 4대 가치 중 중요한 것과 그 이유를 말해보시오.

면접관의 의도

각 직군의 특성을 반영한 질문이다. 각 직군별로 추구하는 가치가 있기 때문에 그러한 가치에 부합하는 인재인지 확인하기 위한 질문이다.

핵심 키워드

도전, 헌신, 전문성, 팀워크

도입

공군의 4대 핵심가치는 도전, 헌신, 전문성, 팀워크입니다.

직접작성

부연설명

• 4대 핵심가치는 모든 공군인으로서 지녀야 할 공통가치이며 직무 수행 시 판단과 행동의 기준이 됩니다. 그중에서도 '도전'이 가장 중요한 요소라고 생각합니다.
• 윤리(倫理)의 바탕은 '헌신(獻身)'입니다. 헌신 없는 '전문성'은 비양심적 기술인으로 전이될 수 있을 것이며, '팀워크'는 구성원 개인의 '헌신(獻身)'을 토대로만 형성될 수 있는 것입니다.

직접작성

이런 이유로 도전(헌신, 팀워크, 전문성)이 가장 중요하다고 생각합니다.

직접작성

ⓘ 이런 말은 안 돼요

군무원은 군인이 아니므로 군의 가치에 대해서는 알 필요가 없다는 식의 답변은 해서는 안 된다.

▌참조

p.382 '공군 더 알아보기'

17. 해병대의 핵심가치에 대하여 말해보시오.

면접관의 의도

각 직군의 특성을 반영한 질문이다. 각 직군별로 추구하는 가치가 있기 때문에 그러한 가치에 부합하는 인재인지 확인하기 위한 질문이다.

핵심 키워드

충성, 명예, 도전

도입

해병대의 핵심가치는 충성, 명예, 도전입니다.

직접작성

부연설명

• 해병대 핵심가치는 '전통, 미래, 역량, 관계'라는 요소를 균형적으로 반영했습니다.
• 해병대의 핵심가치는 미래 지향적이면서 전통을 존중하고 핵심역량을 강조하는 해병대적인 내용으로 구성되어 있습니다.

직접작성

맺음말

해병대 장병 및 군무원 모두가 해병대의 핵심가치를 이해하고, 이 가치가 어떻게 해병대에서 전통적으로 이어져왔는지, 또 앞으로 변함없이 계승할 수 있을지 고심하고 가슴에 새겨야 할 것입니다.

직접작성

❗ 이런 말은 안 돼요

군무원은 군인이 아니므로 군의 가치에 대해서는 알 필요가 없다는 식의 답변은 해서는 안 된다.

18. 육군의 목표란 무엇인지 설명해 보시오.

각 직군의 특성을 반영한 질문이다. 각 직군별로 추구하는 가치가 있기 때문에 그러한 가치에 부합하는 인재인지 확인하는 질문이다.

핵심 키워드

전쟁 억제 기여, 지상전 승리, 국민편익 지원, 정예강군 육성

도입

대한민국 육군은 전쟁 억제 기여, 지상전 승리, 국민편익 지원, 정예강군 육성을 목표로 국가와 국민의 안전을 지킵니다.

직접작성

부연설명

• 대한민국 육군은 국가방위의 중심군으로 육군의 3대 핵심가치를 기반으로 국가와 국민을 지키는 책임과 의무가 있습니다.
• 육군의 목표는 국군조직법에 명시된 임무에 기초하며 국가안보목표와 국방목표 구현을 지향합니다.

직접작성

육군 장병 및 군무원 모두가 육군의 핵심가치를 이해하고, 이 가치가 어떻게 육군에서 전통적으로 이어져 왔는지, 또 앞으로 변함없이 계승할 수 있을지 고심하고 가슴에 새겨야 할 것입니다.

직접작성

ⓘ 이런 말은 안 돼요

군무원은 군인이 아니므로 군의 가치나 목표에 대해 알 필요가 없다는 식의 답변은 해서는 안 된다.

참조

p.374 '육군의 목표'

19. 공적 업무와 개인 업무가 겹칠 때 어떻게 대처할 것인지 말해보시오.

면접관의 의도

군무원으로서의 정신자세와 가치관을 알아보기 위한 질문이다.

핵심 키워드

공적 업무의 선행, 부득이한 경우 사전 허가를 받고 개인 업무 수행, 업무 인계

도입

군무원은 공직자입니다. 따라서 개인 업무가 선행될 수 없습니다.

직접작성

부연설명

- 개인 업무가 부득이하거나 긴박할 때에는 사전 허락을 받고 수행하겠습니다.
- 상급자에게 보고하고 승인을 얻은 후 대리자에게 업무처리 절차를 인계하고 부탁할 것입니다. 개인 업무처리가 끝나면 즉시 대리자로부터 업무를 인계받아 수행하겠습니다.

직접작성

부득이한 경우를 제외한다면 당연히 공적 업무가 우선입니다. 또한 바로 처리하지 않아 많은 피해가 우려될 경우 개인적 피해를 감수하고서라도 공적 업무를 수행하겠습니다.

직접작성

❗ 이런 말은 안 돼요

보통 공적 업무에 우선순위를 두겠다고 말하지만 이때도 타당한 이유를 제시할 수 있어야 한다. 개인 업무를 무조건 후순위로 둔 채 공무에 충실할 수는 없기 때문이다.

➕ 면접 플러스

개인주의적 성향이 강한 신세대들에게 심심찮게 제시되는 질문이다. 일에 대한 열의와 직업관, 사고방식, 생활 자세 등이 복합적으로 평가될 수 있다는 점을 감안해 신중하게 답변해야 한다.

20. 공직생활과 개인생활 중 어느 것이 더 중요하다고 생각합니까?

면접관의 의도

일에 대한 열의와 직업관, 사고방식, 생활자세 등을 복합적으로 평가하기 위한 질문이다.

핵심 키워드

공직생활과 개인생활의 균형과 조화

도입

단정적으로 말씀드리기 어렵습니다만 부득이하게 어느 한쪽을 선택해야 한다면 공직생활이 중요하다고 생각합니다.

직접작성

부연설명

• 직장은 하루의 절반 이상을 보내게 되는 곳으로 단순한 일터가 아니라 개인 삶의 터전이기도 합니다.
• 공직생활과 개인생활의 균형 있는 마음가짐과 일상이 중요하다고 생각합니다.

직접작성

따라서 공직생활과 개인생활을 따로 떼어서 생각하기보다 균형 있게 조화시켜 나가려는 자세가 중요하다고 생각합니다.

직접작성

❗ 이런 말은 안 돼요

답변할 때는 단순하게 어느 한쪽을 선택하는 것은 좋지 않다. 한쪽이 우위에 있다고 말하게 된다면 그러면 다른 쪽은 중요하지 않은지 꼬리 질문이 들어올 수 있다. 따라서 일과 개인생활이 상호 보완적인 관계라는 점을 전제로 자신의 입장을 밝히는 것이 좋다.

21. 군무원에 임용된다면 어떤 마음가짐과 태도로 생활하겠습니까?

일에 대한 열의와 사고방식, 생활자세 등을 복합적으로 평가하기 위한 질문이다.

공직자다운 마음가짐과 태도, 모범, 자기개발, 국가안보에 기여

도입

규정과 방침 준수 등에 있어서 모든 사람들에게 모범이 되는 행동을 하겠습니다.

직접작성

부연설명

- 보안 및 비밀 누설 금지 행위 등 공직자로서 지녀야 할 태도와 행동을 실천에 옮기며, 국가안보에 역행되는 행위는 절대 하지 않겠습니다.
- 구성원(현역 간부 및 병)과 화합 단결 그리고 조직문화 참여에 적극적으로 행동하겠습니다.
- 맡은 임무를 열심히 하면서 자기개발을 위한 자격증 취득 등 관련분야 기술 습득과 전수, 학업에도 노력을 기울이겠습니다.

직접작성

항상 공직자로서의 본분을 잊지 않고 임무를 수행하고, 군 내 구성원들을 바르게 이끌고 화합할 수 있는 모범적인 군무원이 되도록 노력하겠습니다.

직접작성

！ 이런 말은 안 돼요

지나치게 개인주의적이거나 불성실하고 나태한 생활태도를 여과 없이 드러내는 답변을 해서는 안 된다.

22. 공무원이 지향해야 할 덕목에는 무엇이 있다고 생각합니까?

군무원은 공무원의 일원으로서 응시자의 가치관, 철학을 알아보기 위한 질문이다.

공무원의 덕목인 봉사, 청렴, 서비스 정신

① 봉사정신

도입

군무원은 군에서 근무하는 공무원으로서 국가를 위해 일하므로 공무원의 가장 중요한 덕목은 봉사정신이라고 생각합니다.

직접작성

부연설명

• 공무원은 특정한 이익단체를 대변하기 위해 존재하는 것이 아니라고 생각합니다.
• 공무원은 전체 국민에 대해 봉사하는 직업이라고 생각합니다.

직접작성

국민을 위해 세심하게 법령의 테두리 안에서 융통성을 발휘하여 봉사하는 자세로 일할 때 국민에게 사랑받고 개인으로서도 보람을 느낄 수 있으리라 봅니다.

직접작성

② 서비스 정신

저는 공무원 사회에도 기업의 서비스 정신이 도입되어야 한다고 생각합니다.

직접작성

• 서비스 정신의 강조가 특정 집단의 이윤추구만을 위한 양상으로 전락해서는 안 될 것입니다.
• 서비스 정신을 앞세워 특정 개인의 무조건적인 헌신을 강요해서는 안 된다고 생각합니다.

직접작성

맺음말

기존의 공무원에 대한 이미지는 불친절하고 원리원칙만 고집하는 다소 융통성 없는 조직으로 인식된 측면도 있기에 국민에 대한 공직자로서의 서비스 정신을 투철하게 하여 국민들의 만족도를 높여야 한다고 생각합니다.

직접작성

❗ 이런 말은 안 돼요

공무원의 덕목이 아닌 이윤추구나 명예욕이 드러나는 답변은 하지 않는 것이 좋다.

23. 현장 경험이 없는 곳에 근무지 배치가 되면 어떻게 하겠습니까?

경험이 없는 직무에 배치를 받은 경우나 기피하는 직무를 부여받았을 경우에 응시자가 어떻게 대처할 것인지를 묻는 질문이다.

경험이 많은 주변 선배, 동료, 군인, 노력, 준비, 적응, 학습

도입

경험이 많은 주변 선배, 동료, 현역 군인에게 도움을 요청하여 경험을 쌓도록 하겠습니다.

직접작성

부연설명

• 시간과 장소에 제약은 있을 수 있습니다만 일과시간 이후에라도 직무 관련 전문지식과 경험을 쌓기 위해 노력하겠습니다.
• 경험이 풍부한 주변 동료들에게 실무적인 여러 조언을 구하여 실무에 반영할 수 있도록 하겠습니다.

직접작성

현장 경험을 하기 전에 먼저 이론적인 부분을 습득하고 현장에서 적용하여 빠른 시간 내에 임무 수행을 할 수 있도록 하겠습니다.

직접작성

❗ 이런 말은 안 돼요

현장 경험이 없다고 준비하지 않고 배치 후 업무를 알아가겠다는 답변은 좋지 않다. 준비된 인재를 뽑고자 하기 때문에 미리 준비하고 학습한다는 답변을 하는 것이 좋다.

24. 합격한다면 첫 한 달 동안 무엇을 준비하겠습니까?

면접관의 의도

군무원이 된다면 어떤 준비를 하고 업무를 파악할 것인지에 대한 질문이다.

핵심 키워드

근무지와 부대에 관련한 정보 수집, 직무 관련 배경지식 습득, 임무수행 준비

도입

제가 근무해야 할 부대에 대한 정보(위치, 규모, 숙소 등)를 습득하고 주변에 관련 있는 분(선배, 근무 후 전역자 등)을 찾아서 조언을 구하겠습니다.

직접작성

부연설명

• 인터넷 등을 통해 군 관련 내용을 습득하고, 현 거주지와 먼 경우 최소 1주 전에 숙소를 정하고 이사하여 사전 준비를 하겠습니다.
• 담당자를 통해 부대와 업무관련 정보를 습득하고 임무수행 준비를 하겠습니다.

직접작성

빠른 업무 습득을 위해 사전에 익힐 수 있는 것들은 미리 조사하고 준비하여 업무에 지장이 없도록 할 것입니다.

직접작성

! 이런 말은 안 돼요

합격한 뒤 차차 업무를 알아가겠다는 답변은 좋지 않다. 군무원은 임용 후 바로 실무에 투입되기 때문에 직무와 관련해 미리 준비하고 학습한다는 답변을 하는 것이 좋다.

25. 본인의 장단점에 대하여 말해보시오.

면접관의 의도
자기 객관화는 가능한지, 자기 개선의 노력을 시도하고 있는지 등에 대한 질문이다.

핵심 키워드
솔직함, 적극적인 자세, 조직에 이익이 되는 장점과 단점에 대한 적극적인 개선 노력

도입

장점은 '하면 된다.'라는 긍정적인 사고로 항상 노력하고, 모든 일에 적극적으로 임하려는 자세입니다. 단점은 무슨 일이든 시작하면 그 일에 너무 집착하는 면이 있기 때문에 다른 일에 신경을 쓰지 못하는 경우가 있어서 종종 실수를 범하기도 한다는 것입니다.

직접작성

부연설명

• 장점을 잘 발휘하기 위해 사전준비를 철저히 하려고 합니다.
• 단점을 극복하기 위해 요즘에는 여유와 냉철함을 배울 수 있는 바둑을 즐기고 있습니다.

직접작성

이러한 저의 장단점을 잘 활용하여 군무원의 업무 또한 긍정적·적극적인 마음으로 끈기 있게 임할 수 있을 것이라 생각합니다.

직접작성

! 이런 말은 안 돼요

장점을 거짓으로 꾸미거나 단점을 감추려고 거짓말을 해서는 안 된다. 단점까지 솔직하게 밝히되 이를 개선하기 위한 구체적인 노력을 덧붙여야 한다.

26. 군무원에 지원한 동기는 무엇입니까?

면접관의 의도
군무원으로서의 정신자세와 마음가짐을 알아보기 위한 질문이다.

핵심 키워드
지원동기와 관련된 응시자의 과거 유의미한 경험

도입

군 복무 시절 군무원분들과 함께 근무한 적이 있었는데, 특히 군수분야 전문가로서의 탁월한 지식과 전문성을 바탕으로 자신감 있게 직무를 수행하는 모습을 보며 군무원을 꿈꾸게 되었습니다.

직접작성

부연설명

• 군무원이 되기 위해 필기시험 준비를 하면서도 틈틈이 국방일보, 국방저널 등을 보며 국방과 안보 분야에 대한 조금 더 깊이 있는 지식과 경험을 쌓기 위한 노력을 했습니다.
• 군과 나라와 국민의 안전에 기여할 수 있는 군무원으로서의 역할에 충실할 수 있도록 기초체력을 갖추기 위한 운동도 게을리 하지 않았습니다.

직접작성

군무원분들이 국가에 기여하는 모습을 보며, 각 직렬 분야에 대한 전문성과 군에 기여하는 애국적 소양을 모두 갖추어야 실현할 수 있는 가치 있는 직업이라고 생각했습니다.

직접작성

! 이런 말은 안 돼요

군무원이 안정적이어서 지원했다든가, 막연하게 동경해 왔다든가 하는 식의 틀에 박힌 답변은 하지 않는 것이 좋다.

+ 면접 플러스

일반적으로 면접에서 많이 묻는 질문 유형이다. 과거의 유의미한 경험과 지원동기를 연결 짓는 것이 중요하다.

27. 군무원이란 무엇이라고 생각합니까?

(면접관의 의도)
군무원으로서의 정신자세와 마음가짐을 알아보기 위한 질문이다.

(핵심 키워드)
군대 소속 공무원, 특정직 공무원, 준군인 신분, 「군형법」의 적용, 군사 재판, 국가안보, 국민 보호

도입

군무원(軍務員)은 군대 소속 공무원입니다.

직접작성

부연설명

- 현역 군인과 군무원 모두 특정직 공무원에 속하지만, 군무원은 준군인 신분이라는 점이 현역 군인과 다릅니다.
- 군의 사무를 보는 군무원은 군인 신분에 준하여 군형법의 적용을 받고, 군사 재판을 받기도 합니다.

직접작성

군무원은 일반 공무원보다 국가 방위의 중요성을 더욱 인식하고, 국가안보와 국민 보호에 만전을 기해야 하는 직업적 소양이 필요한 직업이라고 생각합니다.

직접작성

❗ 이런 말은 안 돼요

일반 공무원과 다르지 않다는 답변은 군무원에 대한 이해가 부족하다고 여겨지므로 피해야 한다.

➕ 면접 플러스

어떤 면접에서든 빠지지 않고 묻는 질문 유형이지만, 일반 공무원과는 다르게 특정직인 군무원 면접에서는 더욱 중요하게 다뤄지는 질문이다. 군무원 직무에 대해 알고 있는 만큼 직렬별로 설명하고, 자신의 공직관을 함께 답변하는 것이 좋다.

📋 더 알아보기

국방부 군사법원 창설

개정된 「군사법원법」 시행에 따라 국방부 장관 직속으로 창설된 군사법원은 군 사법개혁 일환으로써의 의미가 있다. 군은 지난해 군 사법제도에 대한 국민적 신뢰를 회복하고, 장병 인권보호와 사법 정의를 실현하기 위한 개혁안을 정부 입법안으로 국회에 제출했다. 이후 국회는 정부안과 함께 평시 군사법원 폐지, 비군사범죄 및 성범죄 민간 이관 등 다양한 군 사법제도 개선 방안을 담은 의원 입법안을 심의했다. 그 결과 정부 입법안에 더해 성폭력 범죄, 군인 · 군무원 사망의 원인이 된 범죄, 군인 · 군무원이 신분 취득 전 저지른 범죄 등을 군사법원 재판권에서 제외하는 「군사법원법」 개정안을 의결했다. 해당 개정안에는 기존 국방부와 각 군에 설치된 30개 보통군사법원을 국방부 장관 직속의 5개 지역 군사법원으로 통합하는 등의 내용이 있으며 이에 따라 새롭게 창설된 지역 군사법원은 제1심만을 담당하고, 항소심(제2심)은 민간 법원에서 담당하게 됐다. 또 기존의 관할관 · 심판관 제도와 부대장의 구속영장 청구 승인권은 폐지됐다.

28. 본인을 뽑아야 하는 이유를 말해보시오.

군무원이 되고자 하는 응시자의 의지와 각오를 파악하기 위한 질문이다.

적성, 전공 지식, 전문가

도입

군무원을 준비하면서 ××과목에 흥미를 느꼈고, 자료를 더 찾아보고 공부하면서 좋아하는 일을 재미있게 한다면 얼마나 좋은 시너지가 날지에 대해 기대가 되었습니다.

직접작성

부연설명

- 저의 적성에 잘 맞고 개인역량을 십분 발휘할 수 있는 진로 및 직업을 찾던 중 군무원 ○○직 렬을 알게 되었습니다.
- 전공 전문지식을 잘 살릴 수 있는 직군이라는 확신이 들어 군무원 준비를 시작했고, 그 결과 합격하게 되었습니다.

직접작성

천재는 노력하는 사람을 이길 수 없고, 노력하는 사람은 즐기는 사람을 이길 수 없다는 말이 있습니다. 노력과 즐거움으로 군무원을 시작하려는 저를 뽑아주신다면 꼭 이 분야를 즐기는 전문가가 되겠습니다.

직접작성

❗ 이런 말은 안 돼요

자신을 뽑아달라는 답변의 내용과 상반되는 태도로 답변해서는 안 된다. 군무원이 되고자 하는 의지가 눈빛이나 목소리에서도 드러나야 한다.

29. 국가직, 지방직 등 많은 공무원 시험이 있는데, 굳이 군무원에 지원한 이유는 무엇입니까?

면접관의 의도

응시자가 군무원 특유의 조직문화에 적응할 수 있을지, 군무원으로서 올바른 직업적 소양을 갖추고 있는지를 알아보기 위한 질문이다.

핵심 키워드

일반 공무원과는 다른 군무원으로서의 직업적 소양(국가안보, 국민 보호, 군 소속 등)

도입

> 저는 국가를 위해 국가안보와 방위를 책임지는 최일선에 서고 싶어 군무원에 지원했습니다.

직접작성

부연설명

> • 군무원은 군이라는 특정 분야에서 복무한다는 점에서 일반 공무원과는 다릅니다.
> • 군무원에게는 국가와 국민의 안보와 안전을 지키는 소명의식이 필요하다고 생각합니다.

직접작성

육 · 해 · 공군의 각급부대에서 정비 · 보급 · 수송 등의 군수지원, 정보 및 작전분야의 행정 지원, 최전방의 전투 활동 지원 등 제가 할 수 있는 선에서 국가를 지키는 좀 더 직접적인 일을 하는 것, 그것이 제가 군무원을 선택한 이유입니다.

직접작성

！ 이런 말은 안 돼요

군무원 시험이 다른 공무원 시험에 비해 쉽기 때문에 지원했다든가, 점수가 모자라서 지원했다는 식의 군무원 시험을 평가 절하하는 답변이나 군무원의 특성과 무관한 답변을 해서는 안 된다.

30. 왜 전에 다니던 회사를 그만두고 군무원에 지원했습니까?

응시자를 당혹스럽게 함으로써 응시자의 위기관리능력을 보는 동시에 직업관까지 묻는 질문이다.

응시자의 소신이 드러나는 답변(공익, 추구, 국가 발전, 국민의 이익, 봉사)

도입

이전에 근무하던 곳에서도 최선을 다해 일했으며 그 기간 동안 쌓은 경험과 경력을 군무원으로 서 발휘해 보고 싶어서 지원했습니다.

직접작성

부연설명

• 뚜렷한 기준과 소신을 가지고 이전 회사를 선택하였고, 전에 일하였던 곳에서도 최선을 다해 일했기 때문에 저에게 좋은 경험이 되었다고 생각합니다.
• 이전 회사에서 근무하는 동안 개인역량 성장뿐만 아니라 공동체 의식 또한 갖출 수 있었습니다.

직접작성

이 경험들을 살려 국가와 국민에게 봉사하고 싶었고, 이를 실현하기 위해 군무원에 지원하였습니다.

직접작성

＋ 면접 플러스

진솔한 답변을 하는 것은 좋으나 되도록 이전 회사를 그만두게 된 부정적인 이유보다는 군무원에 지원한 동기에 초점을 맞춰 답변하는 것이 좋다.

31. 군무원과 사기업 직원의 차이점을 말해보시오.

면접관의 의도

응시자의 사회관과 공인으로서의 자질을 파악하기 위한 질문이다.

핵심 키워드

• 군무원 – 국가 조직의 인재, 국가의 발전과 국민의 이익 도모, 공익 추구
• 사기업 직원 – 기업의 이윤 추구, 사익 추구

도입

군무원은 국가 소속의 인재이기에, 국가의 발전과 국민의 이익을 위하여 일해야 하며 사기업 직원은 기업의 이윤 추구를 위하여 일합니다.

직접작성

부연설명

• 군무원과 사기업 직원은 마인드, 즉 직업 가치관이 달라야 하며, 이는 옳고 그름의 문제는 아니라고 생각합니다.
• 공익과 사익의 이해가 충돌될 때 적어도 군무원은 국가 조직의 인재로서 국가의 이익을 위하여 개인의 이익을 멀리할 수 있어야 합니다.

직접작성

군무원과 사기업 직원 모두 유능한 우리 사회의 역군이며, 각자의 조직 발전을 위하여 일해야 하는 구성원이기에 차이를 두지 않고 맡은 업무에 집중해야 한다고 생각합니다.

직접작성

❗ 이런 말은 안 돼요

공직자로서의 공익을 지나치게 강조한 나머지 사기업의 사익 추구에 대해 부정적이거나 편향적인 입장을 취해서는 안 된다.

➕ 면접 플러스

객관적인 자세를 견지하면서 구체적이고 현실적인 근거를 가지고 답변하는 것이 좋다.

32. 군무원 업무의 장단점은 무엇입니까?

면접관의 의도

일반 공무원이 아닌 특정직인 군무원에 대해 응시자가 얼마나 객관적으로 파악하고 있는지를 알아보기 위한 질문이다.

핵심 키워드

• 장점 – 국가안보의 최일선, 자부심, 공정성, 안정성
• 단점 – 격오지 근무

도입

군무원 업무는 공무원으로서의 장점을 다수 보유하고 있으며 큰 단점은 없다고 생각합니다.

직접작성

부연설명

• 장점은 직업의 안정성, 국가안보의 최일선에서 근무한다는 자부심, 능력에 따른 공정한 진급 기회 등이라 생각합니다.
• 큰 단점이 없다고는 말했지만 굳이 답변한다면 격오지 근무를 들 수 있습니다.

직접작성

그러나 단점에 치우치기보다는 국가안보 측면에서 누군가는 담당해야 할 부분이라 생각하고, 저는 군무원으로서 맡은 바 소임을 다하고 싶습니다.

직접작성

❗ 이런 말은 안 돼요

군무원 업무의 단점에 대해 지나치게 극단적 · 부정적으로 답변해서는 안 된다.

33. 군인과 군무원의 공통점과 차이점을 말해보시오.

면접관의 의도
군인과 군무원 관계에 대한 이해가 되어 있는지를 묻기 위한 질문이다.

핵심 키워드
- 공통점 – 특정직 공무원, 「군형법」의 적용, 군사 재판, 국가관 공유
- 차이점 – 업무의 성격, 신분

① 군인과 군무원의 공통점과 차이점 1

> **도입**
>
> 현역 군인과 군무원 모두 국가와 국민에게 봉사하는 특정직 공무원에 속하지만, 군무원은 책임과 직무, 신분 등에서 현역 군인과 차이가 있습니다.

직접작성

> **부연설명**
>
> - 군인은 전투를 하는 조직이므로 전투력 향상을 최우선의 가치로 삼는 반면 군무원은 군 사무를 보는 조직으로 군의 전투력 향상을 위한 제반업무를 수행합니다.
> - 최근 안보환경의 변화로 군무원만의 전문성과 지속성이 요구되는 분야가 늘어났기 때문에 군무원의 역할과 위상이 재정립되었습니다.

직접작성

군무원은 현역 군인 수준의 투철한 국가관과 책임의식, 자기 절제가 필요하며, 군인과 상호 협력적 동반자 관계에서 업무를 진행해야 합니다.

직접작성

② 군인과 군무원의 공통점과 차이점 2

군인은 국가 안보와 전투현장의 최일선에서 직무를 수행하는 직군이며, 군무원은 군 관련 지원 및 사무 업무를 수행하는 직군입니다.

직접작성

- 현역 군인과 군무원은 떼려야 뗄 수 없는 하나의 강력한 유기체이며 아주 친밀한 업무 협조관계입니다.
- 전방 최일선에서 현역 군인들이 전투를 수행한다면, 군무원은 바로 뒤에서 우리 군인들이 전투를 잘할 수 있도록 지원해주는 역할을 합니다.

직접작성

제가 만일 군무원에 임명된다면 군의 전투에 있어 가장 핵심인 전투장비 가동률 향상을 위해 예방정비, 찾아가는 정비지원 서비스 등 제 직무에 최선을 다할 것을 다짐합니다.

직접작성

❗ 이런 말은 안 돼요

군인과 군무원의 차이를 지나치게 부각시키는 나머지 군무원이 군에 소속되어 있음을 부정해서는 안 된다.

➕ 면접 플러스

실제 현장에서는 군인과 군무원 간의 위계, 업무 등으로 인해 갈등이 발생하는 경우가 종종 발생하곤 한다. 따라서 두 직무의 차이를 명확히 인식하되, 상호 존중과 보완의 관계에 있음을 알아야 한다.

34. 군무원이 평생직장이라고 생각합니까?

(면접관의 의도)

응시자의 직업관과 더불어 군무원에 임하는 각오를 알아보기 위한 질문이다.

(핵심 키워드)

안정성, 정년 보장, 자부심, 연금제도

도입

군무원은 평생직장이라고 생각합니다.

직접작성

부연설명

• 직무에 충실할 경우 정년이 보장되기 때문입니다.
• 퇴직 후에는 높은 연금혜택까지 받을 수 있기 때문입니다.

직접작성

지원한 직렬이 전문 분야이기 때문에 임명된다면 정년까지 제 전문성을 발휘하며, 국가에 봉사하고 안보에 일익을 담당한다는 자부심으로 성실하게 근무하겠습니다.

직접작성

❗ 이런 말은 안 돼요

군무원을 평생직장으로 생각하든 생각하지 않든 응시자의 입장을 타당한 근거를 들어 설명해야 하며, 군무원이 평생직장이기 때문에 지원하였다는 식의 답변은 곤란하다.

35. 군무원으로서의 정신자세에 대해 말해보시오.

면접관의 의도

응시자가 군무원으로서의 바람직한 정신자세에 대해 인지하고 있고, 더 나아가 건전한 정신자세를 바탕으로 한 직업 가치관을 갖추고 있는지를 묻는 질문이다.

핵심 키워드

건전한 국가관, 공직자로서의 사명감, 책임의식, 공ㆍ사의 구분, 봉사정신, 올바른 가치관

도입

군무원으로서의 정신자세는 인성, 조직에 대한 마음, 확실한 국가관과 안보관입니다.

직접작성

부연설명

- 군무원으로서의 직무수행을 위해서는 투철한 국가관과 안보관을 갖추어야 한다고 생각합니다.
- 군부대는 다양한 계급과 신분이 존재하므로 현역 군인의 업무를 지원할 때는 예의, 태도, 배려, 언어예절 등 기본적으로 올바른 품성을 갖추어야 합니다.

직접작성

이 세 가지를 항상 몸에 새기며 공직자로서의 마음가짐과 초심을 잃지 않는 군무원이 되도록 하겠습니다.

직접작성

⚠ 이런 말은 안 돼요

공직자로서 무책임한 태도, 불성실함, 불건전한 가치관을 드러내서는 안 된다.

36. 임용 후 실무에 바로 투입되어야 하는데 어떻게 할 것인지?

면접관의 의도

군무원을 비롯한 공무원은 임용 후 바로 실무에 투입될 수 있는 준비된 인재를 뽑는 선발시험이다. 따라서 응시자의 직무에 대한 이해 및 준비도에 대해 묻는 것이다.

핵심 키워드

선배 및 상급자로부터 배우겠다는 의지, 업무역량 신장을 위한 노력, 직무 관련 자기 개발

도입

군무원으로서 직접 업무를 경험해본 적이 없으므로 우선 상급자와 선배들을 보고 배우며 빠르게 업무를 익힐 것입니다.

직접작성

부연설명

• 모르는 부분이 있으면 독단적으로 행동하지 않고, 그 즉시 질문하여 업무역량을 키워나가겠습니다.
• 기회가 닿는 대로 경험이 풍부한 선·후배 또는 동료들로부터 실무 관련 지식과 수행 방식을 배우도록 하겠습니다.

직접작성

미리 학습하고 익혔음에도 실전에서 부족함이 느껴진다면 전문역량을 좀 더 강화하기 위해 사이버대학이나 학점은행제 등 여러 배움의 기회를 통해 개인역량을 보강할 수 있도록 하겠습니다.

직접작성

! 이런 말은 안 돼요

처음에는 실무를 모르는 것이 당연하다는 식의 답변은 군무원으로서 준비가 부족하다는 인상을 줄 수 있으므로 피해야 한다.

37. 자기 자신과 사회적 관점에서 가장 이상적이고 바람직한 삶은 무엇입니까?

면접관의 의도

이상적 삶의 모습을 통해 응시자의 평소 가치관을 알아보는 질문이다.

핵심 키워드

평소 응시자가 생각하는 이상적인 삶의 모습 제시(더불어 사는 삶, 배려하는 삶, 희생하는 삶, 존경받는 삶, 도와주는 삶)

도입

삶을 살아가면서 자신뿐만 아니라 다른 사람도 함께 살고 있다는 것을 인지하고, 그들과 상생하고자 하는 자세를 지녀야 합니다.

직접작성

부연설명

• 자신에게는 보람 있고 의미 있다고 생각하는 삶이 남에게 고통을 준다면 그것은 바람직한 삶이 아닙니다.
• 가장 이상적인 삶은 남에게 손해를 끼치지 않고, 자신으로 인해 다른 사람에게 이익을 주는 삶이라고 할 수 있습니다.

직접작성

우리가 삶을 살아가면서 내리는 결정과 선택은 스스로의 삶은 물론 다른 사람에게도 중요한 영향을 끼치게 마련입니다. 따라서 매사 다른 사람을 배려하고 도우며 사는 삶이 이상적인 삶이라고 볼 수 있습니다.

직접작성

➕ **면접 플러스**

이런 질문은 답이 정해져 있는 것이 아니므로 평소에 자신이 생각하고 있는 것들을 잘 정리해 볼 필요가 있다. 정리되지 않은 내용을 두서없이 말하다 보면 답변 내용의 앞뒤가 맞지 않을 수 있기 때문이다.

38. 일에 대한 당신의 평소 사고방식은 어떻습니까?

응시자가 일에 대해 진취적인 자세를 갖고 임하는지, 열정이 있는지를 알아보는 질문이다.

일에 대한 응시자의 생각(성장, 즐거움, 동력, 자기 발전, 공헌, 자부심, 기여, 공동체, 어울림)

도입

저는 제가 하는 일이 가치있다 생각하며 성장을 도모하면서 즐거운 마음으로 임하고 싶습니다.

직접작성

부연설명

• 인생에서 일에 할애하는 시간이 스스로의 성장과정으로 이어질 수 있다고 생각합니다.
• 일하는 과정이 스스로의 성장과 함께 공동체의 성장에도 이바지할 수 있는 과정이었으면 합니다.

직접작성

맺음말

따라서 저는 일을 통해 저의 성장뿐만 아니라 조직의 성장에도 기여하고 싶습니다.

직접작성

❗ 이런 말은 안 돼요

이기주의적인 답변은 피해야 한다. '자신이 무엇 때문에 일을 하는가'를 너무 이기적이지 않게 설명해야 한다.

39. 응시자는 평소에 어떠한 가치관을 가지고 있습니까?

[면접관의 의도]

응시자의 평소 가치관, 인생관을 알아보기 위해 생활신조, 좌우명, 가치로 여기는 덕목 등을 다양한 방향으로
질문할 수 있다.

[핵심 키워드]

응시자의 가치관 진솔하게 밝히기

① 본인의 생활신조는 무엇입니까?

도입

저의 생활신조는 약속을 잘 지키는 것입니다.

직접작성

부연설명

- 약속은 상호 간의 신뢰, 책임감 등에 영향을 주기 때문에 매우 중요하다고 생각합니다.
- 개인의 시간 약속이나 기초질서와 같은 사회적 약속 등 일상의 많은 관계들이 약속으로 맺어
  져 있기 때문입니다.

직접작성

군대의 업무 특성상 군무원은 정해진 기간 내에 일을 마무리하는 것이 중요하다고 생각합니다. 약속을 잘 지키는 저의 생활신조는 업무에 큰 도움이 될 것입니다.

직접작성

② 본인의 좌우명은 무엇입니까?

저의 좌우명은 오늘 해야 할 일을 내일로 미루지 않는 것입니다.

직접작성

• 일을 자꾸만 뒤로 미루다 보면 나중에는 일이 커져서 힘이 배로 듭니다.
• 내일 할 일의 부담을 줄일 수 있도록 조금 힘이 들더라도 그때그때 일처리를 하려고 노력하고 있습니다.

직접작성

이러한 저의 좌우명은 일정이 밀리지 않도록 일의 순서를 정해 업무를 함에 있어서 큰 도움이 될 것입니다.

직접작성

③ 본인이 살아가면서 가장 중요하게 생각하는 덕목은 무엇입니까?

인생에서 가장 중요한 덕목은 상대에 대한 '배려'라고 생각합니다.

직접작성

배려는 표면적으로는 남을 위하는 행위라고 생각할 수 있지만, 이면적으로는 자신 또한 행복해지는 동시에 나아가 상호 간의 삶이 건강하게 유지될 수 있게 해주는 중요한 행동양식입니다.

직접작성

배려 깃든 행동양식으로 이해관계 및 조직 활동에서 파생되는 여러 문제들을 보다 쉽게 풀 수 있게 될 것입니다.

직접작성

➕ 면접 플러스

어느 면접에서나 물을 수 있는 가장 기본적이고 전형적인 질문이다. 따라서 거짓으로 꾸며낼 필요 없이 구체적이고 진솔하게 답변하면 된다. 더 나아가 자신의 가치관을 직무에 도움이 되는 방향으로 연결하는 게 좋다.

CHAPTER 04 의사표현의 정확성과 논리성

1. 군무원에 합격하고 발령을 받게 되었는데 해당 근무지에 군무원을 인정하지 않는 군인이 상급자로 있다면 어떻게 하겠습니까?

면접관의 의도

군무원에 임하는 응시자의 자세와 근무 시 발생할 수 있는 갈등 상황에 대처하는 방안을 얼마나 논리적으로 답변하는지 알아보기 위한 질문이다.

핵심 키워드

직무 · 업무에 충실, 노력, 성실, 진심, 갈등 해소

도입

먼저 제가 하는 일을 충실히 하면서 업무에 대해 좋은 평가를 받을 수 있도록 성실하게 일을 지속하겠습니다.

직접작성

- 군무원으로서의 맡은 바 소임을 충실히 수행해 나아간다면, 해당 상관의 고정관념도 달라질 수 있을 것이라고 생각합니다.
- 시간을 두고 저의 입장을 말씀드릴 기회가 있다면 대화를 시도해 보겠습니다.

직접작성

힘들게 노력하여 얻은 군무원의 직을 그러한 이유로 절대 포기하지 않겠습니다. 저의 성실함과 노력으로 극복해 나가겠습니다.

직접작성

! 이런 말은 안 돼요

상급자에게 직접적으로 맞서거나 군무원 직을 포기하겠다는 답변을 해서는 안 된다.

2. 길을 걷던 노인이 차도로 넘어져 달려오는 버스에 깔려 죽을 뻔한 상황에서 옆을 지나가던 청년이 그 노인을 밀어내고 대신 목숨을 잃은 일이 있었습니다. 또, 소방관이 인명을 구출하다 순직한 일도 있었습니다. 이와 같이 자신의 목숨을 버리고 남을 구하는 것이 옳은 일이라 생각하십니까?

(면접관의 의도)

대의를 위한 삶과 자기 자신을 위한 삶의 대비를 통해 응시자의 인생관, 가치관을 알아봄과 동시에 응시자의 생각을 얼마나 정확하고, 논리적으로 답변하는지 알아보기 위한 질문이다.

(핵심 키워드)

숭고, 희생, 가치, 생명 존중, 자기 가치의 소중함, 소신 등

도입

타인을 살리기 위한 행위는 매우 숭고한 일입니다. 그러나 자신의 목숨을 소중히 하는 것도 가치 있는 일이라고 생각합니다.

직접작성

부연설명

• 누군가의 생명을 살리기 위한 행위에는 가늠할 수 없는 순수한 희생과 용기가 깃들어 있습니다.
• 자신의 목숨과 안전을 지키기 위한 행위 역시 함부로 비난 받아서는 안 된다고 생각합니다.

직접작성

맺음말

누군가를 살리기 위한 숭고한 희생의 가치를 옳고 그름의 잣대로 판단하기보다는 그 자체로 존경과 감사를 표해야 할 일이라고 생각합니다.

직접작성

면접 플러스

어느 쪽이 '옳다', '옳지 않다'를 말하기 어려운 질문이므로 자신과 입장이 다르다고 하여 부정적으로 말해서는 안 된다. 답변에 자신의 인생관이 그대로 드러날 것이기 때문에 분명한 소신을 가지고 답해야 한다.

3. 징집제 및 모병제에 대한 본인의 생각을 말해보시오.

면접관의 의도

평소 군과 관련된 이슈들에 대한 응시자의 생각을 얼마나 논리적으로 답변하는지 알아보는 질문이다.

핵심 키워드

- 징집제 – 평등, 병역의무 이행, 공정, 국방비 절감 / 자유권 제약, 국민부담 가중, 숙련병 확보의 어려움
- 모병제 – 자유, 숙련병 확보에 용이, 군 조직력 및 사기 강화, 병영문화 개선 / 국가재정 부담 증가, 소규모 병력

도입

어떠한 제도가 더 좋다고 말할 수는 없지만 현재 우리나라의 상황을 분석하여 더 좋은 쪽의 제도를 선택하는 것이 중요합니다.

직접작성

부연설명

- 징집제의 장점으로는 평등한 병역의무 이행, 국민적 일체감 형성, 국방비 절감이 있으며, 단점으로는 자유권 제약, 국민부담 가중 등이 있습니다.
- 모병제의 장점으로는 개인의 자유의사 반영, 숙련병 확보의 용이성, 병영문화 개선 등이 있으며, 단점으로는 국가재정 부담 증가와 대규모의 병력 유지가 어렵다는 점 등이 있습니다.

직접작성

징집제와 모병제는 군대에 관한 중요한 제도이기 때문에 두 제도에 대한 장단점을 모두 알고 사회 현황에 따라 적절한 제도를 적용해야 한다고 생각합니다.

직접작성

➕ **면접 플러스**

기본적인 질문이므로 두 제도에 대한 내용을 숙지하고 있는 것이 중요하다.

더 알아보기

• 선진국의 모병제 도입
 – 미국(1973): 베트남전 이후 정예화된 소규모 군대 보유가 효율적이라는 주장을 배경으로 닉슨 대통령이 도입하였다.
 – 프랑스(2001): 냉전 종식 이후 1996년 자크 시라크 대통령이 국방개혁법을 공포하였고, 병역 불공정 문제가 군에 대한 여론을 악화시킴으로써 국민의 72%가 모병제에 찬성하였다.
 – 독일(2010): 병역기피 사례가 급증하여 입대자 비율이 낮아지면서 병력 감축을 발표, 의무복무정책을 중단하였다.

• 모병제의 과제
 – 모병의 어려움으로 영국은 5년 이상 자국에 거주한 외국인의 입대를 허용하였고, 독일은 징병제 환원을 검토하고 있다. 대만의 지원병 충원율은 81% 수준이고, 일본 자위대 충원율도 77% 수준에 그치고 있다.
 – 우리나라의 상황에서 북한의 군사적 위협을 고려할 때 대규모 병력과 안정적 충원이 중요하기 때문에 모병제로 전환하기 위해서는 군 인력 구조 개편과 군인 처우 개선 등이 해결 과제이다.

4. 군인과 민간인의 관계가 적대적인 경우가 있는데, 이에 대한 본인의 생각과 해결방안에 대해서 말해보시오.

면접관의 의도
군과 민간의 대립에 대한 응시자의 생각을 얼마나 논리적으로 답변하는지 알아보는 질문이다.

핵심 키워드
상호이해, 의사소통, 공감대 형성, 협의, 대화, 진실된 태도, 협력

도입

이런 사례는 성주 사드기지 건설, 군 공항 이전 등에서 찾아볼 수 있으며 상호 이해관계에서 오는 갈등이라 생각합니다.

직접작성

부연설명

• 군인의 입장에는 사드기지와 군 공항의 경우 대한민국 영공방위를 위해서는 반드시 필요한 시설이고, 북한의 공격에 대해서는 충분히 대비하고 있기 때문에 문제가 없다고 생각합니다.
• 주민의 입장에서는 불안감을 떨칠 수 없고 개인의 재산권까지 문제가 될 우려가 있기 때문에 반대한다고 생각합니다.

직접작성

이러한 문제를 해결하기 위해서는 사전에 충분한 의사소통과 공감대가 형성되어야 할 것입니다. 군이 지속적으로 인내심을 갖고 진실된 모습으로 행동한다면 주민들은 기꺼이 찬성할 것이라 생각합니다.

직접작성

➕ 면접 플러스

군의 일이기 때문에 민간에서 무조건 따라야 한다는 식의 답변은 위험하다. 함께 살아가는 사회이기 때문에 서로 협력하고 소통해야 한다는 답변을 하는 것이 좋다.

5. 군무원 조직을 무능한 집단 또는 '철밥통' 조직이라고 비판적으로 바라보는 국민들이 많다. 그 이유가 무엇이며, 부정적 인식을 개선할 수 있는 방법은 무엇인가?

(면접관의 의도)

군무원에 대해 객관적인 인식을 가지고 있는지, 더 나아가 군무원으로서 조직을 위한 응시자의 생각을 얼마나 정확하고, 논리적으로 답변하는지 알아보는 질문이다.

(핵심 키워드)

직업 안정성, 정년 보장, 부작용(무능, 연공서열, 업무태만, 무사안일주의 등), 대안(평가시스템 개선, 성과위주 진급과 포상, 재교육 등)

도입

'철밥통'이라는 표현은 공무원만 되면 정년이 보장된다는 뿌리 깊은 통념에서 비롯된 말인 것 같습니다.

직접작성

부연설명

• 군무원에 대한 부정적 인식 개선을 위해, 성과를 반영하여 진급·포상을 시행하는 평가시스템을 잘 활용하는 것도 방법일 수 있다고 생각합니다.
• 위법한 사안은 징벌제도를 활용함으로써 군무원에 대한 공정한 판단을 하여 부정적 인식을 개선하는 것도 방법일 수 있습니다.

직접작성

평가 결과 일정 수준 미달자에게는 교육을 통해 스스로 변화하도록 하고, 무능력 군무원으로 재선정될 시에는 징계를 하는 등 다양한 방법을 통해 부정적 인식을 개선할 필요가 있습니다.

직접작성

➕ 면접 플러스

군무원에 긍정적인 입장을 드러내려는 나머지 '철밥통'과 같은 비난에도 문제의식이 없어서는 안 된다. 군무원 집단이 가지고 있는 부정적 요소들에 대한 객관적 인식과 대안이 필요하다.

6. 군 복무시절 군무원이 있었는가? 있었다면 군무원에 대하여 무엇을 느꼈는가?

면접관의 의도

응시자의 군무원에 대한 경험담과 인상, 느낀 점 등을 얼마나 정확하고, 논리적으로 답변하는지 알아보는 질문이다.

핵심 키워드

응시자의 군무원에 대한 진솔한 경험

도입

전방에서 군 복무를 했을 때 전투장비가 고장 나면 정비대대 군무원께서 바로 오셔서 정비를 해 주셨습니다.

직접작성

부연설명

• 그분은 정비를 하시면서 저에게 기본적인 것부터 꼼꼼하게 하나씩 매우 친절하게 가르쳐 주셨습니다.
• 저는 군 복무시절에 만난 열정적인 그분을 통해 군무원이라는 직업에 관심을 갖게 되었고, 군무원에 지원하게 되었습니다.

직접작성

저는 군 전투장비분야 정비경력이 있으며, 전역 후 자격증도 취득했습니다. 군 복무시절 존경했던 그분처럼 전문성을 키우기 위해 많은 준비를 했기 때문에 지원하는 직렬분야에서 더 큰 역량을 발휘할 수 있을 것이라 확신합니다.

직접작성

＋ 면접 플러스

단순히 자신이 만난 군무원에 대한 경험에서 그치는 것이 아니라, 그 경험을 통해 느낀 점과 응시자 자신이 군무원이 되었을 때의 포부까지 답변하여야 한다.

7. 모든 세대는 자신들의 세대가 희생양이라고 하는데, 응시자의 경우 자신들의 세대에 대해 어떻게 생각하는가?

면접관의 의도

조직에는 다양한 세대가 공존한다. 응시자가 세대 간의 차이를 극복할 능력이 있는지, 사회성, 희생정신, 대인관계 및 사회적응력이 있는지를 평가함과 동시에 응시자의 생각을 얼마나 정확하고 논리적으로 답변하는지 알아보는 질문이다.

핵심 키워드

세대 간의 이해, 배려, 협력, 발전, 책임

도입

저희 세대는 이전 세대의 희생 덕분에 물질적으로 풍요로운 생활을 하며 사상의 자유를 보장받고 있습니다. 그러나 저희 세대도 이와 같은 긍정적인 면만을 지니고 있는 것은 아닙니다.

직접작성

부연설명

- 한층 여유로워진 생활에 비하여 사람들의 정서는 메말라 있고 삶의 목표도 확고하게 세워져 있지 않으며, 가치관 또한 정립되어 있지 않기 때문입니다.
- 인구문제, 식량문제, 자원문제, 환경문제 등과 같이 이전 세대는 상상할 수 없던 여러 가지 어려움을 겪고 있습니다.

직접작성

저희 세대가 이전 세대의 희생 덕분에 얻은 여유로움만을 누릴 수 없는 것은, 다음 세대를 배려하여야 하기 때문입니다. 따라서 저희 세대도 이전 세대와 마찬가지로 다음 세대를 위해, 사회를 좀 더 나은 방향으로 발전시켜야 할 책임이 있다는 사실을 명심해야 할 것입니다.

직접작성

➕ 면접 플러스

자신의 세대가 가장 힘들다는 답변은 하지 않는 것이 좋다. 다양한 세대가 모여 업무를 하기 때문에 자신의 견해와 세대차를 극복할 수 있는 방법에 대해 구체적으로 답변하는 것이 좋다.

8. 개인주의는 사회적으로 바람직한 것인지 의견을 말해보시오.

면접관의 의도

응시자의 가치관을 얼마나 정확하고 논리적으로 답변하는지 알아보는 질문이다.

핵심 키워드

이기주의 · 이기적 집단주의 · 이타적 개인주의의 구분, 공생

도입

개인주의를 사회적 관점에서 본다면 분명 바람직한 면이 있습니다. 문제는 개인주의의 개념을 잘못 인식하는 경우입니다.

직접작성

부연설명

• 건강한 개인주의와 이기적 개인주의를 혼동하지 않는 것이 중요합니다.
• 건강한 개인주의는 한 개인으로서 인정 · 존중받고 싶은 만큼, 상대에 대한 이해와 배려가 깃든 언행을 통해 타인과 공동체를 이롭게 할 수 있습니다.

직접작성

맺음말

개인주의는 사회적으로 바람직한 면이 있지만, 개인주의의 탈을 쓴 이기주의는 하루 빨리 이 땅에서 소멸되도록 국가 · 사회 · 개인이 다각도로 노력해야 할 것입니다.

직접작성

❗ 이런 말은 안 돼요

이기주의와 개인주의를 혼동하여 이기주의나 이기적 집단주의를 옹호하는 답변을 해서는 안 된다.

9. 가짜뉴스 규제에 대하여 어떻게 생각합니까?

면접관의 의도

민주시민으로서 건강한 가치관을 가지고 있는지, 민주사회 발전을 도모할 역량이 있는지를 알아보는 질문이다.

핵심 키워드

조작, 거짓, 사회 혼란, 경제적 피해, 국가안보 피해, 공공의 손실

도입

가짜뉴스란 뉴스의 형태를 가지고 있지만 실제 사실이 아닌 거짓의 내용으로 이루어진 뉴스로, 의도를 가지고 조작된 내용을 전달하는 것을 말합니다.

직접작성

부연설명

- 가짜뉴스로 인한 사회적 피해 규모와 대상을 고려했을 때, 언론의 자유를 보장하되 정부의 적절한 정책이 필요하다고 생각합니다.
- 정부의 가짜뉴스 규제로 언론의 자유가 침해될 소지를 배제할 수 없으므로, 언론계에서 가짜뉴스 양산을 미연에 방지해야 할 것입니다.

직접작성

가짜뉴스로 인해 경제적 피해와 사회 혼란이 야기될 수 있고, 심지어 국가안보까지 위태로울 수 있습니다. 따라서 가짜뉴스가 공공에 미치는 부정적 영향이 큰 만큼 정부, 언론, 시민 모두가 가짜뉴스 양산을 저지해야 합니다.

직접작성

! 이런 말은 안 돼요

가짜뉴스를 옹호하는 답변, 즉 가짜뉴스는 자본주의 사회의 자연스러운 현상이므로 규제해서는 안 된다는 식의 답변은 피해야 한다.

10. 육군 대위가 SNS에서 대통령을 비방한 사건이 발생했는데, 이에 관한 본인의 생각에 대해 말해보시오.

상관에 대해 어떤 자세를 가지고 있는지 알아보는 질문이다.

위계질서, 상관에 대한 예의, 존경, 지휘체계

도입

군무원의 경우 군인은 아니지만 군부대에 소속되어 있는 준군인 또는 공무원으로서 이러한 일을 해서는 안 된다고 생각합니다.

직접작성

부연설명

• 대통령은 국군통수권자이기 때문에 대통령을 비방하는 것은 곧 상관을 비방하는 행위일 수 있습니다.
• 군인복무기본법에 저촉되는 사건으로, 그 대위는 군법에 회부되어 처벌받은 것으로 알고 있습니다.

직접작성

군무원은 국가에 소속된 공직 신분임을 잊지 않고 업무를 수행해야 하며, 국민을 대신하여 국가의 업무를 한다는 자부심을 가지고 군무원 생활에 임해야 할 것입니다.

직접작성

! 이런 말은 안 돼요

SNS 활동은 개인의 자유이므로 어떤 게시물을 올리는지 확인받을 필요가 없으며, 어떤 게시물을 올려도 상관없다는 식의 답변은 피해야 한다.

11. 방산비리에 대한 생각을 말해보시오.

면접관의 의도
공직자로서 응시자의 가치관과 청렴도를 알아보는 질문이다.

핵심 키워드
국가안보 위협, 국민의 신뢰를 저버리는 행위, 군의 명예 훼손, 청렴

도입

방위산업은 주요 무기체계를 연구 · 개발 · 생산하는 것으로, 방산비리가 발생해서는 안 된다고 생각합니다.

직접작성

부연설명

• 국가방위는 국가안보에 직결되므로 방산비리는 국가안보를 위협하는 이적행위나 마찬가지라고 생각합니다.
• 국민을 위한 군인, 군무원으로서 국민의 신뢰를 저버리는 행위, 군의 명예를 훼손하는 행위는 절대 해서는 안 될 것입니다.

직접작성

저는 근무 시 규정에 의한 업무처리를 할 것이며, 만약 부적절한 요구를 받았을 경우에는 이러한 사실을 관련 기관이나 상급자에게 보고하여 공직자로서 부끄러운 행동을 절대 하지 않을 것입니다.

직접작성

❗ 이런 말은 안 돼요

자신의 업무와 연관되지 않는다고 방산비리에 대해 생각해보지 않았다는 답변은 피해야 한다. 같은 국방의 업무를 하기 때문에 항상 경계하고 확인해야 한다는 답변을 하는 것이 좋다.

12. 국제정세와 관련하여 우리나라가 나아가야 할 정책 방향에 대해 말해보시오.

국방과 관련한 국제정세에 대한 응시자의 관심과 태도를 알아보기 위한 질문이다.

안보, 현 국제정세와 나아갈 방향에 대한 응시자의 소견

도입

북한의 단거리 탄도미사일(SRBM) 도발행위 문제를 들 수 있습니다.

직접작성

부연설명

• 북한은 매년 미사일 도발로 한국과 국제사회를 위협하고 있습니다.
• 북한의 미사일 도발행위는 안보리 결의 위반 행위로써 국제사회의 안전과 평화로운 질서에 위협이 되는 행위입니다.

직접작성

한국과 미국 그리고 이웃 국가들이 동맹을 강화하여 북한의 위협적인 도발행위를 저지해야 한다고 생각합니다.

직접작성

➕ 면접 플러스

특정한 정치적 견해를 나타내서는 안 된다. 2018 국방백서에서는 '북한이 우리의 주적이다'라는 표현이 삭제되었으며, '우리 군은 대한민국의 주권, 국토, 국민, 재산을 위협하고 침해하는 세력을 우리의 적으로 간주한다'라는 내용으로 변경되었다. 이와 같은 내용을 평소 확인하는 것이 중요하다.

더 알아보기

2022년 윤석열 대통령 당선되면서 국방부는 2022년 5월 9일 '북한군과 북한정권은 우리의 적'이라는 표현이 담긴 정신전력 교재를 배포하였다. 정신전력 교재는 장병 정신전력 교육에 쓰이는데, 국방부는 새 정부 국정과제인 '장병 정신전력 강화' 목적으로 관련 내용을 작성했다고 밝혔으며, '2022 국방백서'에도 이러한 표현을 담았다.

13. 국민들이 공무원 사회가 부패했다고 여기는 이유에 대해 본인의 생각을 말해보시오.

(면접관의 의도)

공직자로서 응시자의 직업관, 가치관 그리고 공무원에 대해 객관적 인식을 가지고 있는지를 알아보는 질문이다.

(핵심 키워드)

이권과 밀접, 박봉, 금전적 유혹, 높은 도덕수준 기대

도입

공무원의 업무가 국민들의 각종 이권과 밀접하기 때문에 공무원이 더 부패했다고 느끼기 쉽다고 생각합니다.

직접작성

부연설명

• 공무원 급여가 대기업과 사기업에 비해 상대적으로 박봉이다 보니 공무원들이 부패의 유혹에 빠지기 쉬운 현실적 측면도 있습니다.
• 우리나라에서는 전통적으로 공무원, 교사 등 공직자 직군에 타직업군보다 더 높은 도덕수준을 요구합니다.

직접작성

그러다 보니 비슷한 부정 사건이 발생하더라도 언론에서는 공무원 관련 사건을 우선적으로 보도하게 되고, 점점 공무원에 대한 이미지가 나빠지는 경향이 있는 것 같습니다.

직접작성

이런 말은 안 돼요

응시자 개인의 공무원 사회에 대한 불신과 부정적 인식을 노골적으로 드러내서는 안 된다.

14. 3D 기피현상의 문제점을 개인적·사회적 측면에서 비판하고, 극복방법을 말해보시오.

면접관의 의도

사회 이슈에 대한 응시자의 생각을 얼마나 정확하고 논리적으로 답변하는지 알아보기 위한 질문이다.

핵심 키워드

3D 기피현상에 대한 응시자의 소견(올바른 관점, 개인적 측면, 사회적 측면)

도입

'3D 기피현상'이란 어렵고, 위험하고, 더러운 일을 기피하는 현상입니다.

직접작성

부연설명

• 3D 기피현상은 개인적 측면에서는 직업과 노동의 본질적 가치를 깨닫지 못하게 합니다.
• 3D 기피현상은 사회적 측면에서는 직업의 귀천의식을 조장하여 산업구조의 불균형을 초래하고, 장기적으로는 사회의 안정적인 발전을 저해합니다.

직접작성

맺음말

이를 극복하기 위한 방안으로, 개인적 차원에서는 먼저 직업에 대한 올바른 관점을 확립하여야 하고, 사회적 차원에서는 3D 직종 종사자들에 대한 적절한 보상 및 안전과 업무환경 보장과 이들을 존중하는 풍토를 조성하는 것 등이 있습니다.

직접작성

➕ **면접 플러스**

3D 기피현상의 문제점에 대해 설명해야 한다. 어렵고, 위험하고, 더러운 일을 피하는 것은 당연하다는 식의 발언과 직업의 귀천을 나누는 답변은 피해야 한다.

15. 미래사회가 고령화 사회로 전환되는 데 따르는 노인복지문제와 그 대책에 대하여 말해보시오.

면접관의 의도

현대사회의 다양한 문제에 대한 응시자의 관심과 해결방안을 묻는 질문이다.

핵심 키워드

노인병원, 요양시설 등 노인복지시설 확충, 노인 일자리 확대, 고령자 대상 인력정보센터 운영, 평생교육, 직업교육시스템, 사회봉사활동 프로그램 운영, 노인에 대한 사회적 인식 재고

도입

우리 사회는 급속하게 노령화 사회에 들어섰지만 사회복지제도가 완비되지 않은 현상황에서 노후 준비가 미흡한 노인 중에 생활고를 겪는 사람이 늘어 심각한 사회문제를 야기하고 있습니다.

직접작성

부연설명

• 사회적 차원에서 사회활동을 원하는 노인들을 위한 근로정책과 안정적 생활을 유지할 수 있는 복지정책들이 개선되어야 합니다.
• 노인들도 건강한 사회를 유지하는 데 큰 역할을 한다는 자부심을 가질 수 있도록 공동체 구성원들의 노인에 대한 인식개선이 필요합니다.

직접작성

무엇보다도 중요한 것은 노인문제가 한 가족의 대처 부족이 아닌 복지제도 차원의 문제라는 것입니다. 생산적이고 활동적인 노인문화 정착을 위해 국민 모두의 인식변화가 필요합니다.

직접작성

노인문제를 개인적 차원의 문제로 축소시켜 생각해서는 안 된다. 복지제도의 관점에서 문제의식을 갖고 접근해야 하며, 현실적이면서도 사회 구성원 모두가 상생할 수 있는 답변을 준비해야 한다.

노인 일자리 및 사회활동 지원 사업
- 목적: 노인이 활기차고 건강한 노후생활을 영위할 수 있도록 공익활동, 일자리, 재능나눔 등 다양한 사회활동을 지원하여 노인복지 향상에 기여
- 참여 대상
  - 공공형: 만 65세 이상 기초연금 수급자
  - 사회서비스형: 만 65세 이상 사업 참여 가능자(사회서비스형은 일부 유형 만 60세 이상 사업참여 가능)
  - 시장형: 만 60세 이상 사업 참여 가능자

〈사업유형〉

유형	정의
공공형	노인이 자기만족과 성취감 향상 및 지역사회 공익증진을 위해 자발적으로 참여하는 봉사활동
사회서비스형	노인의 경력과 활동역량을 활용하여 사회적 도움이 필요한 영역(지역사회 돌봄, 안전 관련)
사회서비스형 선도모델	지역 사회가 보유한 자원과 기업 등의 외부자원을 활용하여 신규 노인일자리 아이템 개발, 창출

시장형	시장형사업단	노인에게 적합한 업종 중 소규모 매장 및 전문 직종 사업단 등을 공동으로 운영하는 노인일자리
	취업알선형	일정 교육을 수료하거나 관련 업무능력 있는 자를 수요처로 연계하여 근무기간에 대한 일정 임금을 지급받을 수 있는 일자리
	시니어인턴십	노인에게 기업 인턴 연계 후 인건비 지원, 계속 고용 시 기업에 인건비 추가 지원
	고령자친화기업	노인의 경륜을 활용하여 경쟁력을 갖추고 양질의 노인일자리를 창출할 수 있는 기업의 설립 및 운영

16. 통일 방안에 대한 본인의 생각에 대해 말해보시오.

면접관의 의도
군무원으로서 가져야 할 바람직한 통일관에 대해 얼마나 논리적으로 답변하는지 알아보기 위한 질문이다.

핵심 키워드
통일의 주체, 남북한, 화해와 협력, 공존관계, 평화체제, 국민적 합의

도입

통일정책에 대하여 제가 생각하는 바람직한 통일관은 어느 한쪽의 일방적인 통일보다는 진정한 대화와 국민적 합의가 있어야 하며 충분한 시간을 갖고 논의해야 수립 가능하다고 생각합니다.

직접작성

부연설명

• 통일의 방식에 있어서 남북한은 현실적인 상황을 고려하는 등 공통적인 부분을 해결해야 하며 이념이 우선시 되다 보면 자칫 그르칠 수 있습니다.
• 통일의 주체는 남북한 모두입니다.

직접작성

국가안보의 일익을 담당하는 군무원으로서 철저한 대비태세를 갖추는 것이 무엇보다 중요하다고 생각합니다.

직접작성

❗ 이런 말은 안 돼요

통일에 대해 부정적인 반응을 보이거나 주변국에 의존하는 통일 방안, 남북한 한쪽의 일방적인 통일 방안을 제시해서는 안 된다.

17. 북한의 도발에 대해 어떻게 생각하는지 말해보시오.

면접관의 의도

평소 남북관계에 대한 응시자의 생각을 묻는 질문이다.

핵심 키워드

화전양면전술, 위장 평화공세, 안보위협, 응징, 평화유지

도입

광복 이후 북한은 6 · 25 전쟁부터 연평도 포격도발, 핵실험, 미사일 발사 등 우리에게 수많은 위협을 주고 있습니다.

직접작성

부연설명

• 북한은 최근까지도 대한민국에 무력위협을 가하기도 했습니다.
• 허를 찌르는 끊임없는 기습 및 고강도의 도발을 자행하고 불리할 시 위장 평화 공세, 유리할 시 도발하는 식입니다.

직접작성

북한의 도발에 응징만이 평화를 지키는 유일한 길은 아니지만 굳건한 의지로 적의 도발을 최대한 방어하고 전쟁억제 및 평화유지의 안보태세로 군무원으로서 올바른 안보관과 책임 등 의무를 다함으로써 일조하고 싶습니다.

> 직접작성

➕ 면접 플러스

남북관계는 안보와 직결되는 민감한 사안으로 평소 본인의 생각을 현실적으로 밝히되 안일하게 대처하는 식의 답변을 하지 않도록 주의한다.

▌참조

p.300 '북한의 탄도미사일 도발'

18. 북한의 핵실험과 탄도미사일 발사 의도와 목적이 무엇이라고 생각합니까?

북한이 우리나라 안보에 위협이 되는 경우에 대한 응시자의 생각을 묻는 질문이다.

정권붕괴 방지 목적, 체제유지, 경제제재 최소화, 지원 유도

도입

한반도 공산화, 김정은 1인 독재체제 유지, 경제난 등 내부불만으로 인한 정권 붕괴를 방지하기
위한 목적이라고 생각합니다.

직접작성

부연설명

• 김정은은 핵무기 개발과 경제발전에 대한 병진체제를 고수하고 있으나 경제건설보다는 핵무기
  등 군사력 강화에 중점을 두고 있습니다.
• 김정은은 북한의 불안한 경제문제가 미국의 위협으로 초래되었음을 부각시켜 어려운 경제문제
  에 대한 주민의 불만을 해소하고 있습니다.

직접작성

또한 미국 등에 대해 핵무기 개발 위협으로 체제유지 보장과 현 경제제재를 최소화하고 더 많은 지원을 받기 위한 의도일 수 있으며, 더 나아가 그들은 결코 무력적화통일 야욕은 버리지 않는다는 것입니다.

직접작성

! **이런 말은 안 돼요**

북한의 핵실험과 탄도미사일 발사는 우리나라 안보에 큰 위협이 된다. 따라서 북한이 핵실험을 멈추지 않고 탄도미사일을 발사하는 의도나 목적에 대해 긍정적으로 답변해서는 안 된다.

+ **면접 플러스**

군무원 특성상 남북한의 관계 및 북한에 대한 질문이 나올 수 밖에 없다. 이에 대한 대비로 북한의 최신 사회 이슈를 정리해야 한다.

19. 국방부와 관련한 기사를 읽은 것이 있으면 말해보고 그에 대한 본인의 생각을 말해보시오.

평소 각 군과 관련한 정책, 최신 이슈 등에 대한 응시자의 관심도를 알아보고, 생각을 얼마나 논리적으로 답변하는지 알아보기 위한 질문이다.

첨단 전력 · 국방과학기술 발전 협약, 선택형 급식체계 도입, '타인의 모범 된 군인' 군무원 채용 등

도입

최근 아미타이거 기술 개발, 선택형 급식체계 개선, '타인의 모범 된 군인' 군무원 채용 등에 관한 기사를 읽었습니다. 그중 선택형 급식체계 개선 사항에 대해 말씀드리겠습니다.

직접작성

부연설명

• 국방부가 도입한 '선택형 급식체계'는 장병들에게 균형 있는 영양소를 공급하고 급식 만족도를 향상시키고자 1인당 1일 기본급식량을 폐지하고 선호를 고려하여 급식 품목 및 수량을 자율적으로 선택하여 장병들의 건강을 우선 시 한 급식체계라고 생각합니다.
• 장병들 뿐만 아니라 지역 농가와의 상생 협력 관계를 위해 농 · 축 · 수산물의 경우 '국내산 원칙'을 준수하고 '지역산 우선 구매'를 유지하기로 했습니다.

직접작성

군 관련 정책에 있어서 장병들의 건강과 지역 농가와의 상생에 대한 지속적인 관심과 관리가 필요할 것이라고 생각합니다.

직접작성

❗ 이런 말은 안 돼요

실제 국방부에 관한 이슈라고 할지라도 국방부에 대해 지나치게 비방하거나 부정적인 입장을 취해서는 안 된다.

참조

p.326 '현역 장교, 군사기밀 유출 시도'

20. 남북관계에 대한 본인의 생각을 말해보시오.

평소 남북관계에 대한 군무원으로서의 응시자의 생각을 알아보기 위한 질문이다.

남북통일, 평화, 우호적 관계, 유사시에 대한 대비, 방심 금물 등

① 긍정적인 입장

도입

저는 대화를 바탕으로 한 남북관계가 바람직하다고 생각합니다.

직접작성

부연설명

대립 및 긴장상태로 남북관계가 유지되는 것은 국민의 삶을 불안정하게 하고 나아가 '남북통일'이라는 목표에도 바람직하지 않다고 생각합니다.

직접작성

대화를 바탕으로 남북관계를 유지하는 것은 단순히 평화적인 분위기를 조성하는 데 그치는 것이 아니라 '남북통일'이라는 목표로 봤을 때 긍정적인 방향으로 진행될 가능성이 높기 때문입니다.

직접작성

② 부정적인 입장

도입

북한의 태도가 언제든 바뀔 수 있다는 것을 고려하면서 남북관계를 맺는 것이 중요하다고 생각합니다.

직접작성

부연설명

우호적인 남북관계가 계속 유지된다면 좋겠지만 이전에도 대화를 통해 평화적인 분위기가 조성되다가 북한의 일방적인 태도 변화나 예상 밖 행동으로 관계가 원점으로 돌아가는 일이 많았습니다.

직접작성

북한과의 관계에서 섣부른 판단은 금물이라고 생각합니다. 현재와 같은 입장을 이어나가더라도 갑작스런 북한의 일방적인 태도에 대비할 수 있어야 할 것입니다.

직접작성

! 이런 말은 안 돼요

무조건적으로 남북한 어느 한쪽의 입장을 옹호하거나 비방하는 태도는 바람직하지 않다.

+ 면접 플러스

면접 시점의 남북관계에 대한 본인의 의견을 밝히되 타당한 근거를 가지고 답변해야 한다.

21. 정부의 대북식량지원 추진에 대한 본인의 생각을 말해보시오.

면접관의 의도

평소 남북관계에 대한 응시자의 생각을 알아보기 위한 질문이다.

핵심 키워드

식량난, 인도적 차원, 세계화, 북한 정부의 무능 등

① 긍정적인 입장

도입

정부의 대북지원에 찬성합니다.

직접작성

부연설명

인도적 지원은 북한 정부가 아닌 북한 주민을 대상으로 지원하는 것이므로 정치와 인도적 차원의 문제는 분리하여 논의해야 합니다.

직접작성

아울러 세계화 시대에 굶주린 이웃들을 돕는 것은 특정 정치적 이유로부터 자유롭고 도의적이며 마땅한 행위라 생각합니다.

직접작성

② 부정적인 입장

도입

정부의 대북식량지원에 반대합니다.

직접작성

부연설명

북한의 식량난은 인정하나 그들의 식량난은 북한 정부 스스로에 있음을 인지해야 합니다. 식량으로 인민을 먹여야 하는데도 불구하고 핵 미사일을 개발하는 데 힘을 쓰고 있습니다. 핵개발을 하지 않으면 식량난을 해결할 수 있지만 그러지 않고 있습니다.

직접작성

북한 정부가 인민을 구제하려는 노력을 하지 않는 한 무조건 지원이 이루어지는 것은 옳지 못하다고 생각합니다.

직접작성

! 이런 말은 안 돼요

평소 본인의 입장을 밝히되 타당한 근거를 가지고 주장해야 한다. 정부 정책에 대한 무조건적인 비방은 피해야 한다.

+ 면접 플러스

정부가 대북식량지원 추진을 공식화하며 이에 따른 논란이 일고 있다. 북한의 단거리 미사일 추정체 발사에도 인도적 차원의 대북식량 지원이 필요하다는 입장을 재확인했다는 배경지식을 토대로 답변하는 것이 좋다.

22. 군무원의 이직률이 높은데 이유가 무엇이라고 생각합니까?

군무원이라는 직업에 대해 응시자가 객관적으로 인식하고 있는지와 더불어 직업관까지 알 수 있는 질문이다.

직무 이해 부족, 격오지 근무, 가족 · 친구 · 지인들과의 물리적 거리

도입

직무에 대한 이해 부족과 근무환경 때문이라고 생각합니다.

직접작성

부연설명

• 다양한 계급과 신분이 공존하는 군 부대 특성에 대한 이해 부족에서 오는 갈등이나, 격오지 근무에 대한 부담감 등이 있을 것입니다.
• 젊은이들의 경우 숙소문제 또는 격오지 근무로 인한 취미 · 문화활동 부재, 친구나 가족과의 만남에 대한 어려움 등이 이유로 작용할 수 있을 것입니다.

직접작성

그러나 자신의 노력을 통한 역량 발전 가능성, 주변의 다양한 시설 활용, 적절한 순환보직 기회를 활용한다면 이를 극복할 수 있다고 생각합니다.

직접작성

! 이런 말은 안 돼요

군무원의 이직률이 높은 이유에 대해 지나치게 공감·동의해서는 안 된다. 이직률이 높은 이유를 극복할 수 있다는 의지를 보여야 한다.

더 알아보기

군무원 인사관리 훈령 개정

국방부는 2022년 6월 군무원 인사관리 훈령을 개정했다. 앞으로 격오지나 접적지역에 근무하는 군무원들은 인사상 가점을 받게 된다. 또한 격오지에서 일정기간 이상 근무하면 도심 등 희망지역으로 우선 전보되도록 제도가 개선된다. 개정안에 의하면 군무원 격오지 근무 가점을 접적지역까지 확대 시행한다. 현재는 군무원이 격오지에 근무할 경우 1개월당 0.05점, 최대 2.5점을 받지만 훈령이 개정되면서 1개월당 0.2점으로 최대 5점을 받을 수 있으며, 접적지역 근무 가점도 신설되어 1개월당 0.1점, 최대 5점을 받을 수 있게 개정되었다. 또한, 격오지에서 2년 이상, 접적지역에서 3년 이상 근무할 경우 희망지역으로 우선 전보 및 인사 교류를 할 수 있도록 하는 내용도 개정안에 포함되었다.

CHAPTER 05 창의력, 의지력 및 발전 가능성

1. 임용된 후 직렬에서 하는 업무가 자신이 생각하는 업무가 아니라면 어떻게 하겠습니까?

면접관의 의도

응시자의 직업관과 업무에 대한 태도를 알아보기 위한 질문이다.

핵심 키워드

포기하지 않는 자세, 노력, 최선, 적성 개발, 조언 구하기

도입
처음부터 적성에 맞는 업무를 한다면 좋겠지만, 어떤 일이든 자신의 요구에 완전히 맞는 일은 없다고 생각합니다.

직접작성

- 업무에 익숙해질 때까지 관련 상세 프로세스를 차근히 익히겠습니다.
- 해당 직렬에 관해 경험이 풍부한 동료 및 상관에게 조언을 구하고 협업하여 꾸준히 업무수행 능력을 키우겠습니다.

직접작성

제가 생각한 업무가 아니라서 포기하기보다는 제 적성을 재발견할 수도 있는 기회라 생각하며 최선을 다해 일을 하겠습니다. 더 나아가 이 분야에서 최고가 되도록 노력하겠습니다.

직접작성

➕ **면접 플러스**

모든 일을 계획대로, 본인이 원하는 대로만 하면 좋겠지만 실상은 그렇지 않다. 하지만 이를 이유로 쉽게 포기하고 그만둔다는 생각을 하거나 당황하는 태도를 보여서는 안 된다.

2. 만약 합격하여 근무하게 되었는데, 타 지역으로 발령 난다면 어떻게 하겠습니까?

[면접관의 의도]

군무원에 대한 의지를 묻는 질문이다.

[핵심 키워드]

다양한 경험, 긍정적 태도, 각오, 적극적 자세

도입

군부대는 지방에 위치하는 경우가 많아 군무원을 준비할 때부터 근무지에 대해서는 중요하게 생각하지 않았고 어느 지역에서 근무하든 문제되지 않습니다.

직접작성

부연설명

- 다양한 환경에서의 생활은 다양한 경험의 기회라고 생각합니다.
- 지역이나 장소에 관계없이 맡은 업무에 더욱 충실하여 업무수행 능력을 향상시키도록 하겠습니다.

직접작성

변화된 환경에서도 배우고 발전하는 진취적인 인재로 거듭나기 위해 노력하겠습니다.

직접작성

➕ 면접 플러스

꼭 가고 싶은 지역이 있다거나, 그 지역이 아니면 안 된다는 입장은 좋지 않다. 군무원의 특성상 군부대에서 일하기 때문에 외곽 지역에서도 일할 수 있는데, 특정 지역만을 고집한다는 것은 군무원의 업무특성에 대한 이해가 부족하다는 인상을 줄 수 있다.

3. 자신을 사물에 비유해보시오. 그리고 그 이유를 말해보시오.

면접관의 의도

응시자 자신에 대한 분석과 성격을 묻는 질문이다.

핵심 키워드

응시자를 잘 표현할 수 있는 참신한 비유(신발, 보호, 도움)

도입

지금 제가 신고 있는 이 신발에 저를 비유하고 싶습니다.

직접작성

부연설명

- 더위나 추위에도 꿈쩍 않고, 비와 흙먼지를 막아 주며, 앞을 향해 힘차게 나아갈 수 있도록 도와주기 때문입니다.
- 신발은 발을 보호하는 역할을 하는 동시에 제가 가고자 하는 방향으로 전진할 수 있도록 도와주는 매개체라고 생각합니다.

직접작성

저는 신발과 같이 우리나라, 우리 군을 보호함과 동시에 어떠한 상황에서도 전진할 수 있게 도와주는 군무원이 되겠습니다.

직접작성

+ 면접 플러스

자신을 사물, 동물, 과일 등에 비유 해보라는 형태의 질문은 비교적 자주 등장한다. 때문에 너무 진부하거나 구태의연한 답변은 좋은 인상을 남기기 어렵다. 가능하다면 참신한 대상에 비유하는 것이 좋다.

4. 업무수행 중 실수를 하게 된 경우 어떻게 하시겠습니까?

응시자의 업무처리 능력을 확인하기 위한 질문이다.

시정, 인정, 해결방법 모색, 조언, 대안 제시, 책임감

도입

우선 빨리 그리고 효과적으로 제가 한 실수를 시정하겠습니다.

직접작성

부연설명

• 실수의 심각성 정도를 판단하여 해결방법을 찾아 상사나 동료에게 조언을 구하겠습니다.
• 여러 가지 해결책을 제시할 수 있도록 대안을 마련하여 이 문제를 해결하고, 향후 재발하지 않
도록 주의하겠습니다.

직접작성

자신의 잘못을 인정하고, 그 잘못을 바로잡기 위해 노력하는 것이야말로 어떤 경우에 있어서든 가장 책임감 있는 행동이라고 생각하기 때문입니다.

직접작성

❗ **이런 말은 안 돼요**

자신의 실수를 아무도 모른다면 실수를 숨기겠다는 답변은 지양해야 한다.

➕ **면접 플러스**

사람이라면 누구나 실수를 할 수 있다. 다만, 실수에 대처하는 태도가 중요하므로 어떤 태도를 취할지 구체적으로 답변하는 것이 좋다.

5. 나이가 어린 상급자와 어떻게 생활하겠습니까?

면접관의 의도
응시자의 사회성과 조직관계 적합성을 알아보는 질문이다. 실제로 조직에서 많이 일어나는 일이기 때문에 응시자가 사회생활을 원만하게 할 수 있는지를 확인하는 질문이다.

핵심 키워드
상하관계, 위계질서, 공적 업무, 배려, 존중

도입

나이 어린 상급자와 생활하는 것은 저에게 전혀 문제가 되지 않습니다.

직접작성

부연설명

• 나이의 많고 적음과 직장에서의 상하관계는 별개의 것이라고 생각합니다.
• 사적인 요소와 공적인 업무는 구분되어야 한다고 생각합니다.

직접작성

맺음말

업무상 상급자의 지시를 충실히 따를 것이며, 오히려 나이 어린 상급자가 연장자인 저와의 관계를 불편해 하지 않도록 더욱 조심하고 배려하도록 하겠습니다.

```
직접작성



```

⚠ 이런 말은 안 돼요

직급보다 나이를 중요하게 생각한다는 답변은 하지 않는 것이 좋다.

6. 사회인과 학생의 차이는 무엇이라고 생각합니까?

면접관의 의도

사회인으로서의 각오를 묻기 위한 질문이다.

핵심 키워드

책임감, 전문가, 금전적 보상, 의무, 독립심, 가치관

도입

기본적으로 '책임감'의 차이라고 생각합니다.

직접작성

부연설명

• '사회인＝목표를 구체적으로 실천해나가는 사람', '학생＝목표를 세우고, 준비하는 사람'와 같은 견해도 있다고 생각합니다.
• 돈으로 비유하자면 '사회인＝돈을 벌고 그만한 결과를 내야하는 사람', '학생＝돈을 쓰고 배움을 얻는 사람'의 차이라고 생각합니다.

직접작성

저는 다시 태어날 각오를 하고 진정한 사회인, 군무원이 되고자 지원했습니다. 이제부터 군무원으로서 저의 책임을 다하기 위해 일의 전문가로 거듭나겠습니다.

직접작성

＋ 면접 플러스

면접시간에 늦게 온다거나 농담이 지나친 응시자들을 좋게 보지 않는 면접관이 일부러 이런 질문을 하기도 한다. 절도 있게 자신의 의견을 밝히는 것이 좋다.

7. 20년 후 군무원으로서의 자신의 모습을 말해보시오.

면접관의 의도

응시자의 구체적인 비전을 알아보기 위한 질문이다.

핵심 키워드

군무원이 된 자신의 이상적인 미래상

도입

제 직렬분야에서 최고 실력자(기능장) 또는 고위직책을 수행하는 담당관이 되어 있을 것이라고 생각합니다.

직접작성

부연설명

• 단계별 계획을 수립하고, 매년 스스로의 성과 및 성취 여부를 확인하여 수정 · 보완하겠습니다.
• 미흡한 분야는 관련 전문지식을 익히고, 달성한 부분에 있어서도 더 좋은 발전 방향을 찾아 반영할 수 있도록 노력하겠습니다.

직접작성

직무능력개발을 위해 자기개발 등 꾸준한 노력으로 제 분야에서 최고의 군무원이 되겠습니다.

직접작성

➕ 면접 플러스

구체적으로 미래를 생각하고 있다는 인상을 주는 것이 중요하므로 추상적인 내용으로 답변하는 것은 좋지 않다. 해당 직무와 관련하여 자신의 전공이나 입직(入職) 전 경력 혹은 특기, 입직 후 직무 커리큘럼과 연결지어 구체적으로 제시하는 것이 좋다.

8. 본인의 창의력을 발휘한 경험을 말해보시오.

응시자의 업무처리 태도를 알아보기 위한 질문이다.

창의력을 통해 무언가를 개선했던 구체적 경험

도입

대학교 2학년 여름방학 때, 국회의원 사무실에서 의원님의 명함을 지역구민들께 나눠드리며 의원님을 알리는 일을 한 적이 있습니다.

직접작성

부연설명

• 명함 앞면에 작은 글씨로 빼곡하게 차 있는 의원님과 관련된 정보 및 약력사항들을 친근감 있는 사진으로 대체하여 주목성을 높였습니다.
• 의원님의 인간적인 면모가 돋보일 수 있는 활동과 관련된 사진으로 교체하여 시민들에게 친근한 이미지를 전해드렸습니다.

직접작성

지역 구민들이 후보자를 좀 더 친근하게 느끼고, 쉽게 기억할 수 있을 것 같아서 제안을 했던 것이 이미지 개선의 좋은 결과로 이어졌습니다.

직접작성

⊕ 면접 플러스

면접관이 기대하는 대답은 거창한 독창성이 아닌 기존의 것을 개선하는 업무수행 과정에서의 창의성이다. 군(軍)의 업무는 동일한 업무가 반복되는 경우가 많기 때문에 문제되는 부분을 효율적으로 개선하여 시간과 인력, 비용 낭비를 줄이는 인재가 필요하므로 이는 중요한 평가요소이다.

9. 여성이라고 남성 직원이 업무에 협조하지 않는다면 어떻게 하겠습니까?

면접관의 의도

대인관계와 문제해결 능력 및 사회성을 평가하기 위한 질문이다.

핵심 키워드

대화, 원만한 대응, 정중 · 단호한 태도, 항의, 시정 요구, 공론화

도입

대응방식에 단계를 두고 업무 협조 요청을 제시하겠습니다.

직접작성

부연설명

• 먼저 부드러운 분위기 속에서 서로의 입장을 밝히고 긍정적인 방향으로 해결할 수 있도록 노력하겠습니다.
• 경우에 따라 도저히 해결이 안 된다면 공식 창구를 통해 합리적으로 시정을 요청하겠습니다.

직접작성

상대의 성별과 상관없이 업무는 서로 협조하며 진행해야 한다고 생각합니다. 따라서 저는 사적인 감정을 배제하고, 그 남성 직원과도 협력하여 업무를 잘 처리하고자 노력하겠습니다.

직접작성

➕ **면접 플러스**

이러한 마찰은 일단 직접적이지만 유연한 대화로 푸는 것이 원칙이다. 무조건적으로 항의를 하거나 공식 창구에 말하겠다고 하는 것은 좋지 않다. 대화를 나누어 본 후 다시 정중하게 항의하도록 한다. 높은 강도의 항의도 받아들여지지 않을 때는 공식 창구를 이용하는 것이 좋다. 따라서 비협조적인 남성 직원과 직접 대화를 해서 자신의 입장을 밝히고, 다시는 그런 일이 생기지 않게끔 서로의 접점을 찾기 위해 노력하겠다는 대답이 가장 무난하다.

10. 병사와 함께 훈련하게 될 텐데 괜찮습니까?

면접관의 의도
응시자의 진정성을 알아보기 위한 질문이다.

핵심 키워드

준공무원 신분, 부대 소속, 조직의 구성원, 팀워크

도입

군무원도 부대장이나 상급자의 명령에 따라 필요하다고 판단될 때나 유사시에 대비해 반드시 병사(兵士)와 같은 조건에서 훈련을 받아야 합니다.

직접작성

부연설명

- 군무원들도 부대에 소속되어 군 사무를 보는 준공무원 신분이므로 부대장의 명령에 따라 훈련에 임해야 합니다.
- 조직 구성원으로서의 팀워크를 고려하여 병사들과의 훈련도 기꺼이 즐거운 마음으로 이행하겠습니다.

직접작성

동료 또는 조직의 파트너로서 임무수행 완수를 위해 노력하며, 때로는 형 또는 누나의 입장에서 격려해 준다면 병사들은 더욱 열심히 훈련에 임하여 군 생활을 성공적으로 마치고 전역할 것이라고 생각합니다.

직접작성

➕ 면접 플러스

군무원은 군인 신분이 아닌 준공무원의 신분으로, 군인이 아닌데 왜 병사와 함께 훈련에 임해야 하는지 모르겠다는 식의 답변은 옳지 않다. 이 경우 업무수행 과정에서의 정당한 훈련은 당연히 받아야 하는 것이므로 진실된 마음으로 받되, 어차피 군인이 아닌 만큼 병사와의 관계 설정에 있어서 위계적 질서가 아닌 배려와 이해의 인간적 질서를 중시하겠다고 말하는 것이 좋다.

11. 본인의 업무가 끝났는데, 다른 동료들의 업무가 많다면 어떻게 하겠습니까?

공동체 의식, 팀워크, 협력에 대한 태도를 알아보기 위한 질문이다.

협동, 공동체 의식, 유대감, 협력, 도움

도입

다른 동료들에게 도움을 줄 부분이 있다면 기꺼이 도와주겠습니다.

직접작성

부연설명

직렬 또는 업무 분야가 다르더라도 작은 일부터 돕는다면 서로에게 힘이 되어 줄 수 있다고 생각합니다. 서로 돕는 방식으로 상대의 부담이나 업무 과중을 덜어 줌으로써 공동체의 유대감을 강화하고 업무 마무리도 앞당길 수 있습니다.

직접작성

업무가 지연되면 조직 전체의 직무 수행에 문제가 될 수도 있으므로 서로 협동하여 최대한 빠르고 완벽하게 수행하는 것이 좋다고 생각합니다. 따라서 일손이 빌 때 마땅히 동료를 도와주겠습니다.

직접작성

① 이런 말은 안 돼요

본인의 업무만 처리하면 된다는 식의 발언은 주의해야 한다. 협동심을 가지고 동료를 도와 업무를 처리하겠다는 공동체 의식을 보여주는 것이 중요하다.

12. 조직 내 세대 갈등을 줄일 수 있는 방안은 무엇이라고 생각합니까?

면접관의 의도

세대 갈등은 피할 수 없는 문제로, 응시자가 세대 차이를 어떻게 이해하며 유연하게 공직생활에 적응할 수 있는지 묻는 질문이다.

핵심 키워드

세대 갈등, 인정, 존중, 이해, 배려

도입

모든 조직은 공통된 목표를 가지고 있지만, 구성원들의 서로 다른 가치관을 이해하지 못하는 데에서 세대 갈등이 발생한다고 생각합니다.

직접작성

부연설명

세대 갈등은 서로 다른 시대를 살아온 다양한 세대의 구성원이 모여 하나의 조직을 이루다 보니 필연적으로 발생하는 문제이므로 다양한 부분에서 세대 간에 차이가 있음을 인정하는 것이 매우 중요합니다.

직접작성

따라서 세대 갈등이 특정 세대의 문제라고 주장하기보다는 서로의 가치관은 다르지만 조직의 목표를 이루기 위해 일을 대하는 마음과 열정은 같음을 인정하고 모든 세대를 존중하며 이해하는 조직문화를 만들어야 합니다.

직접작성

➕ 면접 플러스

사람은 절대 혼자 살아갈 수 없으므로 조직 내의 융화를 위해 세대 갈등을 유연하게 해결해야 한다고 답하는 것이 좋다. 하지만 업무에서 발생하는 갈등은 경험이 많은 상급자의 의견에 따르는 것도 좋다.

13. 본인이 하는 업무와 관련하여 외부인이 고위공무원과의 친분관계를 언급하며 요구사항을 말하면 어떻게 하겠습니까?

응시자의 청렴도와 가치관과 더불어 응시자의 대처능력을 알아보는 질문이다.

거절, 거부, 청렴, 공무수행, 사적 이익과 거리두기

도입

만약 저에게 이러한 청탁이 들어오면 정중하게 거절하면서 업무의 절차와 방법을 알려주어 업무가 정상적으로 진행되어야 함을 외부인에게 잘 설명하도록 하겠습니다.

직접작성

부연설명

• 공무원의 기본요건 중의 하나는 바로 청렴이기 때문입니다.
• 군무원은 공직자로서의 청렴함을 바탕으로 공무를 수행해야 할 의무가 있습니다.

직접작성

군무원으로서 제가 수행할 일은 개인적인 업무가 아니라 국가안보를 위한 일이므로 개인의 이익이나 감정에 사로잡혀 업무를 처리하면 안 된다고 생각합니다.

직접작성

⚠ 이런 말은 안 돼요

공직자의 비리 논란이 끊이지 않는 만큼, 계급상 우위에 있는 고위공무원 또는 친분관계가 있는 사람의 말이라면 들어주어야 한다는 식의 답변을 하면 안 되고, 누구보다 청렴하게 업무를 수행하겠다는 소신을 밝혀야 한다.

더 알아보기

공직자 청렴가이드

공직에는 기본적으로 사회 구성원들에게 득과 실을 가져다 줄 수 있는 크고 작은 권한이 부여되어 있어, 항상 부패의 유혹이 뒤따르게 마련이다. 부패로부터 자신을 보호하는 일은 타고난 개인적 양심을 스스로 고취하는 것만으로 해낼 수 있는 일이 아니므로 철저히 자신의 부패 가능성을 점검하고, 관련 규정과 절차를 숙지하며 부패의 기회로부터 자신을 단절시키는 생활 습관을 가져야 한다.

업무 처리 시	• 첫 이권 청탁을 단호히 거절할 것 • 공직의 자긍심을 수시로 상기하면서 매사에 당당함을 견지할 것 • 취직 부탁에 관한 한 처음 단계부터 단호히 거절할 것 • 청탁을 해오는 상대방에 대해 무안하지 않게 거절하는 방법을 연습할 것 • 자신이 하고 있는 일을 제3자가 투명하게 들여다볼 수 있도록 일하는 습관을 들일 것 • 민원인을 만날 때에는 반드시 남들이 보는 공개된 장소에서 만나는 습관을 들일 것
신규 공직자	• 자신에게 어떤 재량권이 주어져 있는지를 구체적으로 확인할 것(불명확 시 상관, 동료에게 문의하여 명백히 할 것) • 직장 생활 중 느끼는 사소한 윤리적 불편함이라도 침묵하거나 망설이지 말고 기관장 또는 상관, 국민권익위원회에 즉시 의견을 개진할 것
중견 공직자	• 부패와 관련된 법규들을 다 안다 자만하지 말고, 정기적으로 점검하여 최근 제·개정된 사항을 놓치지 말 것 • 소속 직원들에게 늘 부패 문제에 관한 자극을 주고, 자기 스스로도 부패에 대한 경계심을 늦추지 않도록 할 것

14. 상급자로부터 감당하기 어려운 정도의 업무를 요구받았을 때 어떻게 하겠습니까?

면접관의 의도

응시자의 의지, 도전정신, 문제접근방법, 대인관계 등을 묻는 질문이다.

핵심 키워드

선배 및 동료에게 도움 요청, 경험자에게 도움 요청, 전문성 함양, 노력, 믿음

도입

상급자의 판단을 믿고 업무를 진행해 보겠습니다. 주변 사람들에게 도움을 요청하고 협조를 구하는 방법으로 업무를 해결하도록 하겠습니다.

직접작성

부연설명

• 경험이 많은 상사의 입장에서는 합리적인 업무 요구였을 것이므로 해내도록 노력하겠습니다.
• 먼저 일을 도와줄 수 있는 경험 있는 선배와 동료 직원에게 도움을 청하겠습니다. 만약 직장 내에 그런 직원이 없다면, 타 조직에 근무하는 경험 있는 동료들에게 협조를 요청하겠습니다.

직접작성

시간이 부족하면 야근 등을 통해서 업무를 수행하도록 하겠습니다. 또한, 맡은 업무를 잘 감당할 수 있도록 강한 정신력과 체력단련, 직무분야 전문지식을 함양하기 위해 적극적으로 노력할 것입니다.

직접작성

＋ 면접 플러스

어려운 업무는 할 수 없다거나, 쉬운 업무만 하고 싶다는 답변은 삼가야 한다. 업무를 진행하면서 항상 하고 싶은 업무만 할 수는 없기 때문이다.

극복 방안으로 호흡이 잘 맞는 동료나 경험 많은 선배에게 도움을 요청하거나, 누군가의 조언을 구하여 시간 내에 일을 해내겠다는 의지를 보이면 신뢰감을 주어 좋은 점수를 얻을 수 있다.

15. 해야 할 직무가 강인한 체력이 요구되는데, 체력에는 자신 있습니까?

군무원으로 근무 시 정신력 못지않게 중요한 것이 체력이다. 응시자의 준비성, 의지, 평소 체력 등을 묻는 질문이다.

강인한 체력, 자신감, 의지, 구체적 일화

도입

어릴 때부터 운동을 습관화하여 기초체력은 누구보다 자신이 있습니다.

직접작성

부연설명

- 고등학교 때는 반대표 계주선수에 발탁되기도 하였고, 마라톤 시합에 나가기도 하였습니다.
- 예전에 처음으로 서서 근무하는 일을 했을 때, 초반에는 체력적으로 버거웠지만 차츰 체력이 향상되었던 경험이 있습니다.

직접작성

이처럼 저는 체력에 자신이 있으며, 더 나아가 인내심을 갖고 하는 일에도 자신이 있습니다.

직접작성

면접 플러스

쉽게 지치는 편이며 운동에는 별로 소질이 없다고 말하는 것은 지양해야 한다. 만약 체력에 자신이 없다면 체력을 키우겠다는 말을 함께 하는 것이 효과적이다.

예의, 품행, 준법성, 도덕성 및 성실성

1. '좋은 게 좋은 것 아닌가'라는 태도에 대해 어떻게 생각합니까?

면접관의 의도

삶의 가치관과 태도를 알아보기 위한 질문이다.

핵심 키워드

철학의 부재, 기회주의, 적당주의, 처세술, 사회 원칙 확립

도입

'좋은 게 좋은 것 아니냐'라는 태도는 기본 철학이 부재하고 기회주의와 적당주의가 만연한 사회 분위기를 반영하고 있습니다.

직접작성

부연설명

'좋은 게 좋은 것 아니냐'라는 태도가 일반적인 사회에서는 원리와 원칙으로 옳고 그름을 판단하는 사람들을 '꽉 막힌 사람'이나 '뭘 몰라도 한참 모르는 사람'으로 몰기 십상입니다. 이런 사회에서 사람들은 남의 눈에 띄는 행동을 하거나 시비가 될 만한 말을 되도록 삼가고 남들이 하는 대로 하는 처세술에 익숙해집니다.

직접작성

직접작성

➕ 면접 플러스

가치 판단을 묻는 문제는 판단의 정확성과 그에 따른 주장의 논리성을 평가한다. 그러므로 무조건 자신의 가치
관이 옳다는 식으로 단정적으로 말해서는 안 되며 설득력 있게 내용을 전개해야 한다.

2. 휴일에는 주로 무엇을 하는가?

(면접관의 의도)

성격이 외향적인지, 내향적인지, 인간관계는 어떤지 등을 묻는 질문이다.

(핵심 키워드)

응시자가 평소 여가시간을 보내는 방법, 스트레스 관리법, 업무 효율

도입

대학동문으로 구성된 농구팀에 소속되어 일요일마다 항상 연습하며 땀을 흘리고 있습니다.

직접작성

부연설명

- 적당한 운동은 몸과 마음의 스트레스 해소와 기초체력 관리에 도움이 되기 때문입니다.
- 함께 운동하면서 다른 분야에서 사회생활을 하는 친구들의 조언과 경험을 공유할 수 있어서 좋습니다.

직접작성

업무에 지장이 되지 않을 정도의 운동으로 체력도 기르고, 스트레스도 해소하여 업무 효율을 높일 수 있을 것입니다.

직접작성

❗ 이런 말은 안 돼요

솔직하게 답변하되, 아무것도 하지 않고 시간을 보낸다는 식의 답변은 비생산적이고 무계획적이라는 인상을 줄 수 있으므로 피하는 것이 좋다.

3. 휴일근무나 늦은 퇴근에 대하여 어떻게 생각합니까?

면접관의 의도

응시자의 업무에 대한 적극적인 자세, 각오 등을 알아보기 위한 질문이다.

핵심 키워드

적극성, 효율성, 적절한 휴식의 중요성, 의지

도입

업무상 불가피하다면 당연히 시간 외 근무를 하여야 할 것입니다.

직접작성

부연설명

• 향후 업무일정을 고려하여 경우에 따라 시간 외 근무를 할 수도 있습니다.
• 퇴근 후 충분한 휴식을 취하는 것 역시 업무 효율성 향상 또는 새로운 아이디어 발상에 도움이
될 것이라고 생각합니다.

직접작성

따라서 가급적이면 근무시간 내에 일을 마무리하여 시간 외 근무나 휴일근무가 없도록 하겠습니다.

직접작성

➕ 면접 플러스

업무 외 시간은 사생활이므로 절대 근무할 수 없다는 입장을 고수해서는 안 된다. 다만, 가급적 근무시간 내에 일을 마무리하여 시간 외 근무나 휴일근무가 없도록 하겠다는 의지 표명이 중요하다.

4. 리더십이 무엇이라 생각하십니까?

직장생활을 하면서 리더의 역할이 주어질 수도 있고, 상관의 리더십을 경험할 수도 있다. 이때 응시자의 리더
관을 알아보는 질문이다.

응시자가 평소 생각하는 리더의 역량(업무능력, 경험, 존경, 올바른 방향, 추진력, 신뢰, 열정)

도입

'리더십은 능력과 경험에서 나온다.'라고 생각합니다.

직접작성

부연설명

• 공동체 내의 구성원들을 아우르고 협업을 통해 시너지를 낼 수 있는 방향으로 이끄는 것이 리
더십의 중요한 요건이라고 생각합니다.
• 뛰어난 논리력과 추진력으로 많은 후배들의 존경을 받고 있는 선배에게서 깊은 인상을 받았습
니다.

직접작성

결국 능력과 경험을 바탕으로 업무를 올바른 방향으로 추진한다면, 동료들이 믿고 따라올 것이라 생각합니다.

직접작성

➕ 면접 플러스

자신이 생각하는 리더십이란 어떤 것인지 평소 자신의 경험을 예로들어 구체적으로 답변하는 것이 좋다.

5. 업무 중 의견 충돌이 생길 경우 어떻게 해결하겠습니까?

응시자가 타인의 의견을 얼마나 받아들일 수 있는지 확인하는 질문이다.

대화, 경청, 의사소통, 유연한 태도, 상호이해, 존중, 배려, 융통성

도입

업무를 처리하다 보면 여러 가지 현안에 대해 서로 의견 충돌이 있을 수 있습니다.

직접작성

부연설명

자신의 의견만이 유일한 해법이라는 생각을 버리고 다양한 견해를 경청하는 습관을 기르겠습니다. 다양한 가치를 가진 문제에 대한 정답은 없으므로 더 나은 대안을 찾기 위한 조율과 모색이 필요하다고 생각합니다.

직접작성

맺음말

서로의 다름을 이해하고 존중하며 더 나은 해결방안을 찾아가는 노력이 필요하다고 생각합니다.

직접작성

➕ 면접 플러스

자신의 의견이 항상 맞지 않을 수도 있다는 사실을 인정하고, 본인의 의견만 내세우거나 고집부리는 태도를 보이지 않도록 한다. 이러한 모습은 면접관에게 다른 동료들과 어울리기 힘든 사람이라는 인상을 심어줄 수 있다.

6. 친구와 후배들이 상담을 많이 해오는 편입니까, 아니면 본인이 상담을 많이 하는 편입니까?

응시자의 평소의 성격과 대인관계를 알아볼 수 있는 질문이다.

조언, 대안 제시, 진솔함, 친근함, 문제해결, 의지 등

도입

저는 후배들에게 상담을 많이 해주는 선배였던 것 같습니다.

직접작성

부연설명

• 평소 후배들에게 진학이나 진로문제에 대한 상담을 곧잘 해주었습니다.
• 상담할 때에는 당사자가 생각하지 못했던 부분을 한번 더 생각할 수 있는 조언을 하는 정도로 상담하였습니다.

직접작성

상담을 해주는 동안 저 역시도 새로운 것들을 깨닫고 배울 수 있었습니다.

직접작성

➕ 면접 플러스

단순히 상담을 많이 해준다고 하는 것보다는 구체적으로 어떤 대안을 마련해 주었는지 답변하는 것이 좋다.

7. 학창시절 가장 인상 깊게 남았던 일은 무엇입니까?

학창시절 인상적인 체험을 통해 응시자가 성장한 계기를 알아보기 위한 질문이다.

응시자가 학창시절 경험을 통해 느꼈던 점

도입

개인적으로 소설 '토지'의 배경이 되는 경남 하동으로 농촌 봉사활동을 갔던 일이 가장 기억에 남습니다.

직접작성

부연설명

- 낮에는 들에서 일한 후 저녁에는 토론하고, 다음 날 새벽 일찍 산 정상까지 오르기도 했습니다.
- 훌륭한 문학작품은 문학으로 그치지 않고 실생활 속에 살아 숨 쉰다는 것을 느꼈던 귀중한 체험이었습니다.

직접작성

꿈꾸던 곳에 직접 가볼 수 있었던 경험이었고, 산 정상에 오른 성취감으로 다른 일에도 과감히
도전할 수 있는 자신감을 얻었습니다.

직접작성

＋ 면접 플러스

다른 사람들도 다 흔하게 경험할 수 있는 일은 답변하지 않는 것이 좋다. 경험한 것이 많지 않아서 흔하게 경험
한 내용으로 답변할 수 밖에 없다면, 그 경험을 통해 느꼈던 점이나 교훈을 함께 설명하는 것이 좋다.

8. 최근에 가장 기뻤던 일은 무엇입니까?

삶의 가치관과 태도를 알아보기 위한 질문이다.

응시자의 진술한 경험

도입

작년 추계 리그에서 저희 축구부가 결승에서 졌을 때, 시합에는 출전하지 못했던 후배가 함께 울어준 것입니다.

직접작성

부연설명

• 연습을 많이 했고, 경기 결과가 아쉬운 점수차였기 때문에 경기를 뛰었던 사람들 모두 아쉬워했습니다.
• 결승 경기의 승패여부와 관계없이 동료들과 단합된 마음으로 치른 경기 과정 자체가 매우 뜻깊었습니다.

직접작성

평소 좀처럼 말을 듣지 않던 후배가 이만큼 단결심을 갖게 된 것을 보고, 저는 비록 시합에는 졌지만 함께 울고 웃을 수 있는 동지애를 느낄 수 있었습니다.

직접작성

⊕ 면접 플러스

단순히 사건에서 그치는 것이 아니라, 거기에서 어떤 기쁨과 가치관을 얻었는가를 말할 수 있어야 한다. 사건에 맞는 교훈을 잘 설명하는 것이 중요하다.

9. 최근에 가장 화가 났던 일은 무엇입니까?

면접관의 의도

응시자가 부정적인 감정에 어떻게 반응하는지를 알아보는 질문이다.

핵심 키워드

응시자가 부정적인 감정에 대처한 방법

도입

제 자신에게 화가 났던 일인데, 전철을 타고 가다가 종점까지 가게 되었던 일입니다.

직접작성

부연설명

- 집에 돌아올 교통편을 찾지 못하던 중 결국 지나가는 차를 잡아 타고 다행히 귀가할 수 있었습니다.
- 늦은 시간이었지만 친한 친구에게 전화를 걸어 전후 사정을 이야기했고, 데리러 와준 친구의 도움으로 안전하게 귀가할 수 있었습니다.

직접작성

그 경험을 통해 누군가에게 부탁하는 것을 어려워하던 제가 무언가를 부탁하는 요령과 배짱을 얻었습니다. 더불어 누군가의 친절함과 도움에 마음이 따뜻해졌던 기억으로 남아 있습니다.

직접작성

+ 면접 플러스

화가 났었지만 그 안에서 극복할 수 있는 내용을 설명해야 한다. 사례에서 다른 사람의 탓으로 돌려 화가 났다거나, 욱 하는 성격처럼 보이는 내용이 있는지 확인하고 답변을 잘 정리해야 할 것이다.

10. 주변사람들이 본인을 어떻게 생각하는지 말해보시오.

면접관의 의도
응시자에 대한 주변사람들의 평가를 묻는 질문이다.

핵심 키워드
주변사람들의 평가(진취적)와 그 근거, 개선을 위한 노력

도입

저는 자라면서 밝고 진취적이라는 말을 많이 들었습니다.

직접작성

부연설명

• 중학교 시절에는 핸드볼 선수로 활동했는데 팀이 지고 있을 때도 항상 파이팅을 외치며 친구들을 독려했습니다.
• 대학교 시절 학과 내 소동아리를 결성하여 수차례 우수 디자인 공모전에 도전한 끝에 결국 수상할 수 있었습니다.

직접작성

이러한 성격으로 고등학교와 대학교에서도 많은 친구를 사귈 수 있었으며, 원만한 대인관계를 유지할 수 있었습니다.

직접작성

면접 플러스

주변 사람들에게 들었던 부정적인 단어들을 직접적으로 나열하면 안 된다. 부정적인 말을 들을 수는 있겠지만 들었던 내용을 전달하는 것이 아니라 이를 극복할 수 있는 방안이나 극복했던 경험을 설명하는 데 초점을 맞춰야 한다.

11. 첫인상이 중요하다고 봅니까, 아니면 그 다음이 중요하다고 봅니까?

면접관의 의도

응시자의 대인관계 태도에 대해 알아보는 질문이다.

핵심 키워드

첫인상에 대한 응시자의 소견

도입

사람관계에서 첫인상은 무척 중요한 부분을 차지하지만, 그보다는 그 다음의 모습이 더 중요하다고 생각합니다.

직접작성

부연설명

- 첫인상이 좋은 경우 설령 그 사람이 실수를 하더라도 선의로 받아넘기는 경우가 많습니다.
- 첫인상이 좋지 못한 경우 괜한 오해가 생기기도 합니다.

직접작성

하지만 진실한 인간관계는 첫인상보다는 그 이후 그 사람의 진솔한 행위에서 형성되는 것이라고 봅니다. 흔히 겉만 번지르르한 사람이라는 말처럼 첫인상은 좋았으나 그 뒤의 행동에 실망하는 경우도 많기 때문입니다.

직접작성

➕ 면접 플러스

응시자는 첫 만남의 중요성을 잘 알고 있다는 것을 전달하는 동시에 이후 태도의 중요성을 역설해야 한다. 또한 그에 대한 자신의 대처 방안을 구체적으로 설명해야 한다. 이때 단순히 '자신 있다'거나 '잘한다'가 아니라 설득력 있는 일화를 들어 이야기하는 것이 더욱 효과적이다.

12. 평소 처음 만난 사람과 잘 어울립니까?

대인관계를 어떤 식으로 하는지를 알아보기 위한 질문이다.

응시자의 사교 성향

도입

저는 쾌활한 성격이라 그런지 처음 만난 사람과도 스스럼없이 금방 친해지는 편입니다. 사람들도 저를 편안하게 생각하는 것 같습니다.

직접작성

부연설명

• 제가 사람을 사로잡을 수 있는 특별한 화술이나 매력을 가지고 있다는 것은 아니지만 상대방과의 공통된 화제를 찾으려고 노력합니다.
• 제 스스로가 스포츠나 영화, 컴퓨터 등 다양한 분야에 관심이 있는 것도 대인관계에 있어서 큰 도움이 되었습니다.

직접작성

사회생활에서는 학창시절보다 필연적으로 훨씬 다양한 부류의 사람들을 만나게 되므로 그에 걸 맞게 사람을 만나는 데도 다양한 방식이 필요하다고 생각합니다. 따라서 저는 더욱 적극적인 자세로 사람들을 만날 준비가 되어 있습니다.

직접작성

! 이런 말은 안 돼요

사람들과 친해지지 못해 대화를 나누지 않는다거나, 말을 걸어줄 때까지 기다린다는 식의 답변은 면접관에게 수동적인 이미지를 남길 수 있기 때문에 적절하지 않다.

13. 살면서 좌절했던 경험을 말해보시오.

(면접관의 의도)

어떤 방법으로 좌절을 극복했는지 알아보기 위한 질문이다.

(핵심 키워드)

구체적인 극복 방안, 현실적인 노력, 교훈

도입

의류 판매 아르바이트를 시작했을 때 옷이 전혀 팔리지 않아서 지점장에게 야단을 맞은 일입니다.

직접작성

부연설명

• 아르바이트를 하는 동안 돈을 버는 것에 대한 엄중함을 느꼈습니다.
• 차츰 업무에 익숙해지면서 손님을 대하는 노하우도 익히고 꽤 성과도 올렸습니다.

직접작성

처음 하는 업무에 조급함부터 느끼기보다는 업무를 차근히 파악하여 방향성을 찾는다면 결국은 좋은 결과를 가져올 것이라는 교훈을 얻었습니다.

직접작성

➕ 면접 플러스

좌절한 경험에서 끝나지 않고 이를 극복한 방법이나 교훈을 같이 말해야 한다.

14. 살면서 열정을 다해 노력한 경험에 대해 말해보시오.

면접관의 의도
어떤 일에 최선을 다했는지 확인해 보는 내용이다.

핵심 키워드
응시자의 구체적 노력 사례

도입

진부할 수 있지만, 군무원 시험을 준비한 수험생 시절이 제가 살면서 가장 노력한 순간이라 생각합니다.

직접작성

부연설명

• 필기시험에 합격한 다음에도 면접시험을 준비하기 위해 스터디, 세미나 등 다양한 모임에 참여했습니다.
• 면접시험을 준비하면서도 지원한 직렬 분야에 관한 전문지식을 쌓고 체력관리도 소홀히 하지 않았습니다.

직접작성

맺음말

이처럼 단 하나의 목표를 바라보고 노력해온 지난 2년여간의 수험생활은 앞으로도 제게 큰 도움이 될 것입니다.

직접작성

➕ **면접 플러스**

본인의 경험을 바탕으로 노력한 사례를 설명해야 한다. 특별한 사례 없이 노력한 일만 나열한다면 면접관은 어떤 부분을 노력했다고 말한 것인지 파악하기 힘들 수 있다.

15. 가장 친한 친구에 대해서 말해보시오(친구관계에 대하여 말해보시오).

면접관의 의도

응시자의 교우관계를 통해 대인관계를 어떤 방식으로 하는지 확인하는 질문이다.

핵심 키워드

응시자의 교우관계

① 폭넓은 교우관계

도입

중학교와 고등학교를 같이 다닌 친구가 한 명 있는데, 그 친구와 제일 친합니다. 대학교 시절에는 같은 과 친구들과 두루 어울렸고, 아르바이트를 통해 만난 친구들은 일을 그만둔 후에도 지금까지 친하게 지내고 있습니다.

직접작성

부연설명

• 저는 활달하고 원만한 성격의 소유자로 주위에 많은 친구가 있습니다.
• 남의 얘기를 잘 들어주는 편이기 때문에 친구들이 고민을 털어놓고 같이 상의하는 편입니다.

직접작성

그래서인지 많은 친구들과 친하게 지내며 우정을 유지하고 있으며 형제처럼 마음을 터놓을 수 있는 친구가 많다는 것이 무척 행복하고 자랑스럽습니다.

직접작성

② 깊이 있는 교우관계

도입

저는 어려서부터 한 동네에서 자라 온 친구 한 명과 아주 친합니다.

직접작성

부연설명

• 그 친구와는 오랜 세월을 친하게 지내왔기 때문에 서로 속마음도 터놓는 사이입니다.
• 그 친구는 항상 탐구하는 자세로 사건의 흐름을 본질부터 파악해내는 데 비해, 저는 행동하면서 생각하고 조금 성격이 급한 편입니다.

직접작성

저의 모자란 점을 잘 보완해주는 장점이 많은 친구입니다. 그 친구를 통해 저는 친구란 나 자신을 모두 비춰줄 수 있는, 속까지 보여주는 거울과도 같은 존재임을 깨달았습니다.

직접작성

❗ 이런 말은 안 돼요

친한 친구와 싸워서 더 이상 만나지 않는다거나 친구가 한 명도 없다와 같이 대인관계가 나쁘다는 인상을 줄 수 있는 답변은 피하는 것이 좋다.

16. 군인들이 본인을 따돌린다면 어떻게 하겠습니까?

면접관의 의도

업무 중 문제가 생겼을 때 어떤 방식으로 해결해 나갈 것인지 알아보는 질문이다.

핵심 키워드

책임감, 직무수행, 업무수행, 솔선수범, 대화, 적극적 참여, 의사소통

도입

따돌림은 잘못된 것이지만, 이와 별개로 저는 주어진 업무를 꾸준하게 하며 업무에 지장이 없도록 할 것입니다.

직접작성

부연설명

• 제게 주어진 책임과 임무를 다하며 솔선수범을 통해 말보다 행동으로 저의 진심을 보여주겠습니다.
• 함께 근무하는 군인들에게 도움이 될 만한 저의 직렬 관련 전문지식을 습득하고 발휘하면서 묵묵히 노력하겠습니다.

직접작성

이처럼 조직 활동에 적극적으로 참여하고 꾸준히 직무수행에 성심을 다한다면, 차차 따돌림을 당하는 상황이 완화될 수 있을 것이라고 생각합니다.

직접작성

! 이런 말은 안 돼요

군인들에게 복수하겠다는 발언이나, 직접 일을 해결하지 않고 상관에만 보고하여 처분이 내려지기를 기다리겠다는 답변은 좋지 않다. 본인이 처한 상황을 다른 사람의 처분에 맡기는 것은 주도적으로 보이지 않는다.

17. 군무원이 비리에 연루되는 이유가 무엇이라고 생각합니까?

면접관의 의도

응시자의 직업관과 더불어 공직자로서의 도덕성 및 청렴성을 알아보는 질문이다.

핵심 키워드

물질만능주의, 부정부패, 부도덕, 불신, 낮은 임금체계, 성과에 대한 보상 부족

도입

조금씩 개선되고는 있지만 아직까지는 비현실적이라고 할 수 있는 임금체계와 승진제도가 가장 큰 원인이라고 생각합니다.

직접작성

부연설명

• '돈이면 다 된다.'라는 잘못된 의식과 뇌물수수의 관행과 같은 우리 사회에 만연해 있는 물질만 능주의가 문제점이라고 생각합니다.
• 군·공무원을 불신하는 사회적 분위기도 군무원 비리 유발에 한몫을 하고 있다고 생각합니다.

직접작성

맺음말

군무원 비리를 근절하기 위해서는 군무원 개개인의 도덕성과 투명성 고취를 위한 노력과 동시에 이를 뒷받침할 수 있는 사회적·제도적인 개선이 필요합니다.

직접작성

❗ 이런 말은 안 돼요

비리에 연루되는 것을 대수롭지 않게 여기거나, 보수가 적기 때문에 어쩔 수 없다는 식의 말은 삼가야 한다.

▌ 참조

p.323 「이해충돌방지법」

18. 대인관계에서 중요하다고 생각하는 것이 무엇인지 말해보시오.

면접관의 의도

응시자의 대인관계 태도, 가치관을 묻는 질문이다.

핵심 키워드

진심, 긍정성, 개방성, 진솔함

도입

상대방의 장점을 보기 위해 노력하며, 진심에서 우러나오는 칭찬을 아끼지 않는 것이 가장 중요하다고 생각합니다.

직접작성

부연설명

- 칭찬을 통해 서로의 긍정적인 모습을 확인할 수 있을 것입니다.
- 서로의 다양한 모습들 속에서도 함께 발전하는 관계로 더욱 친밀한 관계를 유지할 수 있을 것이라고 생각합니다.

직접작성

맺음말

함께 성장하는 과정 속에서 본인과 상대방의 장점을 더욱 발전시키는 동시에, 이를 통해 소속된 조직 내에서의 긍정적 기여도 기대할 수 있을 것입니다.

직접작성

❗ 이런 말은 안 돼요

물질적인 것을 중요하게 본다는 말은 삼가야 한다. 사람의 됨됨이가 아닌 외적이고 물질적인 것을 본다는 답변은 면접관에게 부정적인 이미지를 심어줄 수 있다.

19. 간부와 병사들과의 관계는 무엇이라고 생각합니까?

면접관의 의도

군무원으로서 군인에 대한 응시자의 태도를 알아보기 위한 질문이다.

핵심 키워드

상호 존중과 배려, 존경, 신뢰, 조직 구성원

도입

간부는 상호 존중과 배려로, 병사는 존경과 신뢰로 서로 조화롭게 근무해야 한다고 생각합니다.

직접작성

부연설명

- 병사는 상급자(간부 포함)에게 존경과 예의의 표현으로 경례를 해야 합니다.
- 군에서 하급자는 상급자에게 반드시 경례를 통해 예의를 표해야 하지만 부득이한 경우 경례를 하지 못했다고 해서 징계를 하는 것은 좀 과한 측면도 있다고 생각합니다.

직접작성

맺음말

조직 속에는 간부와 병사가 적절하게 구성되어 있고 모두 팀을 이루고 있기에 간부는 리더 또는 관리자로서의 역할을 담당하고 병사는 행동으로 실행합니다. 역할은 다르지만 모두 군대에서 꼭 필요한 존재라는 것을 잊지 말아야 합니다.

직접작성

❗ **이런 말은 안 돼요**

간부와 병사 간의 계급체계를 인정하되, 상급자의 지나친 계급의식이나 무조건적인 복종 요구에 긍정해서는 안 된다.

20. 상급자가 부당한 지시나 명령을 내린다면 어떻게 하겠습니까?

면접관의 의도

일종의 딜레마 면접으로, 응시자의 도덕성과 문제해결능력을 평가하기 위한 질문이다.

핵심 키워드

합리적 수용, 타당한 의견 제시, 무조건적인 복종 지양

① 업무상 부당한 명령

도입

법적으로나 회사 내규에 문제가 없는지 판단하여 제 의견을 논리적이고 예의에 어긋나지 않게 말씀드린 후 다시 상급자의 의견을 경청하겠습니다.

직접작성

부연설명

군무원도 준군인의 신분으로서 상급자의 명령에 복종해야 할 의무가 있으므로 지시에 따르려고 노력하겠지만, 도무지 납득이 안 되는 부당한 지시사항의 경우 무조건 상급자의 의견을 따르는 것이 바람직한 일은 아니라고 생각합니다.

직접작성

따라서 상급자와 시간을 갖고 심도 있게 이야기를 나누어 청렴한 대안을 찾아 보겠습니다.

직접작성

② 부당한 정치적 활동 요구

상급자의 의견을 긍정적으로 받아들이는 자세가 필요하겠지만, 그 요구가 부당하거나 상급자의 판단이 잘못되었다고 생각될 경우에는 정중하게 제 의견을 말씀드리겠습니다.

직접작성

근무가 모두 끝난 후에 개인 면담을 신청하여 상급자와의 정치적 의견 차이를 좁히고 양해를 구하기 위한 저의 견해를 조심스럽게 말씀드리겠습니다.

직접작성

상급자의 부당한 지시나 명령이 있을 때는 공개적인 장소가 아닌, 적당한 시간과 장소를 물색하여 상급자의 지시에 대한 저의 생각을 정중히 말씀드리고 상급자에게 이해를 구하거나, 상급자를 설득하는 것이 좋을 것 같습니다.

> 직접작성

● 면접 플러스

계급상의 문제로 상급자의 지시에 무조건 복종하겠다는 답변은 위험하다. 그러나 상급자와의 관계도 중요하기 때문에 어떻게 해결할 것인지 합리적인 해결방안을 제시할 필요가 있다.

█ 더 알아보기

공무원의 신분과 정치적 중립

• 의의: '공무원은 국민 전체에 대한 봉사자이며, 국민에 대하여 책임을 진다'고 규정하고 있고(「헌법」 제7조 제1항), '공무원의 신분과 정치적 중립성은 법률이 정하는 바에 의하여 보장된다'고 규정하고 있다(「헌법」 제7조 제2항).

• 세부 금지사항(「공직선거법」 제86조 제1항)

 – 소속 직원 또는 선거구민에게 교육 기타 명목 여하를 불문하고 특정 정당이나 후보자(후보자가 되고자 하는 자를 포함한다)의 업적 홍보 행위

 – 지위를 이용하여 선거운동의 기획에 참여하거나 그 기획의 실시에 관여하는 행위

 – 정당 또는 후보자에 대한 선거권자의 지지도를 조사하거나 이를 발표하는 행위

 – 선거기간 중 국가 또는 지방자치단체의 예산으로 시행하는 사업 중 즉시 공사를 진행하지 아니할 사업의 기공식을 거행하는 행위

 – 선거기간 중 정상적 업무 외의 출장을 하는 행위

 – 선거기간 중 휴가 기간에 그 업무와 관련된 기관이나 시설을 방문하는 행위

21. 과도한 업무로 스트레스를 받았을 때 어떻게 하겠습니까?

면접관의 의도

스트레스로 인해 몸이 안 좋아지는 경우가 많기 때문에, 응시자의 자기관리 차원에서 응시자가 스트레스를 어떻게 관리하는지를 알아보는 질문이다.

핵심 키워드

적극적인 자기관리 차원의 건강한 스트레스 해소 방법 제시(운동, 숙면, 노래, 춤, 수다, 취미생활)

도입

조직 생활에서 스트레스는 피할 수 없습니다. 업무가 과다할 때는 제게 부족한 것이 무엇인지 살펴보고 좀 더 도전적 · 적극적인 마음가짐으로 업무를 수행하여 스트레스를 줄일 수 있도록 노력할 것입니다.

직접작성

부연설명

• 저는 해야 할 일을 제때에 하지 않고 미루어 두면 스트레스를 많이 받는 편이라서, 늘 계획성 있게 시간을 보내려고 합니다.
• 스트레스를 받을 경우에는 온몸이 땀에 흠뻑 젖을 정도로 운동하고 숙면을 취함으로써 스트레스를 이겨낼 수 있다고 생각합니다.

직접작성

적당한 운동과 숙면으로 스트레스를 해소하고 건강한 신체와 정신으로 업무에 임할 수 있도록
하겠습니다.

직접작성

스트레스를 풀기 위해 음주를 한다거나 음식으로 푼다는 등의 건강에 좋지 않은 스트레스 해소 방안을 제시하
는 것은 피해야 한다.

22. 알아듣게 말을 해도 지시에 따르지 않고, 똑같은 잘못을 하는 부하가 있다면 어떻게 조치하겠습니까?

면접관의 의도
응시자의 리더십을 알아보는 질문이다.

핵심 키워드
부하의 성향 파악, 칭찬, 자신감 부여, 면담, 조언, 교육, 동참, 동기부여

도입

부하의 성향을 파악하고 어떤 방법으로 일을 지시해야 하는지 생각해 볼 것입니다.

직접작성

부연설명

• 부하가 일을 원래 잘 못하는지, 성격에는 어떤 특징이 있는지 등을 먼저 확인해 보겠습니다.
• 개인면담을 통해 부하가 잘할 수 있는 일을 찾아 자신감을 가질 수 있도록 도와주겠습니다.

직접작성

모든 문제가 부하에게만 있다고 생각하지 않고 제 모습도 함께 돌아보며 잘 이끌어 나가야 할 것입니다.

직접작성

➕ 면접 플러스

강압적인 태도로 부하직원을 압박해 지시를 따르도록 하겠다거나 방치하겠다는 식의 답변은 좋지 않다. 리더십 있는 모습으로 통솔해야 하지만, 강하게 나가는 것보다 부드러운 리더의 모습을 보여주는 것 또한 중요하다.

23. 면접 5분 전 면접장 앞에서 신호대기에 걸렸을 경우 신호를 위반할 것인지 말해 보시오.

면접관의 의도

공직자의 준법정신을 알아보기 위한 질문이다.

핵심 키워드

준법, 계획, 미리 대비, 노력, 결과, 성과, 장기적 관점, 발전

도입

면접에 늦더라도 신호를 지킬 것입니다.

직접작성

부연설명

• 순간의 위기를 모면하기 위해 위법행위를 저지르는 것보다는 공직자로서의 준법정신을 지키는 것이 더 좋을 것이라고 생각합니다.
• 면접 날에는 교통 정체나 사고 등 예측 불가능한 일이 발생할 수 있으므로 30분 전에 면접 장소에 도착하겠습니다.

직접작성

과정에 충실하다 보면 좋은 결과는 따라올 것이며, 비록 좋은 결과를 얻지 못한다고 해도 과정에서의 노력이 있었으므로 다음 기회에 좋은 결과를 기대할 수 있습니다.

직접작성

❗ 이런 말은 안 돼요

막연하게 법이니까 지켜야 한다고 말하는 것은 너무 추상적이므로, '과정'의 정당성이 담보되지 않는 '결과'는 장기적으로 조직의 발전에 도움이 되지 않는다는 식의 답변을 구체적으로 하여야 한다.

24. 군대는 군무원·병사·간부 등 다양한 조직이 어우러져 일하는 곳이라 갈등이나 마찰이 많이 발생하는데 군무원으로서 함께 일하는 군 간부와의 마찰이 있을 시 어떻게 해결할 것인가?

면접관의 의도

군무원은 준군인 신분으로서 군대에서 군인과 함께 일하는 특수한 상황에 놓여 있다. 따라서 응시자가 임용 후 조직 구성원들과 조화롭게 어울릴 수 있는지를 알아보는 질문이다.

핵심 키워드

대화, 협력, 상호이해, 공동의 노력, 양보, 타협, 의사소통, 중재

도입

군대는 추구하는 목표가 같음에도 불구하고 신분, 업무의 범위, 통제 등으로 인해 종종 갈등이 발생합니다. 이를 해결하기 위해서는 갈등 당사자 간 서로 협력하여 공동의 노력으로 적절한 방법을 찾는 것이 바람직합니다.

직접작성

부연설명

• 엇갈리는 의견에 대해 서로 조금씩 양보하면서 타협점을 찾아 갈등을 해결하겠습니다.
• 타협점을 찾는 과정에서 갈등이 해소되지 않는다면 상급자에게 보고하여 중재를 요청하겠습니다.

직접작성

상급자의 합리적 지시를 통해 갈등과 마찰의 원인을 제거한다면 군 간부도 수긍할 것이라 믿습니다. 이후 군 간부를 만나 화해와 협력 의사를 밝힌다면 갈등을 무난히 극복할 수 있으리라 생각합니다.

직접작성

! **이런 말은 안 돼요**

군 간부와 대립하여 갈등을 심화시키거나 당사자 간에 아무런 노력도 하지 않고 바로 상급자에게 보고하는 식으로 문제를 해결하겠다는 답변을 해서는 안 된다.

25. 조직 생활에서 필요한 것은 무엇이라고 생각하는가?

조직 구성원으로서 응시자가 사회생활을 잘할 수 있는 역량이 있는지를 알아보는 질문이다.

의사소통능력, 화합, 조화, 시너지, 문제해결능력, 공통의 목표, 성실, 신뢰, 배려

도입

조직 구성원 간의 의사소통과 화합이라고 생각합니다.

직접작성

부연설명

- 조직의 목표달성을 위한 가장 좋은 방법은 의사소통을 통해 문제점을 하나씩 차근차근 해결해 나가는 것이라고 생각합니다.
- 다양한 신분과 계급, 직책이 유기적으로 잘 결합될 때 최고의 조직이 유지될 수 있습니다.

직접작성

다양한 신분과 계급, 직책을 가진 구성원들과 업무수행을 하다 보면 서로 다른 의견이 나올 수 있습니다. 자신에게만 유리한 방향으로 의견을 주장하기보다는 의사소통과 화합을 통해 조직의 이익에 부합되는 방향으로 문제를 해결하여 조직의 목표달성에 집중하여야 한다고 생각합니다.

직접작성

! 이런 말은 안 돼요

조직 생활에 필요하다고 생각하는 요소를 타당한 근거를 가지고 답변하되, 지나치게 개인주의적인 답변은 피하는 것이 좋다.

인생의 실패는 성공이 얼마나 가까이
있는지도 모르고 포기했을 때 생긴다.

– 토마스 에디슨 –

꼭 알고 가야 하는 상식

CHAPTER 01 국방혁신 4.0

01 국방혁신 4.0 기본 개념

1. 의의

(1) 국방혁신 4.0은 북한의 핵 · 미사일과 같은 고도화된 위협에 대한 대응능력을 강화함으로써 대북 억제를 달성하며, 미래전에서 승리할 수 있는 전투형 강군으로 거듭나기 위하여 AI · 무인 · 로봇 등 4차 산업혁명 과학기술을 기반으로 경쟁우위의 AI 과학기술 강군을 육성하는 것이다.

(2) "4.0"의 의미
　① 4차 산업혁명 첨단과학기술의 적용을 상징
　② 국방의 획기적 변화를 위한 4번째 계획

2. 필요성

(1) 미래에 직면할 우리 국방의 도전에 대한 대비
　① 국제정세의 불확실성 증대
　② 미 · 중을 비롯한 군사선진국들은 첨단기술을 전략화하여 기술을 배타적으로 통제하는 가운데 군사혁신 경쟁을 치열하게 전개
　③ 동북아 역내 불안정성 심화
　④ 북한의 미사일, 화생무기, 사이버 등 비대칭 전력의 증가
　⑤ 지능형 전쟁으로 전환될 미래전에 대한 대비
　⑥ 2차 인구절벽으로 인한 병력자원 부족 심화

(2) 기존 개혁방식은 미래 국방환경 극복에 한계가 있음

(3) 국방의 혁신적 변화를 위해 새로운 접근 방법이 요구됨

3. 국방개혁 2.0 vs 국방혁신 4.0

비교	국방개혁 2.0	국방혁신 4.0
위협인식	남북관계 개선에 따라 북한 위협의 점진적 감소	북한 핵 · 미사일 위협 고도화 · 현실화
주안	양 · 규모 축소 중점 ※ 상비병력 및 부대수 감축 등	질적 향상 추구 ※ 유 · 무인 복합전투체계 등 첨단전력 확보
범위	국방 전 분야	첨단과학기술 관련 핵심 분야
추진관점	단기적	중 · 장기적

---

02 국방혁신 4.0 구성 및 추진계획

1. 구성

국방혁신 4.0 기본계획은 AI 과학기술강군 육성이라는 목표를 위해 5대 중점과 16개 과제로 구성되어 있다.

〈5대 중점 16개 과제〉

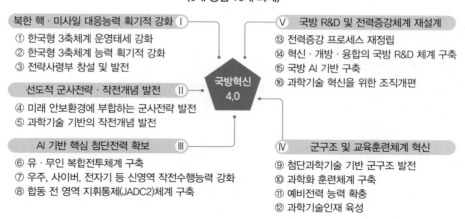

북한 핵 · 미사일 대응능력 획기적 강화 Ⅰ
① 한국형 3축체계 운영태세 강화
② 한국형 3축체계 능력 획기적 강화
③ 전략사령부 창설 및 발전

선도적 군사전략 · 작전개념 발전 Ⅱ
④ 미래 안보환경에 부합하는 군사전략 발전
⑤ 과학기술 기반의 작전개념 발전

AI 기반 핵심 첨단전력 확보 Ⅲ
⑥ 유 · 무인 복합전투체계 구축
⑦ 우주, 사이버, 전자기 등 신영역 작전수행능력 강화
⑧ 합동 전 영역 지휘통제(JADC2)체계 구축

국방혁신 4.0

Ⅴ 국방 R&D 및 전력증강체계 재설계
⑬ 전력증강 프로세스 재정립
⑭ 혁신 · 개방 · 융합의 국방 R&D 체계 구축
⑮ 국방 AI 기반 구축
⑯ 과학기술 혁신을 위한 조직개편

Ⅳ 군구조 및 교육훈련체계 혁신
⑨ 첨단과학기술 기반 군구조 발전
⑩ 과학화 훈련체계 구축
⑪ 예비전력 능력 확충
⑫ 과학기술인재 육성

※ 출처: 본 저작물은 공공누리 제1유형에 따라 대한민국 국방부(www.mnd.go.kr)의 공공저작물을 이용하였습니다.

2. 추진계획

(1) 북한 핵·미사일 대응능력 획기적 강화

① 한국형 3축체계 운영태세 강화

- 북한 핵·미사일 위협에 단호하게 대응할 수 있도록 과학기술 발전에 따른 현「한국형 3축체계」의 운영개념과 작전수행체계를 발전
- 킬웹(Kill Web) 개념을 적용하여 북한의 핵·미사일 체계를 발사 전·후 교란 및 파괴할 수 있도록 작전개념을 발전
- 북한 핵·미사일 대응을 위한 한미 연합연습 및 훈련 확대
- 핵·미사일, 우주, 사이버, 전자기스펙트럼 등 분야별 전문인력 양성

② 한국형 3축체계 능력 획기적 강화

- 북한의 핵심표적과 북한 종심지역 등에 대한 감시·정찰능력 확대
- 킬체인(Kill Chain): 북한의 고정 및 이동표적에 대한 정밀타격능력 강화, 사이버 전자기와 같은 비물리적 타격수단 확대
- 한국형 미사일방어(KAMD): 적의 미사일 조기 탐지능력 확보, 복합·다층화된 요격능력 확보
- 한국형 대량응징보복(KMPR): 북한의 전쟁지도부와 핵심시설에 대해 대량응징보복이 가능하도록 고위력·초정밀 미사일 개발·확보, 종심 침투능력 강화

③ 전략사령부 창설 및 발전

- 우주, 사이버, 전자기 등 다양한 영역에 대한 전략적 능력 향상을 위해 2024년까지 전략사령부 창설
- 우리 군의 전략자산 통합운용능력 향상

(2) 선도적 군사전략·작전개념 발전

① 미래 안보환경에 부합하는 군사전략 발전

- 북한 및 주변국 위협과 첨단기술 발전 등의 전략환경 재평가
- 미래 전쟁양상을 고려하여 첨단과학기술을 활용한 군사전략 발전

② 과학기술 기반의 작전개념 발전

- 유·무인복합전투체계와 신개념 무기체계의 효율적 운용을 보장하는 작전개념으로 발전
- GP, GOP, 해안, 해상, 군항, 기지에 대해 AI 기술을 활용하여 유·무인 복합 경계작전으로 전환

(3) AI 기반 핵심 첨단전략 확보

① 유·무인 복합전투체계 구축

- AI 유·무인 전투체계를 "1단계 원격통제형 중심 → 2단계 반자율형 시범 → 3단계 반자율형 확산/자율형 전환"으로 단계적 구축
- 무인체계를 효율적으로 전력화하기 위해 네트워크 연동·표준 및 보안·암호체계, 드론 통합관제체계 구축

② 우주, 사이버, 전자기 등 신영역 작전수행능력 강화

- 우주 영역
  - 국방우주전략·작전개념 발전 및 우주전력 중·장기적 확보 추진
  - 합동 우주작전을 기반으로 한 우주조직 발전 및 대내·외 협력 추진
- 사이버 영역
  - 사이버작전 수행체계 정립 및 계획·지침 발전과 정책·전략서 발간
  - 지능화·고도화된 사이버전력 구출
- 전자기스펙트럼작전 수행 개념 발전 및 전략 구축
  - 전자기스펙트럼 전략 및 작전개념 발전
  - 전자기스펙트럼 무기체계 개발 및 조직편성

③ 합동 전 영역 지휘통제(JADC2)체계 구축: 미래 전장에서 전영역 통합작전을 최적으로 구현할 수 있는 AI 기반의 차세대 지휘통제체계 구축

(4) 군구조 및 교육훈련체계 혁신

① 첨단과학기술 기반 군구조 발전

- 지휘구조: 미래 연합·합동 작전 지휘에 적합한 구조로 발전
- 부대구조: 작전사령부급 이하는 AI 기반 유·무인 복합전투체계 중심으로 재설계
- 병력구조: 적정 수준의 상비병력 규모 판단 및 확보 방식 검토
- 전력구조: High-Low Mix 개념의 구조 재설계

② 과학화 훈련체계 구축: 전술·전기 연마와 장비기능 숙달을 위한 가상모의 훈련체계 및 과학화 훈련장 구축

③ 예비전력 능력 확충: 미래 전장환경에 부합하는 예비군 부대구조, 장비·물자, 과학화 훈련체계 등 근본적 변화 추구

④ 과학기술인재 육성: 국방과학기술 전문인력 육성 및 장병들의 과학기술 역량 강화

(5) 국방 R&D 및 전력증강체계 재설계

① 전력증강 프로세스 재정립
- 신속 · 효율적 국방획득체계 구축
- 각 군 맞춤형 연구개발사업 신설 등 획득정책 다변화
- 국방부 정책기능 강화 및 거버넌스 구축

② 혁신 · 개방 · 융합의 국방 R&D 체계 구축
- 한국형 DIU(국방혁신단) 신설 등 군 · 산 · 학 · 연이 유기적으로 연계된 국방 R&D 체계로 발전
- 한미 국방과학기술협력 협의체 설치 및 운영
- 2027년까지 국방 R&D 예산 확대(국방비의 10% 이상)

③ 국방 AI 기반 구축
- 국방 AI관련 법적 · 제도적 기반 마련
- 2024년 국방 AI센터 창설 및 고성능 AI인프라 구축

④ 과학기술 혁신을 위한 조직개편
- 국방부 주도의 국방과학기술 및 R&D 전략 · 계획 수립
- '국방과학기술기반의 국방혁신을 주도하는 조직' 신설
- 국방부 · 합참 · 방사청 획득관련 조직 개편 및 기능 조정

---

03 국방혁신 4.0 추진기조 및 기대효과

1. 추진기조

(1) 본질적 변화가 필요한 핵심 분야 위주로 추진

① 북한 핵 · 미사일 위협 대응능력 확보

② 첨단과학기술 전투체계와 이를 뒷받침하는 기반 구축

(2) 야전 제대에서 실제 체감할 수 있는 발전적 변화 추구

① 군 전반에 변화를 확산시킬 수 있는 분야에 집중

예 GP/GOP 경계체계, 해안 경계체계 등

② 현장 중심의 군사력 증강

(3) 법률, 제도, 조직 등 혁신

(4) 지휘구조, 병력구조 등은 공감 · 합의 · 검증을 통해 안정적으로 추진

(5) **국방혁신 4.0은 단계적으로 추진**

① 1단계: 혁신기반 구축

② 2단계: 혁신성과 가시화

③ 3단계: 혁신성과 가속화

2. 기대효과

(1) **국방차원**

① **위협대응**: 북한 핵 · 미사일 위협 대응 · 억제능력과 미래 전장에서의 작전수행능력을 획기적으로 보강

② **병역자원 문제 해결**: 첨단과학기술 기반 유 · 무인체계 중심의 병력 절감형 군구조로 전환하여 병역자원 부족문제 해결

③ **작전효율 확대**: AI 기반의 무인 · 로봇전투체계 구축을 통하여 전투능력은 극대화하면서 전시 인명피해는 최소화

(2) **국가차원**

① **인적자원 활용**: 국방과학기술에서 양성된 전문인력은 4차 산업혁명과 연계된 민간의 기술 · 인력 · 역량을 제고시켜 국가 수요에 충족

② **국가산업 확대**: 민간 첨단과학기술과 융합한 국방과학기술이 국가 발전의 새로운 성장동력으로 확장

CHAPTER 02 최신 이슈 & 상식

01   2023 국방·안보 10대 뉴스

※ 국방일보(kookbang.dema.mil.kr)에서는 매년 12월 말에 올해 국방·안보 분야의 10대 뉴스를 선정하여 게시하고 있으니 해당 홈페이지에서 반드시 확인하시기 바랍니다.

정전협정·한미동맹 70주년

2023년은 '한반도 정전협정'이 체결된 지 70주년이 되는 해다. 정전협정은 1953년 7월 27일 국제연합군 총사령관과 북한군 최고사령관 및 중공인민지원군 사령원 사이에 맺은 한국 군사정전에 관한 협정으로, 6·25전쟁이 일시 중단된 정전 상태에서 무력 충돌을 방지하는 핵심 장치다. 이러한 정전협정 체결 70주년을 맞아 국방부는 10월 개정·발간한 『정신전력교육 기본교재』를 통해 한반도 정전체제의 불안정성을 고조시키는 북한의 위협 행보에 대한 올바른 이해가 장병의 정신전력 확립에 필수임을 강조했다. 또한 11월에 개최한 '한국·유엔사회원국 국방장관회의'에서 유엔군사령부의 정전협정 관리·유지 임무가 한반도 평화 유지를 뒷받침해 왔다고 평가하며, 협력·연대 강화 의지를 밝혔다.

2023년은 1953년 10월 상호방위조약 체결로 한미동맹이 출범한 지 70주년이 되는 해이기도 하다. 한미동맹은 6·25 전쟁 이후 한국의 안전 보장을 위해 한미상호방위조약을 기초로 하여 대한민국과 미국 사이에 체결한 동맹으로 한반도 평화와 안전을 위한 제도적 장치로서 성공적인 동맹이라는 평가를 받고 있다. 이를 기념하기 위해 정상회담에서는 글로벌 포괄적 전략동맹, 인도·태평양 전역에서의 협력 확대, 양자 협력 강화 등 동맹의 미래 70년을 향한 3대 노력선을 천명했다. 국방 당국 차원에서는 한미 연합전력의 막강한 화력·기동력을 과시한 '연합·합동 화력격멸훈련'을 대표적으로 '행동'을 통해 '힘에 의한 평화'를 구현하는 데 중점을 뒀다.

방산 수출

국방부의 임시 집계에 따르면 2023년 방산 수출계약 체결액이 130억 달러(약 16조9000억원)~140억 달러(약 18조2000억원)를 기록할 전망이다. 이는 당초 목표였던 200억 달러에 미치지 못했으며 역대 최대 규모인 2022년의 173억 달러와 비교해서 다소 감소한 수치다. 그러나 2022년에 이어 2년 연속으로 글로벌 상위 10위권의 방산 수출국에 진입했으며, 특히 수출 대상국과 무기체계의 다변화로 방산 수출 강국의 입지를 구축했다는 점에 의의가 있다.

방산 수출 대상국은 2022년의 4개국이었던 반면 2023년에는 동남아·중동·유럽 지역 12개 국가로 증가했다. 이 중 2022년 전체 방산 수출액의 약 72%를 차지했던 폴란드의 경우, 2023년에는 K2 전차 수출의 2차 이행계약 협상이 지연되면서 30% 수준으로 비중이 축소되었으나 이에 따라 우리 정부는 현지화 계획을 적극적으로 반영하여 2차 이행계약 체결에 주력할 방침이다.

수출하는 무기체계 역시 2022년의 6개에서 12개로 늘었다. 말레이시아·에스토니아·필리핀을 상대로 각각 FA-50 전투기 18대, K9 자주포 12문, 연안경비함 탑재용 전투체계와 전술 데이터 링크 공급 등의 수출계약을 체결하는 데 성공했다. 호주와는 레드백 장갑차 129대의 수출계약을 체결하는 한편 2023년 10월 윤석열 대통령이 사우디아라비아 국빈 방문에서 대규모 방산 협력을 논의한 것으로 알려져 천궁-II 등 대공방어체계와 같은 화력 무기의 수출도 기대되고 있는 상황이다.

'국방혁신 4.0 기본계획' 발표

국방부는 2023년 3월 3일 '국방혁신 4.0 기본계획'을 통해 "제2의 창군 수준으로 국방태세 전반을 재설계하겠다"는 뜻을 밝혔다. '국방혁신 4.0 기본계획'은 '국방개혁에 관한 법률'을 근거로 작성된 국방기획체계의 기획문서로서 '국방개혁 2.0 기본계획'을 대체하는 위상을 지닌다. 해당 계획의 내용은 첨단 과학기술을 활용한 혁신을 추진한다는 것으로, 미래 국방의 제반 도전을 극복하는 강군 육성의 의지가 투영됐다.

이러한 의지에 따라 국방혁신 4.0 기본계획은 '인공지능(AI) 과학기술 강군 육성'을 목표로 제시했다. 실현 방법으로 북 핵·미사일 대응능력의 획기적 강화, 군사전략·작전개념의 선도적 발전, AI 기반 핵심 첨단전력 확보, 군구조·교육훈련체계 혁신, 국방 R&D 및 전력증강 체계 재설계 등 5대 추진 중점과 그에 따른 16개 혁신과제를 구체화했다. 2040년까지의 추진 내용을 망라한 것이다.

기본계획의 추진 기조는 다음과 같다. 첫째, 본질적 변화가 필요한 핵심 분야 혁신에 집중한다. 둘째, 야전 제대에서 체감할 수 있는 발전적 변화를 추진한다. 셋째, 법률·제도·조직의 혁신을 통한 추진 동력을 담보한다. 넷째, 공감·합의·검증을 통한 군구조 재설계를 안정적으로 추진한다. 이러한 추진 기조를 바탕으로 국방부는 혁신 기반 구축, 혁신 성과 가시화, 혁신 성과 가속화 등 3단계 로드맵에 따라 국방혁신 4.0을 추진할 예정이다.

확장억제 실행력 강화

2023년 4월 한미동맹 70주년을 기념한 정상회담에서 미국의 확장억제 강화방안을 담은 '워싱턴 선언'을 채택했다. 해당 선언은 미국이 비핵 동맹국과 정상 차원에서 확장억제에 대해 적시한 최초의 문서이자 미국 대통령이 문서·발언을 통해 직접 확장억제 공약을 확인한 최초의 사례이다. 양국은 이 자리에서 한국에 대한 미국의 확장억제 수단에 핵을 포함한 미국 역량을 총동원하여 지원한다는 점을 명시했으며 한반도 핵 유사시에 대비하도록 연합방위태세를 강화하겠다는 의지를 다졌다.

이러한 한미 워싱턴 선언에 따라 핵 확장억제에 관한 상설협의체인 핵협의그룹(NCG)이 설립됐다. 양국은 NCG를 통해 "확장억제를 강화하고, 전략 기획을 토의하며, 비확산체제에 대한 북한의 위협을 관리하겠다"고 밝혔다. 아울러 한반도 핵 유사시 기획에 대한 공동의 접근을 강화하기 위해 '범정부 도상 시뮬레이션'을 도입하기로 합의했다.

7월 서울에서 개최된 NCG 출범 회의에서 양국은 확장억제 실행력 강화의 구체적 방안을 협의했다. 그 결과 12월의 NCG 2차 회의에서 보안 및 정보공유 절차, 위기 및 전시 핵 협의 절차, 핵 및 전략 기획, 한미의 재래식·핵 통합, 전략적 메시지 발신, 위험감소 조치 등 제반 측면에서 동맹 공조가 굳건해졌다고 평가했다.

을지 자유의 방패 (UFS)

2023년 후반기 한미 연합연습인 '을지 자유의 방패(UFS)'가 성공적으로 마무리됐다. 우선 우리 군은 위기관리연습을 통해 북한 도발 시 초기 대응과 한미 공동 위기관리 절차를 숙달했다. 이어진 1부 연습에서 한미는 전시체제 전환과 북한군 공격 격퇴 및 수도권 방어에 주안점을 둔 정부·군사 연습을 통합 시행하면서 국가 총력전 수행체계를 점검했다. 군 단독으로 진행한 2부 연습에서는 수도권의 안전을 확보하기 위한 역공격·반격작전 능력 점검에 주력했다.

이번 연합연습의 성과는 다음과 같다. 첫째, 고도화된 북한의 핵·미사일 능력으로 한반도가 단기간 내 전쟁상태로 전환될 가능성을 고려한 실전적 시나리오의 전구급 시뮬레이션 훈련인 '연합지휘소 훈련(CPX)'을 도입했다. 또한 전년 대비 대폭 확대된 30여 건의 야외

기동훈련(FTX)을 CPX와 연계함으로써 실전적 훈련의 목적을 달성했다. 둘째, 민·관·군·경 등 한미 양국의 가용한 역량을 일원화된 지휘체계로 결집하면서 북한의 전방위적 공격을 격퇴하는 통합방위력 구축을 점검·숙달했다. 기반 시설과 군 기지 피해를 가정한 연합·합동 피해복구훈련도 진행됐다. 적 공격에 따른 피해 최소화와 신속한 복구 능력을 점검할 필요성 때문이다. 셋째, 유엔사 총 17개 회원국 중 10개국이 참여하면서 한미 연합 연습에 대한 국제적 지지를 담보했다.

건군 75주년 국군의 날 행사

2023년은 1948년 대한민국 정부 수립에 따라 국군이 정식 편성된 지 75주년이 되는 해다. 이를 기념하기 위한 건군 75주년 국군의 날 행사가 9월 26일 개최됐다. 행사는 '강한 국군, 튼튼한 안보, 힘에 의한 평화'라는 주제로 서울공항에서의 기념행사와 숭례문에서 광화문 일대까지의 시가행진으로 구성됐다. 기념행사에는 장병과 가족, 예비역, 보훈단체, 국민 등 1만여 명이 참석했다.

기념행사 중 워리어플랫폼을 착용한 보병대대의 분열은 과학기술 강군의 면모를 보여주었다. 최첨단 장비부대의 분열에서 유·무인 복합전투체계를 구성하는 무인 수상정과 항공기, 잠수정을 필두로 한국형 무인정찰기, 소형 드론, 아미타이거 제대를 선보이며 미래형 지상전투체계의 위용을 드러냈다. 방산 수출 핵심 무기체계인 K2 전차와 K9 자주포, 한국형 3축체계 장비가 포함된 기계화 제대도 박수갈채를 받았다.

2013년 이후 10년 만에 부활한 국군의 날 시가행진은 육·해·공군과 해병대 합동전력이 총출동하면서 평화에 대한 의지를 확고히 하였다.

제55차 한미안보협의회의 개최

2023년 11월 13일 개최된 제55차 한미안보협의회의(SCM)은 한미 양국의 최고위급 국방 협의체로 한미동맹 70년 역사에서 달성한 주요 성과를 평가하는 자리가 됐다. 특히 이 회의에서는 자유·인권·법치 등 공동의 가치를 동맹의 핵심 자산으로 규정하고 '글로벌 포괄적 전략동맹'의 발전을 뒷받침하겠다고 천명했다. 동맹 100주년을 준비하는 미래 청사진 인 '한미동맹 국방비전'을 승인하면서 확장억제 지속 강화, 동맹 능력 현대화, 지역 안보협력 강화 등 향후 30년간 동맹 협력의 3대 핵심축을 제시했다.

SCM 공동성명을 통해 한미는 한반도 평화를 위한 공조 의지를 확인하면서 주요 성과를 평가했다. 연합방위태세 제고, 한미 '맞춤형억제전략(TDS)' 개정, 확장억제 실행력 획기적 제고 등이 그 내용이다. 또 전시작전통제권 전환 추진 성과를 평가하면서 향후 추진 방향을 밝혔다. 이와 함께 인도 · 태평양 지역의 평화 · 안정을 위한 국방 분야 공조 의지를 발신했다. 아울러 우주 · 사이버 · 국방과학기술 분야 협력을 지속 강화해 공동 이익을 증진하기로 합의했다.

한편 제55차 SCM과 연계해 11월 14일에는 '한국 · 유엔사회원국 국방장관회의'가 사상 최초로 개최됐다. 정전협정 체결 70주년 기념행사인 이 회의를 통해 한반도 평화를 뒷받침하는 유엔사의 역할과 중요성이 재조명됐다. 한반도 평화 수호와 회원국의 연대 강화 의지가 담긴 공동성명을 채택한 점도 큰 성과로 평가 받고 있다.

위성 분야 기념비적 성과 달성

우리 군은 한반도와 주변 지역의 영상정보를 수집하는 군정찰위성 확보 사업을 추진해 왔다. 이는 2025년까지 합성개구레이더(SAR) 탑재 위성 4기와 전자광학(EO) · 적외선(IR) 센서 탑재 위성 1기 등 총 5기의 정찰위성 확보를 목표로 하는 사업이다. 이 가운데 12월 1일(현지시간) 미국 밴덴버그 우주군 기지에서 우리 군 최초의 정찰위성 발사에 성공했다. 미국 스페이스 X의 우주발사체에 실려 발사된 군 정찰위성 1호기는 해외 지상국과 교신에 성공하면서 궤도에 안착했다. 이번에 발사된 전자광학(EO) · 적외선(IR) 센서 탑재 위성은 방위사업청이 사업을 관리하고, 한국항공우주연구원 · 국방과학연구소 · 국내업체가 유기적으로 협력해 개발한 결과물이다. 군의 전력과 함께 국내 우주산업의 역량을 강화했다는 점에서 의미가 크다.

이어 12월 4일에는 고체연료 추진 우주발사체 기술을 활용한 민간 상용위성 발사에 성공하면서 또 다른 쾌거를 달성했다. 국방과학연구소가 개발 중인 고체연료 추진 발사체 및 궤도진입 기반 기술을 바탕으로 민간기업이 발사체와 위성을 제작해 실제 발사를 수행했다. 따라서 위성과 발사체 기술을 연계한 민 · 군 협력 모범사례인 동시에 민간 주도의 뉴스페이스 사업 활성화를 지원한 사례로 평가된다. 고체연료 추진 우주발사체의 3차 시험발사로서 기술개발의 성과 달성을 입증했다는 점에서도 의미가 있다.

북 9·19 군사합의 파기

'9 · 19 군사합의'는 2018년 9월 19일 9월 '평양공동선언'의 부속 합의서로 정식 명칭은 '역사적인 판문점 선언 이행을 위한 군사분야합의서'이다. 이 합의의 핵심은 지상 · 해상 · 공중에서 상호 적대행위를 전면 중지하는 것이다.

그러나 북한은 중부전선 비무장지대(DMZ) 감시초소 총격, 해상 완충구역 내 포사격, 동해 북방한계선(NLL) 이남을 향한 미사일 발사, 수도권 상공에 소형 무인기 침투 등 합의 조항을 지속적으로 위반해왔다. 이러한 위반 행위가 반복되자 '9·19 군사합의'는 유명무실해졌고 결국 북한은 11월 21일 '군사정찰위성(만리경 1호)' 발사를 감행하기에 이른다. 이는 유엔 안보리 결의에 대한 명백한 위반이자 남북 간 합의의 기본정신을 위반한 행위이다. 이에 우리 군은 합당한 상응 조치로 동 합의 1조 3항의 비행금지구역 설정에 관한 효력을 정지했다. 그러자 북한은 합의에 따라 중지했던 모든 지상·해상·공중에서의 군사적 조치를 즉시 회복한다고 밝혔다. 사실상 '9·19 군사합의'의 전면 파기를 선언한 것이다. 아울러 군사분계선(MDL) 지역에 더 강력한 신형 군사장비 배치를 예고했다. 이에 우리 군은 강화된 한미 연합방위태세를 바탕으로 "어떠한 도발에도 즉각, 강력히, 끝까지 응징하겠다"는 메시지를 발신했다. 2024년 6월 4일 우리 정부가 9·19 군사합의 전체의 효력을 정지하는 안건을 의결함에 따라 9·19 합의는 체결 5년 8개월 만에 전면 무효화 됐다.

2023~2027 군인복지기본계획

국방조직 구성원의 변화와 함께 초급간부 처우 개선의 필요성도 커지면서 다양한 복지 수요가 제기됐기 때문이다.

이에 국방부는 초급간부 연간소득 상향과 생활관 개선 등 향후 5년 동안 추진할 군인 복지 정책을 담은 '2023~2027 군인복지기본계획'을 확정했다. 이는 '군인복지기본법'에 근거해 5년마다 작성하는 군인복지정책 기본문서로 매번 재정, 주거·생활, 전직·교육, 문화·여가, 의료, 가족 총 6개 분야에서 20개 추진과제를 선정한다.

재정 분야에서는 병 봉급의 최저임금 수준 보장방안과 간부 처우 개선책을, 주거·생활 분야에서는 병영생활관 및 간부 주거 여건 개선책을 마련했다. 전직·교육 분야에서는 역량 개발 프로그램 확충 방안과 더불어 취·창업 지원책 강화 방안이, 문화·여가 분야에서는 콘텐츠 다양화와 서비스 접근성 향상 방안 등이 포함됐다. 의료 분야에서는 서비스 접근성 제고, 군에 최적화된 의료체계 구축, 정신건강 서비스 제고 강화 방안 등을 제시했다. 가족 분야에는 군인가족의 출산 여건 보장과 함께 군 어린이집과 관사 작은 도서관 확대 등 자녀 양육·교육의 부담 경감 방안 등이 담겼다.

국방부는 관계부처 및 유관기관과 예산, 법령 개정, 제도 개선 등을 긴밀히 협의·조정하면서 정책 추진의 추동력을 담보할 예정이다. 이러한 복지 수요의 맞춤형 충족을 통한 장병 만족도 향상이 더 나아가 국방인력 획득 유인책으로 활용될 수도 있을 것이라는 기대도 높아질 전망이다.

유엔사회원국 국방장관회 개최

한반도 평화와 안정에 이바지해 온 유엔군사령부의 역할을 평가하고, 한국과 유엔사회원국 간 협력 강화 방안을 모색하는 회의가 서울에서 열렸다. 한국과 캐나다 국방장관이 공동주관하는 '제2차 한·유엔사회원국 국방장관회의(ROK-UNCMS DMM·ROK-UNC Member States Defense Ministerial Meeting)'회의가 서울에서 개최되었다. 이번 장관회의는 지난해 한국이 단독으로 주최한 것과 달리 한국·캐나다 국방장관이 공동으로 주최한다.

이번 회의에는 네덜란드 국방장관을 비롯한 18개국의 장·차관 및 대표들이 참석할 예정인 가운데 지난달 신규 가입한 독일의 국방부 차관이 유엔사회원국 자격으로 최초로 참여하는 것이 특징이다.

또한 이번 회의는 '한반도의 자유와 평화를 위하여 하나의 깃발, 하나의 정신 아래 함께 싸운다(Under One Flag, One Spirit, Fight Together for Freedom & Peace)'를 슬로건으로 한반도 및 국제안보환경을 평가하고 한·유엔사·유엔사회원국 간 협력과 연대를 강화하려는 방안을 논의할 계획이다.

'2024 서울안보대화(SDD·Seoul Defense Dialogue)'와 '2024 인공지능(AI)의 책임 있는 군사적 이용에 관한 고위급회의(REAIM 고위급회의·REsponsible AI in the Military domain Summit 2024)'도 연이어 개최된다. 서울안보대화는 8개국 장관급 인사와 북대서양조약기구(NATO) 군사위원장을 포함해 총 68개 국가 및 국제기구에서 900여 명이 참가할 예정이다.

북한의 탄도미사일 도발

북한은 2024년 9월 19일 고중량 재래식 탄두를 장착한 신형 단거리 탄도미사일(SRBM) 시험발사에 성공했다고 밝혔다.

북한은 그 전날인 18일 새벽 단거리 탄도미사일(SRBM) 도발을 자행했다. 조선중앙통신에 의하면 이번 탄도미사일 시험 발사는 사거리 320㎞의 명중 정확도와 초대형 탄두의 폭발 위력 확증에 목적을 두고 진행된 것으로 보인다. 탄두 중량이 4.5t에 달하는 이 미사일의 시험 발사는 지난 7월 1일에 이어 두 번째이다. 그러나 7월 첫 시험 발사 때와 달리 이번에는 미사일이 내륙에 떨어지는 장면이 담긴 사진도 공개되었다. 지금껏 발사가 제대로 이뤄지지 않은 미사일이 내륙에 떨어진 적은 있었으나, 북한이 의도적으로 내륙을 향해 쐈다고 밝힌 경우는 이번이 처음이다. 이에 우리 군은 북한의 도발을 실시간 추적 · 감시했으며, 한미 연합방위태세 아래 군사대비태세를 굳건히 유지하고 있다고 밝혔다.

핵·WMD 대응본부

북한의 핵 · 미사일 등 고도화되는 다양한 위협을 억제하고 대응능력과 태세를 강화하기 위한 목적으로 2023년 1월 2일 합동참모본부 산하에 창설되었다. 기존 전략기획본부가 관리하던 핵 · WMD 대응센터에 정보 · 작전 · 전력 · 전투발전 기능을 추가하여 확대된 별도의 본부로 구성함에 따라 합참 조직은 정보 · 작전 · 전략기획 · 군사지원본부 등 4개 본부 체제에서 5개 본부 체제로 개편됐다.

본부는 한국형 3축체계(Kill Chain, 한국형 미사일방어, 한국형 대량응징보복) 능력 발전을 주도하고 우주 · 사이버 · 전자기 영역 능력을 통합 · 운용한다. 또한, 향후 전략사령부의 모체부대로써 운영 및 검증을 통해 우리 전략 환경에 최적화된 전략사령부 창설을 추진할 예정이다. 전략사령부는 한국형 3축체계를 총괄하는 기구 성격으로 현무 계열 탄도미사일, 스텔스 전투기, 3000t급 잠수함 등 전략 자산의 작전을 지휘하게 된다.

킬웹

킬웹(Kill Web)은 킬체인(Kill Chain)에서 확대된 것으로 '국방혁신 4.0 기본계획'에서 처음으로 도입한 한국형 3축체계 중 하나이다. 이는 북한이 핵 · 미사일을 발사하기 전 사이버작전 등을 활용하여 지휘체계를 무력화하는 군 작전이다. 기존의 킬체인은 적의 미사일을 탐지하고 공격하는 공격형 방위시스템이며 단선형의 형태인 반면에 킬웹은 그물망처럼 촘촘하게 표적 처리 절차를 세워 핵 · 미사일 체계의 가동 전 후에 교란 및 파괴하는 작전 운용개념의 시스템이다. 이는 다수의 중간 지휘자들이 의사결정에 참여할 수 있으며, 표적 타격수단을 중간에 더 적합한 것으로 변경하는 등 합동성을 발휘해 실시간으로 대응할 수 있다는 장점이 있다.

KF-21 보라매

KF-21는 초대형 방위 국책사업으로 개발 중인 차세대 한국형 전투기다. 우리 공군의 노후 전투기인 F-4와 F-5를 대체하기 위해 2015년부터 시작되었으며, 통상 명칭은 'KF-21 보라매'이다. 보라매라는 이름은 미래 자주 국방을 위해 힘차게 비상하는 한국형 전투기라는 의미로, 국민 공모를 거쳐 선정되었다.

보라매는 최고속도가 2,200km로 음속의 1.8배에 달하며, 최대 7.7t의 무장을 탑재할 수 있다. 또한 뛰어난 레이더와 컴퓨터 성능을 보유하고 적의 레이더망에 포착되지 않는 스텔스 기술이 적용된 4.5세대 전투기이다. 우리나라는 2022년 7월 시제 1호기가 최초로 시험 비행에 성공하며 세계 8번째로 초음속전투기를 개발한 국가가 됐다. KF-21는 2032년에 본격적으로 실전배치 될 계획이다.

- 스텔스(Stealth)

  스텔스는 레이더 망에 포착되지 않는 은폐기능을 말한다. 스텔스의 핵심은 '저피탐'으로 적의 레이더에 포착되는 면적이 아주 작아지는 것이다. 포착되는 면적을 줄이기 위해 기체의 모양이나 전파를 흡수시키는 특수 도료 등을 이용한다. 적이 레이더를 통해 봤을 때 전투기인지 새인지 구분하기 어려울 정도가 되면 스텔스 기능을 갖췄다고 볼 수 있다.

- KF-21 보라매 공동개발 인도네시아 분담금 대폭삭감

  인도네시아가 한국형 초음속전투기 KF-21 개발분담금을 당초 합의한 금액의 3분의 1 정도만 납부를 하겠다는 의견을 우리 정부에 제안한 것으로 알려졌다. 방위사업청에 따르면, 인도네시아의 체계 개발분담금이 6천억 원으로 조정되고, 이번 조정으로 인한 재원 확보 등 후속 조치 계획을 심의 · 확정했다고 밝혔다. 이번 결정은 인도네시아 측이 재정난을 이유로 분담금을 6천억 원으로 줄이겠다는 요청을 한 데 따른 조치로, 방사청은 이에 따라 협상을 체결했다. 이 가운데 국내에 파견된 인도네시아 기술자들이 KF-21 개발 관련 자료 유출을 시도한 혐의로 수사를 받는다는 사실이 알려지며 이미 기술을 빼돌려 놓고 분담금 대폭 삭감을 요구하는 것 아니냐는 의혹이 제기되기도 하였다.

한미 핵협의그룹 (NCG)

한미 핵협의그룹은 북한의 지속적인 핵위협에 대응한 한미 공동의 핵전략과 기획을 통해 대북 확장억제를 강화하기 위해 구성한 한국과 미국 간 양자 협의체를 의미한다. 'Nuclear Consultative Group(NCG)'이라고도 하며 2023년 4월 26일 한미 정상회담에서 채택한 '워싱턴 선언'에 따라 출범했다. 북한이 핵공격을 감행할 경우 핵무기를 포함해 강력한 대응을 하는 등 미국의 대북 확장억제 강화방안 등이 담겼다. 미국이 확장억제 기획 및 실행에 동맹국을 포함한 것은 사실상 북대서양조약기구(NATO)의 핵기획그룹(NPG)을 제외하면 이번이 첫 사례인데, 양국은 워싱턴 선언 발표 당시 차관보급 정례협의체인 NCG를 연 4회 가동한다는 방침을 밝힌 바 있다.

한미는 12월 열린 제2차 핵협의그룹 회의에서 북한의 핵무기 사용에 대비한 핵작전 연습을 시행하기로 합의한 내용에 따라 3월 4~14일 '을지 자유의 방패' 연습에서 북한의 핵위협 무력화 등에 중점을 둔 실전적 연습을 실시했다.

북한 오물(쓰레기)풍선 살포

북한이 2024년 5월 28일을 시작으로 9월 7일까지 17차례에 걸쳐 남쪽을 향해 오물풍선을 살포했다. 해당 풍선들은 서울과 경기 등 수도권을 비롯해 충청, 강원, 경북 등 전국 곳곳에서 발견되었다. 풍선의 내용물은 대부분 생활 쓰레기로 분석 결과 안전 위해물질은 없는 것으로 파악됐으나 우리 군은 혹시 모를 안전 위해요소를 고려해 오물풍선을 탐색·수거하는 방식으로 대응하는 한편 대북 방송을 6년만에 재개했다.

합동참모본부는 8일 "북한이 오늘 오전 9시경부터 쓰레기 풍선을 부양하고 있다"며 "적재물 낙하에 주의하는 것과 동시에 떨어진 풍선을 발견하면 접촉하지 말고 가까운 군부대나 경찰에 신고해 달라"고 당부했다. 또한 "군은 국민 안전을 최우선적으로 고려하면서 매뉴얼에 따라 의연하고 차분하게 대응할 것"이라고 전했다.

CVID (Complete Verifiable Irreversible Dismantlement; 완전하고 검증가능하며 돌이킬 수 없는 핵폐기)

2003년 8월 개최된 한반도 6자 회담에서 처음 북한 핵 문제의 해결방안으로 제시된 것으로 미국이 북미 대화와 경제 제재 해제를 대가로 내건 조건이다.

CVID의 요건으로는 북한에서 물리적 핵 개발 시설을 완벽히 해체하는 것, 추가적 핵 프로그램을 중단하고 핵 시설 사찰을 수용하는 것, 핵확산금지조약(NPT)에 다시 가입하는 것 등이다. 미국은 북한이 이에 응할 경우 체체안전을 보장하겠다 약속하고, 한국과 같은 경제적 번영을 이루도록 대폭적 지원에 나설 뜻을 밝혔다. 미국은 북한의 비핵화 방식으로 단계적 해결이 아닌 일괄타결이 바람직하는 입장을 거듭 주장하면서 2021년 6월 14일 나토(NATO) 정상회의에서 다시 한번 CVID 원칙을 강조했다.

• CVIA

2021년 5월 G7 외교·개발장관회의 공동성명을 통해 등장한 용어로 통상적으로 사용해온 CVID에서 '폐기(Dismantlement)'를 뜻하는 D를 빼고 '포기(Abandonment)'를 뜻하는 A를 쓴 것이다. CVIA의 A는 북한의 자발성을 존중하는 뜻으로 외부에서 북한을 비핵화시키는 것이 아니라 북한이 스스로 핵을 포기한다는 의도가 담겨 있다. 향후 북한과 비핵화 협상의 여지를 남기기 위해 선택한 용어이다.

하지만 포기의 대상이 핵무기뿐 아니라 생화학 무기를 포함한 대량살상무기 전체와 탄도미사일 프로그램 전반으로 확장했다는 점에서 CVID보다 엄격한 잣대로 해석할 수도 있다.

군사분계선 (MDL; Military Demarcation Line)

휴전협정에 의해 두 교전국 간에 그어지는 군사활동의 경계선을 말한다. 한국의 경우 1953년 7월 유엔군 측과 공산군 측이 합의한 정전협정에 따라 규정된 휴전의 경계선을 말하며, 휴전선이라 한다. 휴전선의 길이는 약 240km이며, 남북 양쪽 2km 지역을 비무장지대로 설정하여 완충구역으로 둔다. 정전협정 제1조는 양측이 휴전 당시 점령하고 있던 지역을 기준으로 군사분계선을 설정하고 상호 간에 이 선을 침범하거나 적대행위 하는 것을 금지하고 있다.

방공식별구역 (ADIZ; Air Defense Identification Zone)

자국의 영토와 영공을 방어하기 위한 구역으로 국가안보목적상 자국 영공으로 접근하는 군용 항공기를 조기에 식별하기 위해 설정되는 공중구역이다. 자국 공군이 국가 안보를 위해 일방적으로 설정하여 선포하지만 영공은 아니므로 사전에 비행계획을 통보한 외국 군용기의 비행이 금지되지는 않는다. 다만, 자국 국가 안보에 위협이 되면 퇴각을 요청하거나 격추할 수 있다고 사전에 국제사회에 선포해 놓은 구역이다.

- 각 나라별 방공식별구역 표기
  - 국가별 방공식별구역은 앞에 자국의 영문 이니셜을 붙여 표기한다.
  - 한국 방공식별구역은 KADIZ, 중국 방공식별구역은 CADIZ, 일본 방공식별구역은 JADIZ로 표기한다.

경항공모함 도입

우리나라 경항공모함 도입은 해양 주권 수호를 위해 1996년 대통령이 승인한 해군력 건설계획에 포함되어 필요성이 제기되었지만 여러 가지 문제로 도입이 미뤄지고 있다. 최근 항모 3척을 보유하고 있는 중국이 향후 6척의 항모 보유국으로 발돋움할 것으로 전망되며, 일본 역시 항모 전력 확보에 뛰어든 점을 감안하면 한국도 대응책이 필요하다는 의견이 제기되었다. 이에 따라 2020~2025년 국방중기계획 발표를 통하여 경항공모함 도입이 구체화되었다. 이 계획에 따르면 경항모 도입은 대형수송함-Ⅱ라는 사업명으로 실시된다. 한국형 경항공모함은 배수량 3만t, 길이 약 256m, 폭 43m 규모이다. 함재기는 수직이착륙기인 F-35B로 결정되었다. 3~4년의 기본설계와 7~8년의 상세설계 및 건조 과정을 거쳐 2033년 전력화를 목표로 하고 있으며, 해군은 건조비용 약 2조 원, 운영유지비는 500억 정도로 추산하고 있다.

일부에서는 예산을 늘려서라도 중형항모를 도입해야 한다는 주장과 경항모와 함재기 도입 비용으로 5조 원 가까운 비용이 투입된 만큼 실효성이 있는지, 유사시 주변 강국의 위협에서 살아남을 수 있을 것인지에 대한 논란도 있다.

- 항공모함

전투기를 탑재, 발진 및 착함시킬 수 있는 시설과 장비를 갖춤으로써 해군기동부대의 중심전력 역할을 수행하는 함정이다. 여기에는 수직이착륙기, 해상작전헬기, 상륙헬기, 구조헬기, 무인항공기 등 다양한 항공기를 탑재할 수 있으며 적이 보이지 않는 먼 거리에서 신속히 항공기를 발진하여 공격하고 착함시켜 위치 노출 없이 퇴각할 수 있다는 장점을 지니고 있다. 항공모함은 항공모함을 호위하는 호위전력과 함께 항모전투단을 구성해서 움직인다. 통상적으로 호위전력은 잠수함 1~2척, 구축함 및 호위함 5~6척, 군수지원함 1척으로 구성되며 임무와 위협에 따라 융통성 있게 편성된다. 전 세계적으로 항공모함을 운용하는 국가는 미국, 중국, 러시아, 영국, 프랑스, 인도, 이탈리아, 태국 등 총 8개 국가가 운용 중이며, 총 31척 중 21척은 미국이 운용하고 있다.

구분	경항공모함	중형항공모함	대형항공모함
톤수	1~3만 톤	4~7만 톤	8~10만 톤
함재기	10~20여 대	30~40여 대	50~80여 대
대상함정	카보우르급, 차크리 나우레벳급	퀸엘리자베스급, 랴오닝급, 샤를드골급	니미츠급, 제럴드 포드급
보유현황	미국 10척, 이탈리아 2척, 태국 1척	영국 2척, 중국 2척, 프랑스 1척, 러시아 1척	미국 11척

※ 출처: 대한민국 해군(www.navy.mil.kr)

해군 함정 MRO 민간자원 활용

해군이 인구절벽 · 첨단전력 확대 등 국방환경 변화에 능동적으로 대응하기 위해 민간자원을 활용한 함정 MRO(유지 · 보수 · 운영)를 추진한다. MRO는 장비의 성능 유지와 안전 운용을 위한 모든 정비 활동을 의미한다. 해군은 이전에는 정비부대에서 이 역할을 수행했지만, 앞으로는 민간자원을 활용해 함정 MRO를 진행하겠다는 뜻을 밝혔다.

이에 따라 해군은 12일 계룡대 해군본부에서 함정 MRO 추진을 위한 민 · 군 협의체를 발족하고 첫 회의를 개최했다. 회의에는 국방부, 해군본부, 방위사업청, 한국국방연구원, 국방기술품질원, 한국방위산업진흥회, 대한기계학회, 한국선급, 한화오션, HD현대중공업,

HJ중공업, SK오션플랜트 등이 참가했다. 이 회의는 해군본부 군수참모부장이 주관하고 기관·업체 관계자 30여 명이 참석하여 협의체 운영과 MRO 추진계획 발표 등에 대한 의견을 나누는 자리가 됐다. 해군은 이번에 처음으로 가동한 민·군 협의체를 통해 민·군 공감대를 형성하고, 정기적으로 회의체를 운영하며 함정 MRO 사업을 체계적으로 추진해 나간다는 구상이다.

노동당 39호실

1970년대 중반에 조직되어 북한의 외화벌이를 총괄한 기관으로 주요 금융기관인 대성은행, 고려은행 등을 소유, 마카오·베이징·홍콩·싱가포르 등 은행 해외지부, 무역회사 등 100여 개의 사업장, 문천금강제련소·대성타이어공장·원평대흥수산사업소 등 각종 공장과 광산도 직접 운영하고 있는 것으로 추정된다. 또한 평양 고려호텔, 외국인 상점 등의 사업도 진행한다. 즉, 39호실은 해외에서 돈과 관련한 기관을 망라하고 조정하는 통치자금의 컨트롤타워라고 할 수 있다. 과거 김정일은 노동당 39호실의 자금을 활용해 당과 군 간부들에게 각종 사치품을 제공하여 충성심 고취를 위한 도구로 이용했다. 2014년 탈북한 전 노동당 39호실 고위 관리에 따르면 자금 동원을 위해 불법거래도 자행한다는 소문과 달리 실제 북한 내에서는 합법적인 통치자금 관리기관인 것으로 전해졌다. 다만 유엔 안보리 대북제재 이후 지속적인 자금 조달을 위해 차명계좌를 동원하거나 개인계좌를 동원하고 있다. 미국은 노동당 39호실의 자금이 북한의 무기 개발에 쓰인다고 판단하고 2010년 8월 행정명령 13551호를 발동해 노동당 39호실을 제재 대상에 포함시켰다. 유럽연합(EU)도 2010년 12월 전일춘 노동당 39호 실장에 대한 비자발급을 금지하고, 자산동결 제재 조치를 취했다. 최근 중국 등의 북한 식당이나 통일부가 물물교환 대상 파트너로 삼으려다 문제가 됐던 개성고려인삼무역회사도 노동당 39호실 소속이다.

• 노동당 39호실 총책 전일춘

전일춘은 김정일과 중학교 동창으로 김씨 일가의 금고지기로 불렸다. 1998년 2월, 39호실 부실장을 맡았고, 2010년 2월 노동당 중앙위원회 제1부 부장과 39호 실장을 맡았다. 같은 해 국가개발은행 이사장도 겸임했다. 전일춘은 2017년 신룡만이 후임에 임명될 때까지 7년 동안 노동당 39호 실장을 맡았다.

2019년 전일춘의 사위는 북한대사관에서 참사관으로 근무하던 중 2017년 9월 유엔 안전보장이사회 대북제재결의 2371호에 따라 서창식 대사가 추방되면서 그 자리를 대리하게 됐고, 9월 부인과 자녀를 데리고 탈북했다.

방위사업청과 ASPI의 MOU 체결

ASPI는 호주의 국방·안보전략과 정책을 연구하는 기관이다. 호주 국방부뿐만 아니라 미국, 영국, 일본 등 세계 여러 나라가 지원하는 글로벌 싱크탱크이기도 하다. 2024년 9월 23일 한국과 호주가 국방우주 협력 확대를 위한 전략적 기반을 마련했다. 방위사업청은 최근 호주전략정책연구원(ASPI)과 양국 안보·획득정책의 상호 이해도 제고 및 국방우주 분야 협력 확대를 위한 양해각서(MOU)를 체결했다고 23일 밝혔다. 이를 바탕으로 양 기관은 공동 연구과제를 수행하고 국방과학기술 협력을 확대할 계획이다. 정기적인 학술행사를 개최 및 원활한 업무 수행을 위한 방문연구원 파견 등이 예정되어있다. 앤드루 홀튼 ASPI 최고운영책임자는 "한국과의 지속적인 방산 협력은 인도·태평양 지역 안정과 평화에도 기여할 것"이라는 뜻을 전했다.

러시아 - 우크라이나 전쟁

2022년 2월 24일, 러시아가 우크라이나 수도 키이우를 미사일로 공습하고 지상군을 투입하는 등 전면 침공하면서 시작된 러시아–우크라이나 양국 간 전쟁이다. 2021년 10월 하순부터 러시아가 우크라이나의 국경에 병력을 증강하며 군사충돌 위기가 고조되던 가운데, 2022년 2월 24일에 러시아의 우크라이나 침공은 블라디미르 푸틴(Vladimir Putin) 러시아 대통령이 우크라이나 내에서 특별 군사작전을 수행할 것이라는 긴급 연설과 함께 사실상 전쟁이 선포되었다. 푸틴은 연설을 통해 러시아는 우크라이나의 비무장화를 추구할 것이며, 이러한 러시아의 움직임에 외국이 간섭할 경우 즉각 보복할 것이라고 경고하기도 하였다. 특히 푸틴은 북대서양조약기구(NATO)의 확장과 우크라이나의 영토를 활용하는 것은 용납할 수 없다고 밝혔는데, 이는 러시아와 국경을 맞댄 우크라이나까지 북대서양조약기구와 유럽연합(EU)에 가입하려하자 무력을 행사해서라도 이를 막겠다는 판단으로 보인다.

개전 초, 사흘 안에 끝날 것으로 예상됐던 전쟁이 2년이 지난 2024년에도 진행 중인 가운데 이에 대해 우크라이나와 동맹국들이 전쟁 종식을 위한 계획을 논의하기 위해 우크라이나 방위 연락그룹(UDCG)에서 회의를 진행할 예정으로 보인다. 회의에서는 앞서 볼로디미르 젤렌스키(Volodymyr Zelensky) 우크라이나 대통령은 러시아의 완전한 철수, 전쟁 포로 송환과 구체적인 승전계획 등을 논의할 예정이다.

나토 퍼블릭포럼 (NATO Public Forum; 북대서양조합기구)

나토 퍼블릭포럼은 나토(NATO · 북대서양조합기구)가 유럽과 미국의 5개 싱크탱크와 공동 주최하는 공공 외교 행사로, 2024년 7월에 열린 행사에서는 우리나라의 윤석열 대통령이 초청되어 인도 · 태평양 세션에서 기조연설을 했다. 해당 연설에서는 나토 회원국과 함께 북한과 러시아의 조약 체결을 규탄하는 메시지를 내고, 국제사회와의 안보 연대 강화의 뜻을 밝혔다.

• 싱크탱크

여러 영역의 전문가를 모아 연구 · 개발하고 성과를 제공하는 조직으로 국가나 기업의 정책 · 경영전략을 연구하는 조직 또는 기관을 의미한다. 다양한 분야의 전문 인력이 모여 사안에 대한 분석과 연구를 수행하고 그 성과를 제공하는 것을 목적으로 한다. 싱크탱크의 시초는 제2차 세계대전 후 미국의 인공위성 시스템을 개발한 '랜드코퍼레이션'이라고 할 수 있다. 우리 나라의 경우 한국개발연구원(KDI)이 대표적인 경제정책 관련 국책연구기관으로서 싱크탱크의 역할을 수행한다고 볼 수 있다.

미사일 지침 종료

2021년 5월 21일 한미 양국 정상은 42년 동안 이어온 미사일 지침 종료를 발표했다. 미사일 지침을 통해 1979년 미사일 기술을 이전받는 조건으로 미사일의 최대 사거리를 180km로 제한하기로 미국과 합의했다. 이후 미사일 지침은 4차례의 개정을 거쳐 2021년 최종적으로 종료됐다. 지침 종료를 통해 한국군은 미사일 주권을 온전히 되찾게 됐고, 특히 사거리에 구애받지 않는 SLBM 등 탄도미사일 개발이 가능해지고 SLBM을 탑재한 핵잠수함 개발을 적극적으로 추진할 수 있는 조건도 갖추게 됐다. 이와 함께 군사위성 발사용 우주로켓 개발 등 우주군사력 관련 기술 확보의 초석도 마련됐다.

1979년 10월	미사일 지침 합의	최대사거리 180km	탄두중량 500kg
2001년 1월	1차 개정	300km	500kg
2012년 10월	2차 개정	800km	500kg
2017년 11월	3차 개정	800km	무제한
2020년 7월	4차 개정	우주발사체에 대한 고체연료 사용제한 해제	
2021년 5월	미사일 지침 종료	무제한	무제한

인공지능의 군사적 이용

인공지능(AI)의 발달과 군사적 목적의 활용이 급속도로 진전되고 있는 가운데, 이를 군사적으로 이용하는 것에 대한 국제적 규범을 마련하기 위해 90개국 정부 대표단이 참석하는 '2024 인공지능의 책임있는 군사적 이용에 관한 고위급회의'(REAIM · 리에임 고위급회의)가 2024년 9월 개최되었다. 우리 정부가 외교부와 국방부 공동 주관으로 개최한 이 국제회의는 네덜란드, 싱가포르, 케냐, 영국이 공동주최국으로 참여한다.

이는 전체적으로 본회의와 장관급 일정 및 부대행사로 구성된다. 외교부에 따르면 본회의에서는 군 · 정부 인사와 기업 관계자, 전문가 등이 모여 군사 분야 AI 이용과 관련하여 기본 원칙과 우선순위, 우려 사항 및 과제, 국제협력 전망 등에 대한 각국 입장과 의견을 공유하고 군사 분야 AI의 책임 있는 이용 이행 방안에 대해 논의했다고 밝혔다.

DMZ (Demilitarized Zone; 비무장지대)

국제조약이나 협약에 의해서 무장이 금지된 지대를 말한다. 비무장지대에는 군대의 주둔이나 무기의 배치, 군사시설의 설치가 금지된다. 주로 적대국의 군대 간에 발생할 수 있는 무력충돌을 방지하거나, 운하, 하천, 수로 등의 국제교통로를 확보하기 위해서 설치된다. 한국의 비무장지대(DMZ)는 군사분계선(MDL)을 중심으로 남북 2km, 면적 약 900km²의 완충지대이다.

NLL (Northern Limit Line; 북방한계선)

남한과 북한 간의 해양경계선을 말한다. 해양의 북방한계선은 서해 백령도, 대청도, 소청도, 연평도, 우도의 5개 섬 북단과 북한 측에서 관할하는 옹진반도 사이의 중간선을 말한다. 1953년 이루어진 정전협정에서 남 · 북한 간 육상경계선만 설정하고 해양경계선은 설정하지 않았는데, 당시 주한유엔군 사령관이 었던 클라크는 정전협정 직후 북한과의 협의 없이 해양경계선을 일방적으로 설정했다. 북한은 1972년까지 이 한계선에 이의를 제기하지 않았으나 1973년부터 북한이 서해 5개 섬 주변 주역을 북한 연해라고 주장하면서 북방한계선(NLL)을 인정하지 않고 침범하여 남한 함정들과 대치하는 사태가 발생하고 있다.

북한판 태자당

김일성의 빨치산 항일혁명 동지 2세들과 엘리트 출신 2세들이 북한판 태자당으로 당·군 핵심요직에 포진하고 있다. 대표적으로 오진우 전 인민무력부장의 아들 오일정 당 군정지도부장, 최현 전 인민무력부장의 아들 최룡해 최고인민회의 상임위원장, 오백룡의 전 호위총국장 아들 오금철 총참모부 부총참모장, 최영림 김일성 책임서기의 수양딸, 최선희 외무부 1부상 등 모두 대를 이어 충성하는 김정은이 가장 신뢰하는 엘리트 집단이다. 중국과 북한 태자당은 혁명과정에서 맺은 끈끈한 동지애를 바탕으로 권력이나 부를 대물림하는 것이 특징이다. 당의 최고 권력자들은 자신의 권력을 다지거나 유지하기 위해 이를 활용하고, 북한 내 기업이나, 북중 합작기업에 자신의 자녀나 부하의 자제를 배치하여 해당 기업으로부터 뇌물을 받는 등 각종 이권 사업에 개입했고, 위조지폐와 마약 밀거래에 관여하고 있는 것으로 알려졌다.

- 태자당

중국의 당·정·군·재계 고위층 인사들의 자식들이 정부 요직에 포진하며 혈연과 결혼, 학교, 직장 등을 통해 관계를 맺으며 당·정·군·재계를 장악하고 있는 집단을 일컬어 태자당이라고 한다. 중국 태자당의 대표적인 인물은 현재 중국 국가주석인 시진핑으로 그의 아버지 시중쉰은 마오쩌둥과 덩샤오핑 시절에 모두 국무원 부총리를 지냈다. 양상쿤 전 국가주석의 아들인 양샤오밍, 보이보의 아들인 보시라이, 왕진 전 국가부주석의 아들인 왕쥔 등도 대표적인 태자당이다.

태자당은 부모의 후광으로 각종 이권이나 특혜를 받았고, 1989년 중국민주화운동 당시 시위자들의 핵심요구 중 하나가 태자당의 비리 척결이었을 정도로 이들에 대한 여론은 부정적이다. 중국 지도부는 1997년 8월 공산당 내부 태자당 출신들의 승진을 늦추도록 결정하기도 했다.

신념에 따른 병역 거부 무죄 판결

A씨는 지난 2017년 11월 현역병 입대를 거부해 「병역법」 위반으로 재판에 넘겨졌다. 비폭력 평화주의자인 그는 정의와 사랑을 가르치는 기독교 신앙 및 성 소수자를 존중하는 가치관에 따라 군대 체제를 용인할 수 없다고 주장하면서 군 복무를 거부하였다. 1심에서는 "종교적 양심 내지 정치적 신념에 따라 현역병 입영을 거부하는 것이 「병역법」이 규정한 '정당한 사유'에 해당하지 않는다"며 징역 1년 6개월을 선고하였다. 하지만 2018년 헌법재판소가 '대체복무 제도를 규정하지 않은 병역법은 양심의 자유를 침해한다'는 헌법불합치 결정을 내린 뒤 대체복무제가 신설되었고 그 후 열린 2심에서는 1심의 판결을 깨고 무죄를

선고하였다. 2021년 6월 24일 대법원에서도 검찰의 기각을 상고하고 최종적으로 무죄가 선고 되었다. 이 판결은 2018년 헌법불합치 결정 이후로 '여호와의 증인'과 같은 종교 교리에 따른 병역거부가 아닌 개인의 신념에 따른 병역거부가 무죄로 선고되는 첫 번째 판결이다.

- 대체복무제

  징병제 국가에서 병역 의무자가 군 복무 대신 공공기관이나 공공시설 등에서 복무하도록 하는 제도를 말한다. 징병제를 시행하는 59개 나라 중 20여 곳에서 양심적 병역거부자들이 택할 수 있는 대체복무제를 운영하고 있으며 군 복무 대신 병원이나 요양기관 등 공공 · 사회복지 분야 등에 대체복무자들을 활용하고 있다. 대체복무제 도입 국가들은 대체복무가 병역 기피의 수단으로 악용되는 것을 막고 현역 군복무와 형평성을 갖춰야 한다는 차원에서 대체복무 기간을 현역보다 더 길게 설정하고 있다.

  우리나라는 2018년 헌법재판소의 헌법불합치 결정 이후 10월 26일부터 대체복무제가 시행되었다. 대체복무를 하기 위해서는 병무청의 대체역 심사 위원회의 심사를 통과해야만 가능하다. 대체복무자는 3주 동안 대체복무센터에서 교육을 받은 뒤 교도소 등 대체복무기관에서 36개월 동안 합숙 복무를 진행한다.

- 신념에 따른 사회복무요원 거부 유죄 판결

  2023년 3월 16일 특별한 사정이 없는 한 사회복무요원 근무 거부는 양심적 병영거부의 '정당한 사유'에 해당하지 않는다는 대법원의 첫 번째 판결이 나왔다. 대법원은 사회복무요원에게 집총이나 군사훈련을 수반하지 않는 복무 이행을 강제한다고 하더라도 그것이 양심의 자유에 대한 과도한 제한이 되거나 본질적 내용에 대한 위협이 된다고 볼 수 없기 때문에 종교적 신념 등 양심의 자유를 이유로 사회복무요원 복무를 거부하는 경우에는 특별한 사정이 없는 한 「병역법」상 '정당한 사유'에 해당하지 않는다고 밝혔다.

아나시스 2호 발사

육 · 해 · 공군 위성통신체계인 아나시스 2호는 우리나라 최초의 군사 전용위성으로 2020년 7월 20일 스페이스X의 팰컨9 로켓에 실려 발사되었다. 군 당국은 성능시험 결과를 바탕으로 2020년 10월 아나시스 2호를 최종 인수한 뒤 국방과학연구소 주관으로 개발된 지상 단말기 8종과 연결 후 2020년 말까지 운용성을 확인하는 시험평가를 진행하였고, 2021년 초부터 실전에 투입되었다.

스페이스X의 팰컨9

그 이전 군사통신용으로 아나시스 1호(무궁화 5호)를 사용해 군 통신체계를 운용해왔지만, 민군겸용 위성이기 때문에 적의 전파교란(재밍) 공격에 취약한 상황이었다. 아나시스 2호는 아나시스 1호에 비해

데이터 전송용량은 기존보다 2배 이상 증가했다. 우리 군은 정보처리 속도, 전파 방해 대응 기능, 통신 가능 거리 등이 향상된 최초의 군 전용 위성을 보유하게 되었다. 무엇보다 전·평시 군 통신 사각지대가 완전히 해소되었다는 데 의미가 있다. 또한 전시작전통제권 전환을 위한 핵심 전력의 한 축을 담당할 것이다.

• 군사위성

군사 목적으로 사용되는 인공위성이다. 상공에서 사진 촬영을 하여 조사하는 정찰위성, 미사일 발사를 탐지하여 지상에 알리는 미사일 기습방지위성, 통신연락을 하는 데 사용되는 군사용 통신위성, 해군·공군이 잠수함이나 항공기에 정확한 위치를 알리는 항행위성, 탄도 미사일의 목표를 선정하거나 대륙 간의 거리를 정밀하게 측정하는 측량위성, 지상이나 공중에서 실시된 핵실험을 탐지하는 위성, 군용항공위성, 전자정보위성, 해양감시위성 등 다양한 목적을 가지고 사용되고 있다.

한국형 아이언돔 (Iron Dome)

2010년 연평도 도발 때부터 한국형 아이언돔 도입의 필요성이 제기됐고, 2021~2025년 국방중기계획에서 북한의 장사정포 위협으로부터 수도권과 핵심 중요 시설을 방호할 수 있는 장사정포 요격체계 개발을 공식화했다. 사업비 2조 8,900억 원이 투입되는 이 사업은 휴전선 주변 곳곳에 유도탄 발사대를 설치해 날아오는 북한의 장사정포를 요격하는 것을 목표로 삼고 있다. 방위사업청은 이 사업을 2022년부터 2035년까지 추진하되 선행적으로 핵심기술을 개발해 2년 이상 개발 기간을 단축시킬 계획이다. 한국형 아이언돔이 구축되면 북한의 방사정포 위협에 대응할 수 있는 전력을 갖출 것으로 기대하고 있다.

• 아이언돔

이스라엘 라파엘사와 이스라엘 항공우주 산업에서 개발한 이동식 방공 시스템이다. 아이언 돔은 4~70km의 거리에서 발사되는 단거리 로켓포와 155mm 포탄을 요격하기 위해 개발됐으며, 방호 면적은 150km²이다. 이스라엘을 위협하는 헤즈볼라, 하마스 등은 주로 북부 이스라엘의 인구 밀집 지역에 로켓포를 발사해 왔고, 100만 명의 시민이 로켓포의 위협을 받게 되자 이스라엘은 2005년부터 연구를 진행, 2년 후인 2007년부터 본격 개발을 시작했다. 아이언 돔은 2011년 3월 27일 베르셰바 부근에서 처음으로 운용되었다. 2011년 4월 7일, 아이언 돔 체계는 최초로 가자 지구에서 발사된 BM-21 로켓을 성공적으로 요격했다. 2012년 3월 10일 예루살렘 포스트는 아이언 돔이 가자에서 발사되어 거주 지역에 떨어졌을 로켓의 90%를 격추시켰다. 2021년 5월 이스라엘-팔레스타인

분쟁에서 하마스가 사흘간 이스라엘로 쏜 로켓은 지금까지 1,050여 발이 넘는데, 이스라엘군은 90~95% 명중률을 기록했으며 2024년에도 이란의 탄도미사일 180여 발 중 90%를 막아낸 것으로 확인되어 전세계의 이목이 집중됐다.

이스라엘 - 레바논

이스라엘군이 2024년 9월 23일 가자 전쟁에 무력으로 개입해온 친이란 무장정파 헤즈볼라를 겨냥해 융단 폭격을 감행하면서 레바논이 2006년 전쟁 이후 최악의 상황을 맞았다. 이스라엘군은 성명을 통해 레바논 전역에서 최근 24시간 동안 약 650차례의 공습을 감행했으며 시설 1600개 이상을 타격했다고 밝혔다. 이번 이스라엘군의 공습은 헤즈볼라 시설이 밀집된 남부에 집중됐지만 국경에서 100km 이상 떨어진 바엘베크 등 동부지역은 물론 수도 베이루트에서도 진행됐다. 레바논 보건부 집계에 따르면 공습으로 지금까지 35명의 아동과 58명의 여성 등 최소 492명이 사망, 1645명이 부상을 당한 것으로 알려졌다. 이번 폭격으로 레바논에서 발생한 사망자 수는 한 달 넘게 이어졌던 2006년 2차 레바논 전쟁 당시 레바논 측의 사망자 추정치인 1191명의 절반에 육박한다.

국제사회는 민간인 피해를 동반한 이스라엘의 폭격을 비난했다. 유럽연합(EU) 외교안보정책 고위 대표는 유엔총회 참석차 방문한 뉴욕에서 기자를 통해 "상황이 극도로 위험하고 걱정스럽다. 거의 전면전 상태라고 볼 수 있다."며 우려를 표하기도 했다.

SLBM 탑재 전략급 잠수함

국내 방산기업이 독자적으로 설계하고 건조한 3000t급 잠수함 '신채호함'이 2024년 4월 4일 해군에 인도됐다. 이로써 우리 군은 잠수함발사 탄도미사일(SLBM)을 사격 능력을 보유한 전략급 잠수함 3척을 보유하게 됐다. 신채호함은 약 8개월간 전력화 기간을 거친 후 실전에 배치될 예정이다.

신채호함에는 SLBM 발사가 가능한 수직발사관, 잠항 시간을 대폭 늘린 공기불요추진체계 (AIP), 승조원의 생존성 강화를 위한 최신 소음저감 기술 등이 적용됐다. 이를 토대로 지상 핵심 표적에 대한 정밀 타격과 은밀하고 안정적인 작전 수행이 가능하다. 또한 신채호함은 3000t급 잠수함 중 마지막에 건조되어 앞선 함정의 시험평가에서 발생한 요구사항을 반영·보완하기도 했다.

그러나 무엇보다 이러한 전투체계와 음파탐지체계(Sonar)를 포함한 핵심 장비를 국산 기술로 개발했다는 점이 가장 주목할 만하다. 국내 기술로 잠수함을 설계·건조하는 '장보고-Ⅲ 배치-Ⅰ'사업이 성공적으로 마무리되면서 세계 방산시장에서 '한국형 잠수함'의 관심 역시 높아질 것으로 보인다.

• SLBM(Submarine-Launched Ballistic Missile; 잠수함발사 탄도미사일)

SLBM이란 잠수함에서 발사하는 탄도미사일로 대표적인 비대칭 전력 중 하나이다. 대륙간 탄도미사일(ICBM) · 다탄두미사일(MIRV) · 전략 핵폭격기 등과 함께 어느 곳이든 핵탄두 공격을 감행할 능력을 갖췄는지를 판단하는 기준 중 하나이다. 탄도미사일(SLBM)은 잠수함에 탑재되어 어떤 수역에서나 자유롭게 잠항하면서 발사되므로, 기지에서 발사되는 ICBM이나 전략 핵폭격기보다 적에게 탐지될 확률이 적다. 또한 공격목표와 가까운 곳에서 발사할 수 있고 이동성이 있어 적의 요격망을 돌파하는 데 유리하다. 특히나 핵이 탑재된 SLBM은 매우 위협적인 무기로 보이지 않는 핵주먹이라 불린다. 북한은 오래 전부터 잠수함발사 SLBM 개발을 추진하여 상당 부분 진전을 이루었으며, 실제로 2019년 10월 2일에는 잠수함발사탄도미사일인 북극성-3형을 최초 시험 발사에 성공하기도 했다.

• 북한의 SLBM 북극성

추정 제원	북극성-5형	북극성-4형	북극성-3형	북극성-1형
공개 시기	2021년 1월 14일	2020년 10월	2019년 10월	약 2015년 1월
길이	4형과 비슷	두 종류	약 10m	약 7.35m
직경	4형보다 직경 커짐	1.7m 추정	약 1.4m	약 1.1m
탄두부	4형보다 탄두부 길어짐	둥근 모양	둥근 모양	둥근 모양
사거리	사거리 연장가능성	약 2,000km	약 2,000km	약 1,300km

조선노동당 8차 대회

2021년 1월 5~12일까지 조선노동당 8차 대회가 열렸다. 북한은 2018년 이후 두 차례의 북미정상회담에도 불구하고 대북제재 완화는 없었으며, 대내적으로 코로나19 사태와 자연재해를 겪으면서 극심한 경제난에 직면하게 됐다. 이처럼 어려운 대내외적 상황 속에서 김정은 위원장은 지난 제7차 당대회에서 결정했던 국가경제계획의 실패를 인정했고, 이를 극복하기 위한 방안을 검토하기 위해 제8차 당대회 개최를 결정한 것으로 보인다.

• 경제

북한은 7차 당대회의 국가경제발전 5개년 전략 실패를 인정하고, 금속공업, 화학공업, 농업과 경공업을 경제건설의 중심과업으로 설정하였다. 향후 경제정책은 북한식 사회주의(주체사상)의 '이민위천', '일심단결', '자력갱생' 세가지 이념을 중심으로 이 난국을 극복하겠다고 선언했다.

• 군사

군사정책으로 핵무력건설을 중단 없이 강행 추진한다고 밝히면서 핵 고도화를 위한 노력, ICBM의 사정거리 확장을 통한 핵 선제 보복타격능력 강화, 핵잠수함과 SLBM을 보유하겠다고 선언했다.

• 대남전략

남북관계는 2018년 판문점 선언 이전으로 돌아가 앞으로 남북관계 개선이 어려울 것이라고 평가하고 그 원인을 한국정부의 군사장비 반입과 한미합동군사훈련을 중지해야 한다는 자신들의 경고를 무시했기 때문이라고 남북관계 파탄의 책임을 한국정부로 돌렸다. 다만 한국정부의 태도에 따라 관계 개선이 가능하다고 언급하면서 남북관계 악화에 대한 아쉬움과 향후 관계 개선의 여지를 남겨두었다.

• 대미전략

미국을 주적으로 지칭하고 누가 집권하든 미국이라는 실체는 절대로 변하지 않는것이라고 불만을 표시했다. 관계 개선은 대북적대정책을 철회하는 데 있으며, 앞으로도 '강대강 선대선의 원칙'을 가지고 상대할 것임을 밝혔다.

• 정치

8차 당대회를 기점으로 인민중심 통치를 기본정치방식으로 규정하고, 세도와 관료주의, 부정부패행위 척결로 인민들의 적극적인 지지를 이끌어내 통제기반 강화를 목표로 한다. 김정은 유일지배체제를 저해하는 행위들에 대한 감시·통제를 강화하기 위해 당의 내부 규율체계를 강화했고, 정무국을 비서국으로 환원하였으며, 당원과 당조직에 대한 검열기능을 강화하기 위해 당중앙검사위원회를 강화시켰고, 규율조사부와 법무부를 신설하여 당의 대내외 감시 기능을 강화하였다.

인사로 세대교체와 실무능력 위주의 인사 및 측근 인물을 핵심 요직에 발탁하였지만, 반대로 대미·대남라인은 하노이 북미정상회담의 실패, 남북관계 주도권 확보 실패와 경색 국면 장기화의 책임을 물어 당비서국에서 국제담당과 대남담당 비서직책이 사라졌고, 전문부서에 국제부장과 통일전선부장만 남았다.

후쿠시마 오염수 방류 논란

후쿠시마 제1원전은 2011년 동일본 대지진 폭발사고 이후 가동이 중단되었으나, 핵연료 냉각수 및 원전 건물에 지하수와 빗물 등이 유입되어 매일 140톤 규모의 '방사성 오염수'가 발생하고 있어, 처리 방법을 놓고 논쟁이 지속되었다. 이러한 가운데, 일본 정부는 1천 여 개의 저장 탱크에 보관 중인 오염수를 최소 30년간 태평양에 방출하는 계획을 추진 중에 있다고 밝혔다. 이에 대해, 2023년 3월 13일에 기시다 일본 총리는 일본 참의원 예산위원 회에서 "규제 기준을 준수한 처리수 해양 방류는 국제관행에 따른 것"이며, 다핵종 제거설 비 ALPS(Advanced Liquid Processing System)를 통해 오염수 속 방사성 물질들을 제거 한 처리수를 방류하는 것이므로 문제없다는 입장을 보였다.

하지만 오염수 방류에 대해 국민들의 반대 여론이 거세게 일고 있다. 여론조사기관 리서치 뷰가 환경운동연합 의뢰로 2023년 5월 19일부터 22일까지 성인 1,000명을 대상으로 후쿠 시마 오염수 방류에 대해 찬성과 반대 의견을 물은 결과, 찬성은 10.8%에 그쳤지만 반대가 무려 85.4%에 달한 것으로 나타났다. 이러한 결과에 대해 시민방사능감시센터 최경숙 활 동가는 "현재 후쿠시마 원전 부지 지하수 오염은 상상을 초월한다. 동토차수벽은 현재 제 대로 작동하지 않는다."라고 우려하였다. 그러나 결국 이를 막지 못한 채 2024년 9월 후쿠 시마 원전 오염수의 9차 방류까지 이어졌다.

미국 대통령 선거

2024년 11월 5일 시행될 예정인 미국의 제47대 대통령 선거는 당초 조 바이든 대통령과 도널드 트럼프 전 대통령의 재대결로 치뤄질 가능성이 높았으나, 바이든의 후보직 중도 사 퇴에 따라 트럼프와 카멀라 해리스 부통령의 대결로 이뤄질 예정이다. 바이든 대통령은 대 선 출마 포기 전 몇 달간의 여론조사에서 줄곧 트럼프 전 대통령에게 뒤처진 결과를 보였 다. 때문에 당시 이러한 여론조사 결과상 만약 해리스 부통령이 대선 후보가 되더라도 트 럼프에 맞서 그리 선전하지 못할 것이라고 예상이 지배적이었다. 그러나 실제로 해리스가 대선 후보로 뛰어들기 시작하면서 치열한 접전 양상이 펼쳐졌고, 해리스 후보는 전국적인 평균 지지율 여론조사에서 트럼프를 소폭 앞서기 시작했다.

그러나 미국의 선거인단 제도 특성상 가장 많은 표를 얻는 것보다는 어느 주에서 승리했느 냐가 더 중요할 수 있다. 이 한치 앞을 알 수 없는 치열한 접전은 당분간 계속될 전망이다.

일본 정부의 사도광산 유네스코 세계유산 등재 추진

일본은 1930년대 이후 대륙 침략을 위해 한반도를 병참 기지화하고 중일 전쟁과 태평양 전쟁을 일으켰다. 일제는 전쟁 수행을 위해 인적·물적 자원을 통제할 목적으로 1938년 '국가총동원법'을 제정하여 양곡 배급제와 미곡 공출을 실시하였고, 국민 징용령·학도 지원병 제도·징병 제도 등을 실시하여 젊은이들을 전쟁터로 강제징집하였으며, 여자 정신대 근무령을 공포하여 젊은 여성들을 일본군 '위안부'로 삼는 만행을 저질렀다. 이러한 역사적 사실에도 불구하고 일본 정부는 국민 징용령으로 끌려간 조선인이 강제노역을 했던 '군함도(하시마)'의 유네스코 세계유산 등재를 추진하였고, 2020년 군함도는 유네스코 세계유산으로 기록되었다. 한인 강제 노역에 대한 불충분한 설명을 보완하라는 유네스코 위원회의 권고에도 불구하고 일본 정부는 조선인 차별이 없었다는 취지의 역사 왜곡 보고서를 제출하였다. 일본은 조선인이 강제노역에 동원된 또 다른 장소인 '사도광산'의 경우, 대상 기간을 일제 강점기를 배제한 16~19세기 중반으로 한정하여 유네스코 세계유산에 등재를 신청하는 꼼수를 부려 비판받고 있다.

Five Eyes

미국, 영국, 캐나다, 호주, 뉴질랜드 등 영어권 5개국이 참여하고 있는 기밀정보 동맹체이다. 2013년 6월 미국 국가안보국(NSA) 요원이던 에드워드 스노든에 의해 그 실상이 알려졌다. 당시 스노든이 폭로한 NSA의 도·감청 기밀문서를 통해 미국 NSA가 영국·캐나다·호주·뉴질랜드 정보기관과 협력해 벌인 다양한 첩보활동의 실태가 드러났다. 파이브 아이즈는 1946년 미국과 영국이 공산권과의 냉전에 대응하기 위해 비밀 정보교류 협정을 맺은 것을 시초로 1960년에 개발된 에셜론(Echelon)이라는 프로그램을 통해 전 세계 통신망을 취합한 정보를 공유하는 것으로 알려졌다. 2021년 왕이(王毅) 중국 외교담당 국무위원 겸 외교부장은 미국 의회가 파이브 아이즈에 한국을 가입시킬지를 검토하고 나선 데 대한 한국 취재진의 질문에 '냉전시대의 산물'이라고 비판했다.

- Five Eyes+3(한국, 일본, 프랑스)

  대북 정보와 관련한 협력을 더욱 강화하기 위한 목적으로 미국, 영국, 캐나다, 오스트레일리아, 뉴질랜드 5개국 기밀 정보 공유 동맹체인 Five Eyes와 한국, 일본, 프랑스가 참여한 'Five Eyes+3' 협력체가 발족했다. 일본 가나가와현 요코스카시를 거점으로 하는 미국 해군 제7함대 소속 블루리지함을 지휘조정소로 삼아 북한 선박의 해상 환적을 막는 감시 활동을 해왔으나 당국 간 정보 교류 및 협력은 하지 않았다. 그러나 이후 협력체 발족을 통해 북한 관련 정보 교류와 협력을 강화하기로 했다.

RCEP (Regional Comprehensive Economic Partnership; 역내포괄적경제동반자 협정)

2022년 2월 1일 우리나라에서도 발효된 세계 최대 규모의 자유무역협정(FTA)이다. RCEP 발효로 우리나라의 '통상영토'가 늘어나면서 자동차, 철강, 부품 등 기존 수출 주력품목에 더해 게임, 영화 등으로 수출영역이 더 확대될 것으로 기대된다. RCEP는 인구나 교역규모, 전 세계 국가의 국내총생산(GDP) 기준으로 3분의 1에 해당하는 메가 FTA이다. RCEP에는 아세안 10개국(브루나이, 캄보디아, 인도네시아, 라오스, 말레이시아, 미얀마, 필리핀, 싱가포르, 태국, 베트남)과 호주, 중국, 일본, 한국, 뉴질랜드 등 5개국이 참여한다. 이 중 일본은 우리나라와 개별 FTA를 맺지 않은 국가지만 RCEP를 통해 간접 FTA 체결효과도 발생하게 됐다.

IPEF (Indo-Pacific Economic Framework; 인도태평양 경제프레임워크)

조 바이든 미국 대통령이 '인도태평양 경제프레임워크(IPEF)'를 출범시켰다. IPEF는 인도태평양 지역에서 중국의 경제적 영향력 확대를 억제하기 위해 미국이 동맹, 파트너 국가를 규합해 추진하는 일종의 경제 협의체이다. 조 바이든 미국 대통령이 2021년 10월 처음 제안한 IPEF는 디지털·공급망·청정에너지 등 새로운 통상 의제에 관한 공동 대응을 목표로, 상품·서비스 시장 개방 및 관세 인하를 목표로 하는 기존의 무역협정과는 차별점이 있다. 중국이 '역내 포괄적 경제동반자협정(RCEP)'을 주도하고, '포괄적·점진적 환태평양 경제동반자협정(CPTPP)' 가입을 추진하는 데 대한 상대적 전략이라는 평가도 있다. 과거에도 미국 주도의 대중국 견제를 위해 환태평양경제동반자협정(TPP)을 결성했다. 그러나 체결 후 트럼프가 집권하면서 미국 시장개방 확대에 따른 일자리 감소를 우려해 TPP에서 전격 탈퇴했다.

2023년 7월 부산에서 IPEF 4차 공식협상을 개최한다. 우리나라는 호주, 인도네시아, 싱가포르에 이어 4번째 공식 협상을 개최하는 국가가 되었다. 이번 협상에는 미국, 일본, 호주 등 총 14개국이 참석한다. 이번 부산 협상에서는 무역, 청정경제, 공정경제 분야의 주요 의제를 놓고 논의를 진행할 예정이다.

Quad (Quadrilateral Security Dialogue; 4자 안보회담)

중국을 견제하기 위한 아시아 태평양 주변 미국, 일본, 호주, 인도 4개국이 참여하는 안보 회담이다. 쿼드(Quad)는 안보 협의체가 아니라 2004 인도양 지진해일 당시 재해 복구 작업을 돕기 위해 논의하던 '쓰나미 코어 그룹'에서 시작됐다.

- **시작**

2007년 일본 아베 신조 전 총리가 인도를 방문하여 아시아-태평양 지역의 자유와 번영을 강조하면서 미국 일본 호주로 이루어진 재난 복구 지원 협의체에 인도를 초대했다. 이때 시작된 4개국 대화체가 쿼드(Quad)의 모태가 됐다. 이후 미국, 일본, 호주, 인도로 이뤄진 쿼드(Quad)는 실무그룹 회의와 해양 훈련을 실시하게 됐다. 2012년 아베 전 총리의 논문에서 아시아의 민주주의 보안 다이아몬드 구상이 수록됐다. 그 내용은 동중국해와 남중국해에서 늘어나고 있는 중국의 도발적 행동에 맞서 민주주의 가치를 공유하는 아시아·태평양 역내 4개국이 집단 안보를 통해 중국의 진주목걸이 전략을 억제한다는 구상이다. 하지만 중국의 반발과 각국의 정치 사정으로 한 차례 모임을 끝으로 이어지지 못했다.

- **부활**

2017년 도널드 트럼프 행정부가 들어서면서 상황이 급변했다. 필리핀에서 열린 동남아시아국가연합(ASEAN) 정상회의에서 미국, 일본, 인도, 호주는 쿼드(Quad)의 부활을 선언했다. 그 배경에는 중국과 불공정 무역관행으로 시작된 무역전쟁, 양안관계, 중국의 남중국해 군사기지화 등 주변국들의 안보에 대한 우려가 있었다. 2017년 첫 실무급 회담을 시작으로 6차례 실무급 회담과 2차례 외무장관 회담을 진행했고, 2020년 11월에는 인도양에서 4개국이 처음으로 합동 군사훈련도 진행했다. 중국과의 경제 관계 때문에 군사훈련에 미진한 태도를 보였던 호주가 신종 코로나바이러스 사태를 둘러싸고 중국과 극심한 갈등을 겪으면서 세 나라만 해오던 정기 군사훈련에 합류했다.

- **정상급 회담으로 격상**

바이든 행정부가 출범하면서 쿼드(Quad)는 정상급 회담으로 격상됐다. 미국은 Quad가 인도·태평양 정책의 토대가 될 것으로 판단하면서 2021년 2월 Quad 외무장관들이 화상 회담을 가졌고, 3월 첫 정상회담에서 자유롭고 개방적이며 포용적이고 민주적인 인도 태평양을 위해 협력할 것을 다짐한 '쿼드의 정신(The Spirit of Quad)'이라는 제목의 공동성명을 발표했다.

- **2023년 쿼드 정상회의**

미국, 호주, 인도, 일본으로 구성된 안보 협의체인 쿼드(Quad)가 2023년 9월 미국에서 정상회의를 열고 인도·태평양을 포함한 해양 진출을 강화하는 중국에 대한 견제와 북·러 협력을 포함한 북한 문제 대응방안에 대한 논의가 이루어졌다. 회의에서는 '중국'이라는 단어를 언급하지는 않았으나 '동중국해와 남중국해 상황에 대한 심각한 우려'의 뜻을 표명했고 이에 중국은 중국 관영매체를 통해 이를 강도 높게 비난했다. 더불어 2024년 9월 중국은 남태평양에 대륙간탄도미사일(ICBM)을 시험 발사하며 쿼드의 압박에 반발하고 태평양 지역에서 미국과 동맹국을 결제하려는 듯한 움직임을 보이기도 했다.

IPCC (Intergovernmetal Panel on Climate Change; 기후변화에 관한 정부 간 협의체)

각국 정책결정자들에게 '과학에 근거한 기후변화 평가'를 정기적으로 제공하고자 1988년 설립됐다. 인간활동에 대한 기후변화의 위험을 평가하고 '기후변화에 관한 국제연합 기본 협약(UNFCCC)'의 실행에 관한 보고서를 발행하는 것이 주요 임무이다. 2021년 8월에는 '지구온도가 산업화 이전보다 1.5℃ 상승하는 시점이 2040년 이전일 것'이란 내용의 6차 평가보고서 제1실무그룹(WG1) 보고서를 승인ㆍ채택한 바 있다. 2월 28일(우리나라시간), 기후변화에 관한 정부 간 협의체(IPCC)가 '온난화로 작물 생산량이 감소해 앞으로 식량 불안정성이 커질 것이며, 물 부족에 수억 명이 시달리고 수십억 명이 전염병에 위협당할 것'이라고 전망했다.

더 나은 세계 재건 (Build Back Better for the World) 프로젝트

중국의 일대일로 프로젝트를 견제하기 위해 G7 정상들이 합의한 대규모 글로벌 인프라 프로젝트이다. 더 나은 세계의 재건을 목표로, 중남미와 카리브해 지역부터 아프리카와 인도−태평양 지역까지 전세계 개발도상국들의 인프라에 투자하는 계획으로 2035년까지 약 40조 달러(약 4경 4,650조 원)를 투자한다. G7 국가들은 다른 나라들과 협력해 기후, 보건, 디지털기술, 그리고 성 평등 등 4가지 항목에 중점을 두고 프로젝트를 진행해 나아갈 것이라고 밝혔다. 하지만 G7 국가들 간에 의견차이가 존재하는데, 특히 중국과 경제적으로 밀접한 독일과 이탈리아는 미국 편에 서서 중국을 압박하는 데 부담을 느끼고 있다. 또한 40조 달러라는 엄청남 금액의 재원을 마련하는 방법 등 구체적인 내용이 발표되지 않았다.

• 일대일로

중국에서 중앙아시아, 동남아, 중동 등 거쳐 유럽에 이르는 육로와 해로로 연결하고, 일대일로 선상에 위치한 국가들과 경제협력을 강화하는 사업이다. 35년간(2014~2049년) 고대 동서양의 교통로인 현대판 실크로드를 다시 구축해, 중국과 주변국가의 경제ㆍ무역 협력 확대의 길을 연다는 대규모 프로젝트이다. 시진핑 중국 국가주석이 2013년 8월 카자흐스탄에서 최초로 실크로드 경제벨트에 대한 제안을 하면서 주목을 받았다. 중국은 일대일로를 통해 개발도상국 인프라에 투자해 국내 과잉 생산 문제를 해결하고, 이들 지역의 물류, 에너지, 산업 등을 하나로 묶어 자원과 에너지를 안정적으로 확보하여 중국을 중심으로 하는 거대 경제블록을 건설하는 것을 목표로 하고 있다. 하지만 5,200억 달러(약 635조 8,560억 원)이라는 엄청난 규모의 차관을 개발도상국들에게 제공하고 있는 상황에서 빚을 갚지 못하는 국가들이 늘어나자 주변국들에게 부채함정외교로 의심받고 있다.

- **부채함정외교**

개발도상국에 대해 인프라 프로젝트 등에 필요한 자금을 대출해주고 이를 빌미로 해당국가의 경제 및 정치적 영향력을 행사하는 전략을 말한다. 중국의 거대 경제권 구상인 일대일로 프로젝트는 참여국들에 무리한 사업을 진행하게 해 과도한 채무부담을 준다는 지적을 받았다. 파키스탄은 중국으로부터 대규모 차관을 들여와 신장에서 파키스탄 과다르항까지 약 3,000km 구간에 도로와 철도, 송유관 등 인프라를 구축하다가 부채를 감당하지 못하고 국제 통화 기금(IMF)에 구제금융을 신청했다. 인도양의 전략적 요충지인 스리랑카는 중국 자금을 빌려 남부 함반토타 항을 조성했지만 빚을 갚지 못하면서 99년간의 항구 운영권을 중국에 넘겨줬다.

한국 선진국 그룹 변경

유엔무역개발회의(UNCTAD)는 우리나라 지위를 개도국에서 선진국으로 변경했다. 2021년 7월 2일에 개최된 제68차 유엔무역개발회의(UNCTAD) 무역개발이사회 폐막 세션에서 한국을 그룹 A(개발도상국)에서 그룹 B(선진국)로 지위 변경한다는 것에 만장일치로 가결했다. UNCTAD는 개도국의 산업화와 국제무역 참여 증진을 지원하기 위해 지난 1964년에 설립됐으며, 1964년 UN 총회 결의에 따라 UNCTAD 회원국은 그룹 A(아시아·아프리카 99개), B(선진국 31개), C(중남미 33개), D(러시아, 동구권 25개)로 구분됐다.
한국은 선진국 그룹으로 이동하면서 국제무대에서 요구하는 책임과 역할에 부합하도록 선진국과 개도국 간의 가교 역할에 더욱 기여할 예정이다.

- **세계무역기구(WTO) 내 개도국 지위를 포기한 한국**

2019년 10월 25일 한국은 앞으로 미래 협상 시 개도국 특혜를 주장하지 않기로 결정했다고 발표했다. 한국은 1995년 우루과이라운드 협상에서 농업 기반의 취약성과 식량자급률을 근거로 농업 분야에 한정해 개도국 지위를 인정받았다. 그동안 농업 분야에서 한국은 특별, 민감 품목 등에 대해 관세 및 이행 기간 등에 대해 혜택을 받았다. 선진국 지위가 되면 전체 농산물의 4%만 민감품목 지정이 가능하고 그 외는 관세를 인하해야 한다. 한국이 개도국 특혜를 주장하지 않기로 한 배경에는 미국의 입김이 작용했다. 미국은 WTO에 G20 회원국, OECD 가입국, 세계은행 분류상 고소득 국가, 세계 전체 무역량의 0.5% 이상을 차지하는 국가 등을 기준으로 제시하며 개도국으로 인정할 수 없다는 입장을 밝히고 WTO가 이 문제에 실질적 진전을 이뤄내지 못하면 미국 차원에서 이들 국가에 대한 개도국 대우를 일방적으로 중단하겠다고 선언했다. 때문에 대만, 싱가포르, 아랍에미리트, 브라질 역시 개도국 지위를 포기했다.

촉법소년 기준 하향안

2022년 10월 26일, 법무부는 '소년범죄 종합대책' 브리핑을 열고 촉법소년 기준을 현행 만 14세 미만에서 만 13세 미만으로 낮추는 내용의 「소년법」과 「형법」 개정안을 추진하겠다고 밝혔다. 촉법소년(觸法少年)이란 '법이 닿기엔 어린 나이'라는 의미로 법대로 처벌하기엔 아직 어려서 다른 방법으로 훈육·교화하는 대상을 가리킨다. 현재 우리나라 「소년법」에서는 '형벌 법령에 저촉되는 행위를 한 만 10세 이상 14세 미만 청소년'으로 규정하고 이들의 사건을 '소년형사사건'과 '소년보호사건'으로 나누어 특별취급해왔다. 처벌 또한 형사처벌이 아닌 사회봉사나 소년원 송치 등의 보호처분 등으로 대신하였다. 그러나 이번에 추진되는 법 개정이 이뤄지면 만 13세는 촉법소년에서 제외된다. 촉법소년 연령을 낮춰 형사처벌 대상을 더 많은 청소년으로 확대하겠다는 의미이다.

법무부는 촉법소년 연령 하향 추진에 대해 소년범죄로부터 국민을 보호할 필요가 있다면서 촉법소년에 의한 범죄가 지난 2017년 7,897건에서 2021년 1만 2,502건으로 대폭 증가하였으며, 특히 소년강력범죄 중 성범죄 비율은 2020년 86.2%로 나타났다고 설명하였다. 또한 소년의 신체적 성숙도와 사회환경 변화를 고려하였을 때 촉법소년의 연령 하향이 필요하며 전체 보호처분을 받은 촉법소년 중 13세가 차지하는 비중이 약 70%라는 점도 추진 근거로 밝혔다.

전세사기 특별법

2023년 4월 27일, 정부가 전세사기 피해자 지원을 위한 한시 특별법을 발표하였다. 「전세사기피해자 지원 및 주거안정에 관한 특별법(약칭: 전세사기 특별법)」은 법 공포 이후 즉시 시행되며 적용 기간은 시행 후 2년간 유효하다. 다만, 전세사기 특별법의 대상이 되기 위해서는 6가지 요건을 모두 충족해야 한다. 요건은 ▲대항력을 갖추고 확정일자를 받은 임차인 ▲임차주택에 대한 경·공매(집행권원 포함)가 진행 ▲면적·보증금 등을 고려한 서민 임차주택(세부요건 하위법령 위임) ▲수사 개시 등 전세 사기 의도가 있다고 판단될 경우 ▲다수의 피해자가 발생할 우려 ▲보증금의 상당액이 미반환될 우려이다.

특별법에 따른 전세사기 피해자로 인정되면 피해자가 매수를 원하는지, 거주만 원하는지에 따라 다른 지원책이 제공된다. 전세사기 피해자가 거주 중인 주택이 경·공매될 경우, 전세사기 피해자에게 우선매수할 수 있는 권한을 부여한다. 우선매수 신고 시 최고가 낙찰액과 같은 가격으로 낙찰 가능하며, 원한다면 임차인이 한국토지주택공사(LH)에 우선매수권 양도도 가능하다. 거주만 원하는 전세사기 피해자는 현행 매입임대 공급조건과 동일하게 적용해 임대료는 시세 대비 30~50%이며 최대 20년까지 거주할 수 있다. 또한 한국토지주택공사가 전세사기 피해자의 우선매수권을 매입해 공공임대로 제공한다.

또 정부는 재난, 재해 등 위기상황 발생 시 지원하는 긴급복지 지원제도를 전세사기 피해자 가구에도 적용해 1인 가구 기준으로 생계비(월 62만 원), 의료비(300만 원 이내), 주거비(월 40만 원ㆍ대도시) 등을 지원한다. 생계가 바빠 피해지원을 신청하기 어렵거나 몰라서 활용하지 못하는 일이 발생하지 않도록 지방자치단체나 피해지원센터가 직접 찾아가는 서비스도 확대한다.

「이해충돌방지법」

공직자의 부당한 사익추구 행위를 금지해 이해충돌 상황을 예방ㆍ관리하는 내용의 법안이다. 공공기관 내부정보를 이용한 부정한 재산 취득, 공직자 가족의 채용이나 수의계약 체결, 직무와 관련된 거래를 할 경우 사전에 이해관계를 신고하거나 회피 등 공정성이 의심되는 상황을 사전에 방지하고, 부정한 사익 추구행위를 근절하기 위해 공직자가 준수해야 할 10가지 행위기준을 담고 있다.

원래 「이해충돌방지법」은 「청탁금지법」(김영란법)의 초안으로 부정청탁금지와 이해충돌방지 내용이 모두 포함되어 있었다. 2013년 국회에 법안이 제출되었으나 공직자의 직무 범위 등이 지나치게 포괄적이라는 이유로 이해충돌방지 내용이 모두 삭제되었고, 부정청탁금지법만 통과되었다. 8년간 제출과 폐기를 반복하다가 2021년 한국토지주택공사 직원들이 내부정보를 이용해 신도시 땅을 투기한 사실이 적발된 후 논의가 빠르게 진행되면서 2021년 4월 29일 법안이 국회 본회의를 통과했다.

적용대상은 지방의회 의원과 공무직 공무원을 포함한 고위공직자, 공무원, 공공기관 임직원, 국ㆍ공립학교 교사와 교직원 등이다. 적용인원은 약 190만 명 정도이고, 가족까지 포함하면 적용대상은 500~600만 명에 달할 것으로 보인다. 현재 이 법은 2022년 5월 19일부터 시행됐다.

- 이해충돌(Conflict of Interest; 利害衝突)

  공직자 자신의 공적업무와 개인의 사적이익이 연관되어있고, 개인의 사적이익이 공적업무의 공정한 수행에 부적절한 영향을 미치는 상황을 말한다. 우리나라의 경우 이익충돌 상황을 방지하기 위해 공직자윤리법에 '이해충돌 방지 의무'를 명시하고 있다.

전동킥보드법

최근 공유 전동킥보드가 인기를 끌고 있다. 서울 강남과 대학가 등을 중심으로 공유 서비스를 운영하는 업체가 10곳이 넘고 이용자 수도 급증하는 추세이다. 「도로교통법」에 따르면 전동킥보드는 운전면허 소지자에 한해 차도에서만 탈 수 있고 헬멧 착용도 필수로 정해져 있지만 이를 지키는 이용자는 거의 없다. 이러한 문제점을 해결하기 위해 전동킥보드 규제 강화를 내용으로 하는 개정법을 시행했다. 주요개정사항은 원동기면허 이상 소지, 동승자 탑승금지, 안전모 착용 등이다. 헬멧 착용의무화로 전동킥보드 업체에서 안전 헬멧을 부착한 공유 킥보드를 선보였고, 이를 도입한 업체들의 이용 실적이 눈에 띄게 개선되면서 시장의 분위기도 헬멧을 제공하는 방향으로 점차 바뀌고 있다. 면허 없이 전동 킥보드 등 개인형 이동장치를 운전하면 10만 원, 헬멧 등 인명 보호장구를 착용하지 않으면 2만 원, 두 명 이상이 전동 킥보드를 같이 타면 4만 원의 범칙금을 내야 한다. 또한 만 13세 미만의 어린이가 전동 킥보드를 운전하면 보호자는 10만 원의 과태료를 내야 하며, 만 16세 이상만 취득할 수 있는 '제2종 원동기장치 자전거면허' 이상의 운전면허증 보유자만 전동 킥보드를 운전할 수 있다.

청렴계약제

건설공사, 기술용역, 물품구매 등의 입찰, 계약체결, 계약이행과정에서 업체와 계약담당자 간에 뇌물을 주고받지 않겠다는 청렴계약 이행 서약서를 교환하고 위반 시에는 제재를 하는 부패방지제도이다. 1994년 에콰도르 정부는 정부가 조달하는 대규모의 사회간접자본관련 수주에서 25~30% 정도의 뇌물이 오가고 있다는 사실을 발견하고 국제 투명성 기구(International Transparency)에 자문을 요청했다. 국제 투명성 기구는 몇 가지 제안을 하였는데, 그중 하나가 청렴계약제도이다.

국내에서는 서울시가 처음 도입했다. 서울시가 도입한 청렴계약제에 따르면 입찰업체와 관계공무원이 부정한 거래를 하지 않는다는 서약을 의무적으로 하고, 일정 규모 이상의 계약은 시민 옴부즈만에게 공개하며, 이를 위반할 경우 해당업체는 일정기간 입찰자격이 박탈된다.

민법상 '인격권' 도입

입법예고안은 인격권을 '사람의 생명, 신체, 건강, 자유, 명예, 사생활, 성명, 초상, 개인정보, 그 밖의 인격적 이익에 대한 권리'라고 정의한 「민법」 제3조의2 제1항을 신설, 인격권으로 보호될 수 있는 이익의 예시를 구체적으로 규정했다. 또 인격권이 침해된 경우 사후적 손해배상청구권만으로는 권리구제의 실효성을 확보하기 어렵다는 점을 보완하기 위해 인격권 침해의 중지를 청구하거나 필요하면 사전적으로 침해의 예방을 청구할 수 있는 법안도 마련했다. 기존의 민법체계는 소유권과 채권을 중심으로 구성돼 있었으나 이와 대등한 권리로 인격권을 주장할 수 있도록 한 것이다. 인격권 명문화로 인한 효과에 대해서는 '사람의 인격권이 침해됐지만 형법상 죄로 명확하게 인정되지 않는 경우라도 민법상 인격권이 인정되면 손해배상이나 침해 중지, 예방 등을 청구할 수 있는 실익이 있다'고 설명했다.

피선거권 만 18세로 하향

국회가 2021년 12월 31일 본회의에서 총선·지방선거 피선거권 연령 기준을 만 25세에서 만 18세로 낮추는 내용의 「공직선거법」 개정안을 의결하면서 만 18세 이상이면 누구나 국회의원 선거와 지방선거에 출마할 수 있게 됐다. 이에 고3 학생도 선거일을 기준으로 생일이 지났을 경우 총선과 지방선거 출마가 가능하다. 2022년 3월 9일 대통령선거와 함께 치러지는 국회의원 재·보궐선거부터 적용됐다.

검·경 수사권 조정안

국회는 2020년 1월 13일 검찰 권한을 분산시키는 내용의 검·경 수사권 조정법안(「형사소송법」·「검찰청법」 개정안)을 통과시켰다. 이로써 검찰의 수사지휘권은 1954년 형사소송법이 제정된 지 66년 만에 폐지됐다. 그간 형사소송법은 검사를 수사권의 주체로, 사법경찰관은 검사의 지휘를 받는 보조자로 규정해왔으나 개정안 통과로 검·경 관계는 '지휘'에서 '협력'으로 바뀌었다. 경찰에 1차 수사 종결권을 부여한 점도 개정안의 핵심이다. 경찰은 혐의가 인정되지 않는다고 판단한 사건을 자체 종결할 수 있다. 검찰의 직접수사 범위도 제한됨에 따라 검찰은 부패범죄, 경제범죄, 공직자범죄, 선거범죄, 방위사업범죄, 대형참사 등 대통령령으로 정하는 중요 범죄와 경찰공무원이 범한 범죄로 한정된다.

검수완박법

문재인 전 대통령이 이른바 '검수완박(검찰 수사권 완전박탈)' 법안 공포안을 의결했다. 이로써 검수완박 법안의 모든 입법·행정 절차가 사실상 마무리됐다. 이 법안으로 검찰의 직접 수사권이 대폭 축소될 수밖에 없기 때문에 여당과 검찰의 반발이 거세졌다. 검찰이 수사를 개시할 수 있는 범죄를 부패범죄와 경제범죄로 규정하는 등 검찰의 직접수사 범위를 축소하고 검찰 내에서도 수사와 기소를 분리해 나가는 한편, 부당한 별건수사를 금지하는 등의 내용을 담고 있다.

현역 장교, 군사기밀 유출 시도

북한 해커(공작원)가 가상화폐를 대가로 우리나라 현역 장교 B대위를 포섭해 군사기밀을 빼내고 전산망 해킹까지 시도한 사건이 발생하면서 군이 대책 마련에 착수했다. 특히 현역 장교가 북한 공작원과 직접 대면 없이 SNS만으로 포섭된 첫 사례이다. 이번 사건은 비트코인을 지급하겠다는 북한 해커의 제안에 넘어간 민간인과 현역 군인이 각자 지령을 받고 간첩활동을 벌였다. 민간인 이씨는 군사기밀 탐지에 사용되는 USB 형태의 해킹장비(포이즌탭) 부품도 구매한 것으로 파악됐다. 이 부품들을 노트북에 연결하면 북한 해커가 원격으로 프로그래밍을 할 수 있다. 이 과정에서 B대위는 해커와 이씨에게 한국군 합동지휘통제체계(KJCCS) 로그인 자료 등을 제공한 사실도 확인됐다. 또한 북한 해커의 지령을 받고 KJCCS 해킹시도를 돕기 위해 각자 부여받은 '임무'에 따라 사전에 준비한 것도 확인됐다.

- 포이즌탭

  컴퓨터의 USB포트에 꽂아 사용하는 해킹장비로 미국의 해커인 새미 캄카르가 개발했다. 개발 당시 5달러라는 저렴한 가격으로 화제가 됐으며, 피해 컴퓨터가 인터넷에 접속해 있는 것처럼 속여 정보와 트래픽을 탈취해 원격 사용이 가능하도록 한다.

하이브리드 전쟁

군사적 수단과 비군사적 수단을 동원해 전쟁 상대국의 혼란과 불안을 야기하는 것을 말한다. 재래전을 포함해 가짜뉴스, 정치공작, 사이버공격, 난민유입 등 여러 방법으로 상대국에 공포와 혼란을 일으킨다. 모든 수단을 총동원한다는 특징 때문에 '복합전쟁', '비대칭 전쟁'이라고도 한다. 전쟁에는 무력충돌이 반드시 수반되는 데 비해 하이브리드 전쟁은 군사력 사용을 줄임으로써 공격 주체 및 의도가 잘 드러나지 않기 때문에 피해자 입장에서는 신속한 방어가 어렵다. 가능한 모든 수단을 동원해 내부분열, 여론악화, 사회혼란 등을 일으켜 상대에게 투입한 비용이나 노력보다 훨씬 더 큰 타격을 가하는 데 목적이 있다. 러시아가 2014년 크림반도를 강제병합한 것을 두고 서방에서는 하이브리드 전쟁의 첫 사례로 거론하고 있으며, 2021년 9~11월 폴란드와 벨라루스 국경에서 일어났던 난민 월경사태도 하이브리드 전쟁이라는 의혹이 제기된 바 있다.

다르푸르 학살

국제형사재판소(ICC)가 2022년 4월, 사건 발생 20여 년 만에 처음으로 수단 다르푸르 학살 관련 재판을 열었다. 이번에 재판을 받는 알리 무하마드 압드 알 라흐만은 잔자위드의 전 지도자로 혐의를 전면 부인했다. 다르푸르 학살은 2003년 당시 기독교계 흑인 반군조직이 바시르정부의 차별에 맞서 무장투쟁을 전개하면서 시작된, 아랍계 주축이었던 당시 대통령 오마르 알 바시르의 수단정부와 비 아랍계 토착 아프리카계 반군 사이에 벌어진 정부 주도 학살사건이다. 대통령의 지시로 조직된 '잔자위드(Janjaweed)'라는 이름의 아랍계 무장민병대가 반군세력만이 아닌 기독교계 흑인과 민간인 등 비아랍계 30만 명을 학살했다. UN에 따르면 당시 사건으로 30만 명이 사망했고 250만 명의 난민이 발생했다.

04 경제 · 경영 · 금융

임금피크제 (성과연급제)

임금피크제는 노동자가 일정한 연령에 도달한 뒤 고용보장이나 정년연장을 조건으로 임금을 감축하는 제도이다. 고령화 추세 속에서 기존 연공급 임금체계로는 임금이 노동생산성을 따라잡지 못할 것이므로 기업의 부담 경감과 고용 안정을 위해 정년 보장과 임금 삭감을 맞교환하자는 취지로 2000년대 들어 도입이 시작됐다. 처음에는 공공기관을 중심으로 일부 사업장에서만 적용되다가 2013년 고용상 「연령차별 금지 및 고령자 고용 촉진에 관한 법률(약칭: 고령자고용법)」 개정으로 노동자의 정년이 60세 이상으로 늘면서 산업계 전반에 확산됐다. 2022년 합리적인 이유 없이 연령만을 이유로 직원의 임금을 삭감하는 임금피크제는 「고령자고용법」을 위반한 것이므로 무효라는 대법원의 판결로 임금피크제를 통해 인건비를 절감해온 기업들에 비상이 걸렸다. 향후 유사한 소송이 이어질 것이라는 예상처럼 이후 제도의 정당성에 문제를 제기하며 임금 차액 반환을 요구하는 근로자의 소송이 끊임없이 이어졌다. 대법원 판결문 열람시스템에 따르면 2023년 임금피크제 관련 소송은 선고일자 기준 213건으로 전년(111건) 대비 두 배 가까이 증가했다. 특히 1심 사건은 같은 기간 80건에서 187건으로 크게 늘었다. 새롭게 법원에 접수된 사건이 특히 많이 증가한 것으로 보인다. 2024년 전체 사건도 9월 기준 89건에 달해 연간 기준으로 2022년 수준을 웃돌 것으로 전망된다.

그러나 법원이 사건마다 엇갈린 판단을 내리면서 임금피크제를 두고 기업과 근로자들의 혼란이 증폭되고 있다. 이에 따라 고령자 고용 안정을 위해 도입된 임금피크제가 결국 노사 갈등의 원인으로 고착화하고 있다는 지적도 피할 수 없을 것으로 예상된다.

테이퍼링 (Tapering)

'점점 가늘어지다'라는 뜻의 테이퍼링은 정부가 경기부양을 위해 초저금리를 유지하며 국채나 금융자산 매입 등으로 통화를 푸는 양적완화 정책을 쓰다가 경기회복과정에서 과도한 통화공급으로 인한 물가상승을 막기 위해 양적완화를 점차 축소하는 것이다. 테이퍼링이 본격적으로 시행되면 투자자들은 금리인상을 예상해 자산을 매각하고 신흥국 달러자금을 회수하게 된다.

폰지사기 (Ponzi Scheme)

실제 자본금은 들이지 않고 높은 수익성을 미끼로 투자자들을 끌어모은 뒤 나중에 투자하는 사람의 원금을 받아 앞 사람에게 이자나 배당금을 지급하는 방식의 사기수법을 말한다. 1920년대 미국 보스턴에서 대규모 다단계 금융사기극을 벌였던 이탈리아계 미국인 찰스 폰지(Charles Ponzi)의 이름에서 따왔다. 주로 수익에 비해 이자가 큰 경우 발생하는 경제위기를 나타내거나 채무자가 지속적으로 빚을 굴려 원금과 이자를 갚는 상황을 표현하는 용어로 사용된다. 폰지사기 사건으로 인한 피해가 이어지자 전문가들은 관련 당국의 적극적인 홍보와 재발방지를 촉구하고 있다.

가상화폐

화폐 개발자가 온라인에서 발행하여 온 · 오프라인의 특정 커뮤니티에서 거래 수단으로 사용하는 화폐이다. 즉, 가상화폐는 컴퓨터 등에 정보 형태로 남아 실물 없이 온라인에서 지불 수단으로 사용된다. 가상화폐는 공인기관이 관리에 관여하지 않으므로, 개발자가 화폐 발행 규모를 자율적으로 관리한다. 전자화폐와 달리 발행 주체가 금융회사 또는 전자금융업자가 아닌 기업이므로 정부의 통제를 받지 않으며 구입을 위해 지출한 돈만큼의 가치를 가지지만 발행 기업의 서비스 내에서만 통용된다.

일반적으로 암호화폐인 비트코인을 가상화폐로 부르고 있으나 암호화폐는 개발자가 발행에 관여하지 않으며 인터넷 같은 가상공간뿐 아니라 현실에서도 통용되므로 가상화폐와는 차이가 있다. 가상화폐에는 인터넷 쿠폰, 모바일 쿠폰, 게임 머니 등이 있다. 한편, 2012년 유럽 중앙은행(European Central Bank)은 가상화폐를 "가상화폐 발행자가 발행 · 관리하고, 특정 가상 커뮤니티의 구성원들 사이에서 이용되며 대부분 법적 규제를 받지 않는 디지털 화폐"라고 정의했다.

비트코인 도미넌스

전 세계 가상자산시장에서 비트코인 시가총액이 차지하는 비율을 뜻한다. 비트코인 도미넌스는 '비트코인 가격이 강세를 기록하며 전반적인 가상자산시장이 불(Bull) 장일 때', '시가총액이 큰 알트코인 가격이 오를 때', '비트코인보다 알트코인의 투자매력이 클 때' 하락하는 경향을 보인다. 일반적으로 비트코인 도미넌스가 강하면 알트코인은 가격상승에 제약을 받게 된다. 최근 비트코인의 대체재 역할을 하는 알트코인에 투자하는 사람들이 늘어나면서 비트코인의 거래비율이 감소했다. 루나 · 테라 쇼크에 따른 충격으로 투자심리가 위축되어 이더리움을 필두로 하는 알트코인들이 약세를 벗어나지 못하고 있는 가운데 2022년 5월 27일 비트코인 도미넌스가 46.55%를 기록하며 2021년 10월 이후 최고치를 기록했다.

- 암호화폐 과세논란

「소득세법」개정에 따라 2023년 1월 1일 0시 이후부터 가상자산을 팔아 얻는 기타소득이 연 250만 원을 넘으면 20%(지방세 포함 22%)의 세율로 분리과세한다. 기타소득은 일시적, 우발적 소득에 대해 부과하는 것인데, 이는 국제적 기준이나 외국의 입법례와 부합하지 않는 측면이 강하다. 가상자산은 자산으로서의 내재가치가 없다는 것이 정부의 일관된 기조이다. 그러나 이에 대하여 주식과 같이 투자자 보호정책부터 만들고, 제도권으로 끌어들여 과세하는 것이 맞다는 반대의견도 많다.

- 디지털네이티브(Digital Native)

어린 시절부터 디지털 환경에서 성장한 세대를 뜻한다. 스마트폰과 컴퓨터 등 디지털 기기를 원어민처럼 자유자재로 활용하는 세대라는 의미로 미국 교육학자인 마크 프랜스에 의해 탄생한 개념이다. 현 2030세대는 바로 이 디지털네이티브로 SNS 공간에서 투자정보를 학습, 공유하고 자산투자를 결정한다. 따라서 코인이든 주식이든 투자결정이 빠르고 쉽게 옮겨다닌다. 이들은 이러한 특성 때문에 가상의 화폐에 대한 두려움도 없고, 또한 위험도는 높지만 잘하면 한몫 잡을 수도 있는 코인시장으로 몰리는 것이다.

- 비트코인 블루(Bitcoin Blue)

비트코인 등의 가상화폐에 투자하면서 생기는 우울증을 말한다. 변동성이 큰 가상화폐시장의 특성상 시시각각 변하는 상황에서 불안감과 우울증을 겪게 되는 것이다.

구글세

정식명칭은 '디지털세'로 특허료 등 막대한 이익을 올리고도 조세 조약이나 세법을 악용해 세금을 내지 않았던 글로벌 정보통신기술 업체들에게 부과하기 위한 세금이다. 다국적 IT 기업의 독과점 및 조세회피 문제를 해결하고 방지하기 위해 부과하는 세금과 이들이 사용하는 콘텐츠에 부과하는 이용 요금을 포함한다. 처음 해당 논쟁이 구글을 대상으로 시작되어 구글세라고 부르기도 한다.

구글세는 세율이 낮은 나라로 소득을 이전하여 회피하는 법인세에 부과하려는 세금까지 통칭한다. 실례로 구글은 2011년 영국에서 32억 파운드(약 5조 4,000억 원)의 매출을 올렸다. 하지만 이 기간 동안 구글이 영국 정부에 낸 법인세는 600만 파운드(약 100억 원)가 전부다. 영국 법인세율이 20%라는 점을 감안하면 세금을 안 냈다고 봐도 무방하다. 하지만 구글 측은 자사 사이트를 통한 신문 게재가 언론사 트래픽을 늘리는 데 기여했기 때문에 사용료 지불은 부당하다는 입장이다. 구글세는 특히 유럽에서 이슈이며, 스페인 정부는 2014년 10월 구글세 법안을 통과시켰다. 스페인은 '지식재산권법'을 개정해 구글이 신문·잡지 기사에 대해 저작권료를 내지 않고 발췌나 링크하면 30~60만 유로의 벌금을 부과할 수 있게 했다.

경제협력개발기구(OECD)·주요 20개국(G20) 포괄적 이행체계(IF)는 디지털세 도입을 추진하고 있으며 공청회를 거쳐 최저한세 과세 관련 절차를 지원하기 위한 'GloBE 이행체계'를 마련하여, 구체적인 신고 서식이나 정보 교환 방법 등 세부 사항을 포함하고, 기획재정부는 국제 합의 결과를 반영하여 올해 세법 개정안에 반영하기로 했다.

• 디지털세 합의안 주요 내용

필라1(매출발생국에 과세권 배분)

일정규모 이상인 다국적기업이 얻은 글로벌 초과이익의 일정 부분에 대해 과세권을 시장소재국(매출발생국)에 배분	
적용대상	연결매출액 200억 유로(27조 원) 및 이익률 10% 이상 기준을 충족하는 글로벌 다국적기업 ※ 채굴업, 규제 대상 금융업 등 일부 업종 제외
과세대상	글로벌 이익 중 통상이익률 10%를 넘는 초과이익에 배분율 25% 적용
도입시기	2024년 시행 계획

필라2(글로벌 최저한세 도입)

다국적기업의 소득에 대해 특정 국가에서 최저한세율보다 낮은 세율 적용 시(실효세율<최저한세율) 다른 국가에 추가 과세권을 부여

적용대상	연결매출액 7.5억 유로(1조 원) 이상 다국적 기업 ※ 정부기관, 국제기구, 비영리기구, 연금펀드 · 투자펀드, 국제 해운 소득 등은 제외
최저한세율	최저한세율 15%
도입시기	2024년 시행 계획

※ 출처: 기획재정부(www.moef.go.kr)

이커머스 (E-commerce)

이커머스란 컴퓨터(PC)통신 또는 인터넷을 이용해 온라인으로 이뤄지는 전자상거래를 일컫는 말로 'Electronic Commerce'의 약자다. 일상적인 상품거래뿐만 아니라 고객 마케팅이나 광고, 정부의 제품조달, 서비스 등의 거래도 포함하는 개념이다. 스마트폰의 보급 이후 PC를 기반으로 하던 전자상거래시장이 모바일 쇼핑으로 빠르게 변화하고 있다.

또한 이러한 변화에 중국 전자상거래(이커머스) 플랫폼 알리익스프레스발 '쓰나미'가 시작되면서 국내 이커머스시장 구도가 한 치 앞을 내다보기 힘든 안갯속에 빠졌다. 국내업체를 비롯해 중국과 미국 등 타 국적의 업체까지 경쟁에 가세하면서 한국이 글로벌 이커머스 격전지가 될 전망이다.

• 알리익스프레스의 글로벌 셀링 프로그램

알리익스프레스가 국내 중소 판매자들의 해외 시장 진출을 지원하기 위한 전략으로 역직구(해외 직접판매) 서비스를 제공하며 5년간 수수료와 보증금을 받지 않겠다고 밝혔다. 초기 비용 부담을 최소화하는 방식을 통해 국내 판매자 유입을 늘리겠다는 취지로 보인다. 또한 알리익스프레스는 외국어 지원 백엔드, 다국어 무료 번역 시스템 등을 제공하여 한국 셀러들의 해외 상품 판매를 돕고 향후 판매목록을 확장할 계획이라고 밝혀 국내 중소 판매자들의 관심이 집중되고 있다.

디지털 서비스법 (DSA; Digital Service Act)

유럽연합(EU)이 월별 활성이용자가 4,500만 명 이상인 거대 글로벌 IT기업에 유해콘텐츠 검열의무를 규정한 법이다. 2020년부터 논의됐으며 2022년 4월 벨기에 브뤼셀에서 열린 의회에서 유럽의회가 제정에 합의했다. 규제대상인 기업들은 자사 플랫폼에서 미성년자를 대상으로 한 부적절한 콘텐츠, 허위정보, 특정 인종 · 성 · 종교에 대한 차별적 콘텐츠, 아

동학대, 테러선전 등의 불법 유해콘텐츠를 의무적으로 제거해야 하며 삭제정보도 공개해야 한다. 이 법안에는 알고리즘의 설계원리를 투명하게 공개하는 내용도 포함된 것으로 알려졌다. 추후 EU 회원국과 유럽의회의 승인을 거쳐 2024년 시행될 예정이다. 유럽의회가 디지털 서비스법 제정에 합의하면서 규제대상인 거대 IT기업들은 자사 플랫폼에서 불법 유해콘텐츠를 삭제하지 않을 경우 매출의 최대 6%에 달하는 과징금을 부여받게 됐다.

국가데이터정책위원회

DNA(데이터 · 네트워크 · 인공지능) 산업생태계 조성을 위해 향후 3년간 20조 9,000억 원의 재정을 투자하고, 모빌리티와 바이오헬스 분야도 규제샌드박스 적용을 추진한다. 혁신성장 BIG3 추진회의에서 이 같은 'DNA 추진현황과 발전방향'을 논의하면서, 정부는 「데이터산업법」 시행과 함께 공공 · 민간부문 데이터 정책을 총괄하는 컨트롤타워인 국가데이터정책위원회를 신설했고 위원장은 국무총리가 맡는다. 「데이터산업법의」 시행령 · 규칙을 제정하고, 데이터사업자 신고제 · 가치평가제도 같은 신규제도 설계 등의 후속조치도 추진한다. 또한 자율주행, 금융재정, 재난안전, 생활환경, 스마트시티, 헬스케어 등 수요가 많은 6개 분야의 국가중점데이터는 고품질로 추가 개방한다.

규제샌드박스

신산업 혁신 성장을 위해 새로운 제품 · 서비스에 대해 일정기간 동안 기존 규제를 면제 또는 유예시켜 주는 제도로, 국무조정실과 산업통상자원부, 과학기술정보통신부, 금융위원회, 국토교통부 등 관련 부처의 승인을 받아야 한다. 규제샌드박스에서는 새로운 가치 창조 활동의 개념을 폭넓게 판단하며, 크게 제품융합, 서비스융합, 제품 · 서비스 융합으로 나눈다. 예를 들어 제품융합으로 2개 이상 제품의 기능 속성을 하나로 합쳐 새로운 가치를 창조하는 자율주행자동차, 수동식 휠체어 전동보조키트, 서비스융합으로 2개 이상 서비스의 기능 속성을 하나로 합쳐 새로운 가치를 창조하는 건강관리서비스, 공유주방서비스 등이 있다. 또한 기존 제품에 부가 서비스를 제공하여 새로운 가치를 창조하는 것으로 공유퍼스널모빌리티, 라테아트 3D프린터, 디지털사이니지서비스 등이 있다.

IPO (Initial Public Offering; 기업공개)

비상장기업이 정해진 절차에 따라 일반 불특정 다수의 투자자들에게 새로 주식을 발행하거나 기존 주식을 매출하여 유가증권시장 또는 코스닥시장에 상장하는 행위를 말한다. 투자자 입장에서 IPO는 상당히 좋은 기회이다. 비상장회사들 중에서도 의외로 우량기업들이 많기 때문이다. IPO를 하게 되면 필연적으로 이런 주식의 가치는 재조정되게 되고, 그럼 투자자들은 저렴한 가격에 유망한 주식을 살 수 있다. 물론 이런 주식에도 주의가 필요하다. 상장하는 회사들에 흔히 나타나는 현상인 공모가에 비해서 주가가 떨어지는 경우가 있기 때문이다. 가장 큰 이유는 시장이 생각하는 가격과 매출, 순이익 등을 고려하여 산출한 가격의 괴리 때문이다.

- 따상

  주식시장에 신규 상장하는 종목이 거래 첫날 공모가 대비 두 배로 시초가가 형성되는 것을 뜻한다. 시초가는 시장이 처음 열렸을 때 결정된 가격이다. 따상을 기록하게 되면 당일 수익률이 공모가보다 160%에 달한다. 그래서 투자자들은 상장 전 공모주 청약을 통해 주식을 배정받기 위해 증거금을 예치한다. 공모주 청약은 경쟁률에 비례해 주식을 배분받게 된다. 많은 사람들이 청약에 나설 경우 그만큼 경쟁률이 높아지고 받을 수 있는 주식 수가 줄어들게 된다.

선학개미

다른 사람보다 먼저(先) 잠재력이 있는 기업을 알아보고 상장 전에 매수하는 비상장주식 투자자들을 뜻한다. 주로 20~30대가 주도하고 있으며 비상장종목을 빠르게 매수해 상장 이후 큰 이익을 거두는 것이 목적이다. 그러나 비상장기업의 경우 공시정보가 많지 않기 때문에 투자위험이 높으므로 주의가 필요하다. 외국인 투자자들의 대규모 매도에 대응하는 한국의 개인 투자자를 일컫는 '동학개미'와 미국 등 해외 주식에 투자하는 개인 투자자를 일컫는 '서학개미'에 빗댄 용어이다. 2024년 하반기 국내 증시에 입성한 새내기주들의 부진으로 비상장 기업에 선제 투자하는 선학개미들의 움직임도 약화되는 양상이다.

공기업 민영화 논란

공기업의 민영화 추진은 매년 끊임없이 재기되는 논쟁이다. 이에따라 2022년 6월, 기획재정부 장관은 "전기, 가스, 철도 등 국민에게 필수적 서비스를 제공하는 공기업의 민영화를 검토한 적도, 검토할 계획도 없다"는 뜻을 밝히며 정부가 추진하는 공공기관 개혁이 민영화로 이어질 수 있다는 일각의 우려에 대해 이 같은 입장을 명확히 밝혔다. 그는 "공공기관이더라도 공익성도 있지만 운영은 효율화해야 한다"라고 언급하며 "일을 더 잘하는 공공기관을 만들기 위한 개혁을 추진하는 것"일뿐, 공기업을 민영화 한다는 의미가 아니라고 강조하였다.

수소법 시행

산업통상자원부는 「수소경제 육성 및 수소 안전관리에 관한 법률(약칭: 수소법)」 개정안의 연말 시행을 앞두고, 수소 신기술에 대한 안전관리 방안을 마련하기로 했으며, 정책위원회 회의를 개최했다. 수소경제 활성화로 수소 생산·저장·유통·활용 등 전(全)주기에 걸쳐 다양한 수소 신기술 개발·도입이 추진되고 있으며 동시에 해당 신기술에 대한 안전관리 방안 필요성 또한 높아지는 상황이다. 이에 산업부는 올해 11월까지 '수소 전주기 안전관리 종합계획'을 수립하기로 하고, 산·학·연 전문가가 참여하는 수소 안전관리 정책위원회를 구성해 수소 신기술 개발·도입에 필요한 안전기준을 마련하기로 했다.

수소법 개정안은 청정수소 산업 생태계를 생산·저장·유통·활용 등 전주기에 걸쳐 조성하기 위한 것으로, 청정수소 판매량·사용량, 수소발전량 의무 구매·공급 등을 명시하고 있다.

포모 (FOMO; Fear Of Missing Out) 증후군

최신 트렌드를 파악하지 못하거나 타인으로부터 소외·단절되는 것에 불안함을 느끼는 것을 말한다. 포모증후군에 걸린 이들은 SNS에서 손을 떼지 못하거나 자신의 모든 일상을 습관적이고 강박적으로 타인에게 공유하는 모습을 보인다. FOMO는 원래 마케팅 분야에서 사용하던 용어로 홈쇼핑에서 흔히 볼 수 있는 '한정수량', '매진임박'이 FOMO 전략의 예시이다. 최근에는 비트코인, 주식이 성행하는데 본인만 돈을 벌지 못하는 것 같아 무작정 투자하거나, 초조함, 열등감을 느끼는 이들에게도 사용된다. 포모증후군은 심하면 우울증, 불면증까지 유발할 수 있다.

MS 클라우드 서비스 오류

미국 마이크로소프트(MS)가 제공 중인 클라우드 서비스에 장애가 발생하면서 전 세계적인 사이버 대란이 벌어졌다. 미국과 호주, 유럽 등에서는 금융·공항·방송·통신 등 이와 관련된 시스템이 마비되었고, 이날 미국의 아메리칸항공과 델타항공, 유나이티드항공 등 여러 항공사에서 예약과 체크인이 지연되어 항공기 운영이 중단되는 사태까지 벌어졌다. 국내에서도 이스타항공과 에어프레미아, 제주항공 등 일부 항공사들의 발권이 중단되어 수기 발권을 통해 체크인을 진행하는 등의 상황이 벌어졌다.

미국 보안 기업 크라우드스트라이크가 배포한 업데이트 패치가 MS 윈도 운영체제(OS)와 충돌한 것이 오류의 원인으로 지목되고 있다. 이날 MS 클라우드 서비스에 오류가 발생하며 항공뿐만 아니라 전 세계의 정보기술, 방송·통신, 금융기관 등이 잇달아 마비됨에 따라 클라우드 시장을 약 70% 점유 중인 AWS, MS, 구글 3사의 독과점과 이로 인한 이런 대형 사고 반복 가능성 우려가 잇따를 전망이다.

프렌드쇼어링 (Friend-shoring)

코로나19와 러시아의 우크라이나 침공, 중국의 봉쇄정책 등이 촉발한 글로벌 공급망 위기로 세계경제가 출렁이자 미국이 동맹국 간 공급망을 구축하기 위해 전략적으로 움직이는 것을 말한다. 이를 통해 '믿을 만한 동맹국끼리 뭉쳐 상품을 안정적으로 확보하겠다'는 목적이지만, 중국과 러시아를 공급망에서 배제하려는 의도가 반영됐다는 분석도 있다. 이에 따라 미국은 유럽연합(EU), 호주정부 등과 협력을 강화하고 있으며 기업들도 자발적으로 프렌드쇼어링에 나서고 있다. 그러나 '세계의 공장'으로 불리는 중국의 값싼 인건비를 포기할 경우 생산비용이 늘어나고, 이것이 소비자 가격에 포함되므로 인플레이션을 촉발할 가능성이 높다.

슬로우플레이션 (Slowflation)

경기회복 속도가 더뎌지는(Slow) 저성장상태에서도 물가상승(Inflation)이 발생하는 현상을 가리키는 말이다. 스태그플레이션(Stagflation)보다는 경기하강의 강도가 약할 때 사용된다. 스태그플레이션이 경제성장률이 마이너스로 내려간 상태에서 물가가 급등하는 상태라면 슬로우플레이션은 마이너스 성장까지는 아니지만 저성장상태가 계속되는데 물가가 상승하는 현상을 가리킨다.

넥스트레이드 (Nextrade)

금융감독원이 2025년 3월 대체거래소(ATS)인 '넥스트레이드' 출범을 앞두고 증권사가 투자자 주문을 최선의 거래조건으로 처리하게 하기 위해 최선 집행의무 가이드라인을 발표했다. 넥스트레이드란 현재 한국거래소가 독점하고 있는 증권시장을 경쟁이 가능한 복수시장 체제로 전환해 자본시장의 인프라를 질적으로 발전시키겠다는 목표하에 추진 중인 다자간매매체결회사(ATS · Alternative Trading System)를 의미한다. 자본시장법에 따르면 ATS는 전산시스템과 네트워크를 활용하여 동시에 다수의 거래자를 대상으로 경쟁매매 등 방법을 통해 상장주권 등을 매매하거나 그에 대한 중개 · 주선 · 대리 업무를 하는 투자매매업자 또는 투자중개업자로 정의된다. 금융투자협회와 주요 증권사 등 34곳이 출자한 넥스트레이드는 2022년 설립돼 2023년 7월 금융위원회의 예비인가를 취득했고, 2025년 초 거래업무를 수행할 예정이다.

미국 연방준비제도 금리 동결

2023년 6월 14일(현지시각), 미국 연방준비제도가 기준금리(5.00~5.25%) 동결을 선언하였다. 그동안 40년 내 최악의 인플레이션에 직면했던 미국은 가파른 금리 인상을 단행하였고, 2022년에는 3월부터 10차례에 걸쳐서 기준금리를 인상해왔다. 다만 물가 상승률을 목표치인 2%대로 낮추기 위해 연내 2차례 추가적인 기준금리 인상 가능성을 열어두었다. 올해 안에 기준금리를 낮출 계획에 있냐는 질문에 파월 의장은 물가상승률이 상당히 많이 내려가는 시기에 금리를 인하하는 것이 적절하므로 2~3년이 걸릴 수 있다고 밝혔다.

인플레이션 감축법 (IRA)

2022년 8월 16일 발효된 미국의 '인플레이션 감축법'은 급등한 인플레이션 완화를 위한 것으로, 기후변화 대응·의료비 지원·법인세 인상 등을 골자로 한다. 특히 이 법안의 전기차 대중화를 위한 보조금 조건이 중국 원자재 의존도를 낮추고 북미 생산을 늘리는 기업에 지급한다는 방침이다. 따라서 우리나라 전기차의 미국 수출에 있어서 보조금 혜택을 받지 못할 경우, 미국 시장에서의 가격 경쟁력이 떨어지게 되어 미국 내 판매량에 부정적인 영향을 끼칠 것으로 보인다.

세계국채지수 (WGBI; World Government Bond Index)

블룸버그-버클레이즈 글로벌 종합지수와 JP모건 신흥국 국채지수와 함께 세계 3대 채권지수로 꼽힌다. 전 세계 투자기관들이 국채를 사들일 때 지표가 되는 지수로 영국 런던증권거래소(LSE) 파이낸셜타임스 스톡익스체인지(FTSE) 러셀이 발표한다. 현재 미국, 영국, 일본, 중국 등 주요 23개국의 국채가 편입돼 있다. WGBI에 편입되기 위해서는 발행잔액(액면가 기준) 500억 달러 이상, 신용등급 스탠더드앤드푸어스(S&P) 기준 A- 이상, 외국인 투자자의 시장접근성 등의 요건을 갖춰야 한다. 우리나라의 경우 외국인 투자자의 시장접근성 요건을 충족하지 못해 지난 2009년 추진이 무산된 바 있다. 한국정부가 세계국채지수(WGBI) 편입을 재추진하기 위해 외국인 투자자의 한국 국채·통안채 투자환경 개선을 위한 국채통합계좌 시스템을 구축하고 있다. 우리나라가 세계국채지수에 편입될 경우 국내 채권에 60조 원 내외의 자금이 유입되고, 총 60bp 내외의 금리하락 효과가 있을 것이라는 분석이 있다.

망고 (MANGO)

2022년 3월 뱅크오브아메리카(BoA)가 발표한 반도체 유망 기업들을 일컫는 말이다. 마벨 테크놀로지(MRVL), 브로드컴(AVGO), 어드밴스트 마이크로 디바이스(AMD), 아날로그 디바이스(ADI), 엔비디아(NVDA), 글로벌파운드리(GFS), 온 세미컨덕터(ON)의 앞글자를 딴 것이다. BoA는 최근 전 세계적인 인플레이션 현상과 공급망 병목 등으로 투자심리가 위축되고 있으나 높은 전략적 가치를 가진 반도체기업들에 투자를 권고했으며, 특히 망고 기업들은 반도체사업의 수익성 혹은 성장가능성이 높거나 타 산업의 성장과 연계돼 수요가 계속 증가할 것으로 전망된다고 평가했다.

05 　사회 · 노동 · 환경

인구전략기획부

윤석열 대통령이 2024년 5월 9일 저출생 · 고령화를 대비하기 위해 신설한다고 발표한 기획부처로 부총리급 중앙행정기관이다. 기존 대통령 자문기구로서 구속력 있는 권한이 없던 저출산고령사회위원회와 달리 인구전략기획부는 중앙행정기관의 지위로 예산을 사전심의하고, 각 부처 사업을 평가 · 조정하는 권한을 갖는다. 특히 '일 · 가정 양립, 양육, 주거'를 3대 정책 분야로 선정해 집중적으로 지원하고, 전담부처인 인구전략기획부와 대통령실 내 저출생수석실을 신설해 국가적 역량을 결집하는 등 범정부 차원에서 저출생 문제에 대응한다는 데 역점을 두겠다고 밝혔다.

의료수가

의사나 약사 등의 의료서비스 제공자에게 제공하는 비용으로 환자가 지불하는 본인부담금과 건강보험공단에서 지급하는 급여비의 합계를 말한다. 의료수가 결정과 인상은 환자에게 제공되는 서비스의 정도와 서비스 제공자의 소득, 물가상승률 등 경제지표 등을 토대로 건강보험정책심의위원회에서 진행한다. 다만 의료수가가 건강보험료 인상 및 건강보험재정 부담에 영향을 미치는 만큼 수가 결정과정에서 각 가입자단체와 건강보험공단이 치열한 협상을 펼친다.

최근 의사들이 집단행동을 확산하는 상황에서 정부는 중증심장질환 환자의 혈관 스텐트 시술에 대한 수가를 최대 2배로 높이는 등 필수의료분야의 '공정한 보상' 확대방침을 비롯해 의료개혁특별위원회를 통해 뇌혈관질환, 장기이식 등 고위험 · 고난도 필수의료행위에 대한 보상 강화방안의 내용 및 지불제도 개편 등 의료개혁을 지속해서 논의 · 추진한다는 입장이다.

초고령사회

우리나라 고령화가 급속히 진행되면서 2020년 전국 시군구 10곳 중 4곳은 이미 '초고령사회'에 진입한 것으로 나타났다. 현재 추세라면 2025년 우리나라 전체가 초고령사회가 된다. 우리나라가 고령사회에서 초고령사회로 넘어가는 데 걸리는 기간은 7년으로 다른 경제협력개발기구(OECD) 국가들과 비교하면 압도적으로 짧다. 나라 전체가 빠르게 늙어감에 따라 잠재성장률은 점점 떨어지고 재정부담은 급격히 늘어날 것으로 예상된다. UN 기준 고령인구는 65세 이상으로, 고령인구가 총인구에서 차지하는 비율이 7% 이상인 사회는 '고령화사회', 14% 이상인 사회는 '고령사회', 20% 이상인 사회는 '초고령사회'로 분류되는데, 2020년 전국 261개 시군구(행정시 · 자치구가 아닌 구 34개와 세종시 포함) 중 초고령사회에 진입한 곳은 41.8%인 109개였다. 유례없이 빠른 고령화 진행속도로 우리나라의 미래 경제상황은 녹록지 않아 보인다. 연금 등 복지혜택이 필요한 연령층은 급격히 늘어나는 반면 일하며 세금을 내는 노동연령층 비율은 점차 줄어들기 때문이다. OECD는 2021년 10월 발표한 재정전망 보고서에서 정책 대응 없이 현재 상황이 유지된다고 가정할 때 우리나라의 1인당 잠재 국내총생산(GDP) 성장률은 0.8%까지 떨어질 것으로 추정했다. OECD는 2020~2030년에 우리나라(1.9%)가 OECD 평균(1.3%)보다 잠재성장률이 높지만, 인구구조 변화 등의 영향으로 2030~2060년에는 캐나다와 함께 OECD 회원국 중 잠재성장률 '꼴찌'가 될 것으로 예상했다.

인구 데드크로스

사망자 수가 출생아 수보다 많아 인구가 자연적으로 감소하는 현상을 말한다. 이는 평균수명의 증가에 따른 고령화와 사망률 증가, 출산 연령층 인구 감소, 비혼 및 만혼의 증가, 출산율 저하 등의 요인으로 인해 나타난다. 우리나라는 이미 저출산 고령사회로 접어들었고, 이러한 상황이 지속될 경우 40년 뒤에는 국가 존립 자체가 위태할 것이라는 예측이 계속되고 있어 대책 마련이 시급하다. '데드크로스(Dead-cross)'는 원래 주식시장에서 주가나 거래량의 단기 이동평균선이 장기 이동평균선을 뚫고 내려가는 현상을 지칭하는 용어로 주식시장이 약세로 전환된다는 신호로 해석한다. 2020년 우리나라는 출생아가 27만 명에 그친 반면 사망자는 30만 명으로 출생아가 사망자를 밑도는 '인구 데드크로스'가 발생했다. 출생아는 2017년 40만 명 아래로 떨어진 뒤 3년 만에 30만 명 선이 무너지며 인구지진의 초기

단계에 접어들었다. 홍남기 전 경제부총리 역시 "특단의 대응이 없을 경우 우리나라는 2030~2040년부터 인구절벽에 따른 '인구지진'이 발생할 것으로 예상된다"고 밝힌 바 있다.

- **인구지진(Age-quake)**

  인구 감소와 고령사회의 충격을 지진에 빗댄 용어로 영국의 작가이자 인구학자인 폴 윌리스가 그의 저서 『에이지퀘이크』에서 언급하였다. 윌리스는 자연현상인 지진보다 훨씬 파괴력이 크며, 지진에 비유했을 때 그 강도가 리히터규모 9.0에 달할 것으로 예상했다. 특히 베이비붐 세대가 은퇴하는 2020년경 경제활동인구 대비 고령인구가 많아져 세계경제가 엄청난 격변을 겪을 것이며, 한국도 피해를 크게 입는 국가 중의 하나로 예측했다.

RE100 (Renewable Energe 100%)

2050년까지 필요한 전력의 100%를 태양광, 풍력 등 재생에너지로만 충당하겠다는 기업들의 자발적인 약속이다. 2014년 영국의 다국적 비영리기구인 더 클라이밋 그룹이 처음 제시했다. 가입 기업은 2022년 2월 7일 기준으로 미국(85개), 일본(56개), 영국(44개) 등 총 349곳에 이른다. 한국은 기업이 부담해야 할 비용이 막대해 RE100 가입이 전무했으나 RE100의 세계적 확산에 따라 2020년 말부터 LG화학, SK하이닉스, 한화큐셀 등이 잇따라 참여를 선언하고 있다. RE100 이행 지원을 위한 직접 전력구매계약(PPA) 도입으로 2021년 10월부터 재생에너지 전기공급자가 재생에너지를 이용해 생산한 전기를 전력시장을 거치지 않고 직접 전력사용자에게 공급할 수 있게 됐다. 이를 통해 기업은 재생에너지 전기를 사용했음을 인증받아 RE100 캠페인에 참여할 수 있다.

ESG

환경(Environment), 사회(Society), 지배구조(Governance)의 머리글자로 국제 신용평가사인 무디스가 고안한 투자가치와 성장가능성의 지속가능 여부를 알려주는 새로운 투자기준이다. 기업이 환경보호에 앞장서는지, 사회적 약자에 대한 지원 및 사회공헌 활동을 활발히 하는지, 법과 윤리를 철저히 준수하는 윤리경영을 실천하는지 등을 평가한다. 2000년 영국의 ESG 정보공시 의무제도 도입을 시작으로 프랑스, 독일 등에서도 해당 제도를 시행하고 있다. 2021년 1월 금융위원회는 우리나라도 2025년부터 유가증권시장 상장사 중 자산이 2조 원 이상인 경우 의무적으로 ESG를 공시하도록 했다. 2030년에는 모든 코스피 상장사로 공시 의무가 확대될 예정이다.

식품·유통업계에 따르면 코로나19 장기화로 '집콕' 생활이 이어지면서 생수 시장이 호황을 누리고 있다. 특히 생수 업체들이 무(無)라벨 제품과 빈병 수거 등을 통해 ESG 경영을 강화하면서 환경을 중시하는 소비자를 공략하고 있는 것으로 나타났다.

- ESG 채권
  - 녹색채권(Green Bond)
  - 사회적채권(Social Bond)
  - 지속가능채권(Sustainability Bond)

「탄소중립 기본법」

2030년까지 중장기 국가 온실가스 감축목표(2030 NDC)를 2018년 대비 35% 이상 감축하도록 명시한 법안으로 2021년 8월 31일 국회 본회의를 통과했다. 2050년 탄소중립을 국가비전으로 명시하고, 이를 달성하기 위한 국가전략, 기본계획 수립 및 이행점검 등의 절차를 체계화했다. 또한 전문가와 산업계 위주로만 참여했던 거버넌스의 범위를 미래세대와 노동자, 지역주민 등이 참여할 수 있도록 확대할 예정이다. 해당 법안 제정으로 우리나라는 유럽연합(EU)·스웨덴·영국·프랑스·독일·덴마크·스페인·뉴질랜드·캐나다·일본 등에 이어 전 세계에서 14번째로 2050 탄소중립 비전과 이행체계를 법제화한 국가가 됐다. 「탄소중립 기본법」이 국회를 통과함에 따라 정부는 2021년 10월 중 2030년 중장기 국가 온실가스 감축목표(2030 NDC)를 확정해 11월 제26차 유엔기후변화협약 당사국총회(COP26)에서 발표했다.

탄소국경세 (CBAM; Carbon Border Adjustment Mechanism)

이산화탄소 배출이 많은 국가에서 생산·수입되는 제품에 부과하는 관세로 '탄소국경조정제도'라고도 한다. 미국 조 바이든 행정부와 유럽연합(EU)이 주도적으로 추진하고 있다. 특히 EU는 2021년 7월 14일, 탄소국경세를 2030년 유럽의 평균 탄소 배출량을 감축하기 위한 '핏포 55(Fit for 55)'의 핵심 내용으로 발표했다. 이는 유럽으로 수입되는 제품 중 자국 제품보다 탄소 배출량이 많은 제품에 관세를 부과하는 조치를 말한다. EU는 2023년부터 시멘트·알루미늄·철강 등 탄소배출이 많은 품목에서 시범적으로 시행한 뒤 2025년부터 단계적으로 시행한다는 계획이다.

신재생에너지

2021년 태양광·풍력·수력 등 신재생에너지 발전 비중이 7% 선을 넘어 사상 최고치를 기록한 것으로 나타났다. 이는 10년 전과 비교해 3배 수준으로 늘어난 것이다. 반면 온실가스 감축과 기존의 '탈원전정책' 영향으로 석탄과 원자력 비중은 하락했다. 2021년 신재생에너지의 발전설비 용량이 원자력을 처음으로 앞지르는 역전현상도 벌어졌다.

윤석열 대통령은 제28차 세계가스총회(WGC) 개회식 축사를 통해 "한국은 글로벌 리더 국가로서 탄소중립을 달성하려는 국제사회의 노력에 책임과 역할을 다하겠다"며 "원자력 발전과 재생에너지, 천연가스 등을 합리적으로 믹스(전원별 구성비율)해나가야 한다"고 밝혔다. 이는 탄소중립 목표달성을 위해 석탄발전의 비중을 계속 줄여나가되 신재생에너지에 더해 원전비중도 확대하겠다는 의지의 표현으로 해석된다. 이 때문에 윤석열 정부가 원전 비중 확대 목표치를 어느 정도로 설정할지가 초미의 관심사다.

그린 택소노미 (Green Taxonomy)

녹색산업을 뜻하는 그린(Green)과 분류학을 뜻하는 택소노미(Taxonomy)의 합성어다. 환경적으로 지속가능한 경제활동의 범위를 정하는 것으로 친환경산업을 분류하기 위한 녹색산업 분류체계를 말한다. 녹색투자를 받을 수 있는 산업 여부를 판별하는 기준으로 활용된다. 2020년 6월 세계 최초로 유럽연합(EU)이 그린 택소노미를 발표했을 당시만 해도 원자력발전을 포함한 원자력 관련 기술이 포함되지 않았지만, 2021년 12월에 마련한 그린 택소노미 초안에 방사성폐기물을 안전하게 처리할 계획을 세우고 자금과 부지가 마련됐을 경우 친환경으로 분류될 수 있다는 내용이 새롭게 포함됐다. 유럽연합(EU) 집행위원회는 2022년 1월 원전과 천연가스를 환경친화적인 녹색분류체계인 그린 택소노미에 포함하기로 결정했다.

- EU 택소노미(EU Taxonomy)

  유럽연합(이하 EU)이 원자력발전과 천연가스에 대한 투자를 환경 · 기후 친화적인 녹색산업으로 분류하기로 한 규정을 확정 · 발의했다. EU가 '환경적으로 지속가능한 경제활동의 기준'을 위해 제정한 분류체계이다. 어떤 에너지원이 친환경 · 녹색 사업인지 여부를 알려주는 기준이라는 의미에서 '녹색분류체계(Green Taxonomy)'라고 하며 녹색투자를 받을 수 있는 산업인지를 판별하는 기준으로 활용한다. 2020년 6월에 처음 발표했으며 2022년 2월 세부기준을 확정했다. 택소노미에 포함된 에너지업종에 대해서는 각종 금융 및 세제 지원을 제공해 투자를 육성한다.

- 'K-택소노미' 확정

  2021년 12월 30일 환경부는 어떤 경제활동이 친환경적이고 탄소중립에 이바지하는지 규정한 '한국형 녹색분류체계(K-택소노미, K-Taxonomy) 지침서'를 공개했다. 환경개선을 위한 재화 · 서비스를 생산하는 산업에 투자하는 녹색금융의 투자기준으로서 역할을 할 것으로 기대된다. 환경에 악영향을 끼치면서도 '친환경인 척'하는 위장행위(그린워싱, Greenwashing)를 막는 데 도움될 것으로 보인다.

  한국형 녹색분류체계에는 모두 69개 경제활동이 포함됐는데, 이 중 '녹색부문'이 64개,

'전환부문'이 5개다. 녹색분류체계에 포함됐다는 것은 온실가스 감축, 기후변화 적응, 물의 지속가능한 보전, 자원순환, 오염방지 및 관리, 생물다양성 보전 등 '6대 환경목표'에 기여하는 경제활동이라는 의미이다.

- 그린워싱(Greenwashing)

'Green'과 '세탁'을 뜻하는 'White washing'의 합성어로 실제로 친환경적인 제품이 아닌데도 광고 등을 통해 친환경적인 것처럼 홍보하는 '위장환경주의'를 말한다. 대중들이 환경에 관심을 가지고 친환경 제품을 선호하면서 나타난 현상이다.

바이오 연료

바이오 연료는 2005년 세계 에너지 소비량의 15%를 담당하지만 거의 대부분 산업화 이전단계의 국가에서 난방과 취사용으로 사용되고 있다. 선진국들은 거의 대부분 화석연료를 주 에너지원으로 하고 있으나 기술개발을 통해 바이오 연료의 사용을 확대해 나가고 있다. 북유럽의 스웨덴과 핀란드는 이러한 노력으로 전체 에너지의 17~19%를 바이오 연료를 통해 얻고 있다. 바이오 연료는 연소를 통해 대기 중으로 방출되는 이산화탄소의 농도를 증가시키지 않는 친환경 에너지이다. 바이오 연료의 소비에서 방출되는 이산화탄소는 식물의 성장을 통해 이전 몇 해 동안 대기 중에서 얻은 것이므로 대기 중 이산화탄소 변화는 없다는 장점이 있다.

MZ세대

MZ세대는 밀레니얼과 Z세대가 합쳐진 말로, 1981~2010년생을 일컫는 말이다. 이 중 밀레니얼 세대는 1981~1996년생으로 컴퓨터와 인터넷을 하면서 자란 세대이며, Z세대는 1995~2004년생으로 태어나면서부터 디지털 기기에 익숙한 디지털 세대이다. 행정안전부에 의하면 2021년 4월 기준 밀레니얼 세대가 22%, Z세대가 14%로 MZ세대는 약 1,700만 명으로 총인구의 36%를 차지하고 있다. 지금 이 세대가 관심을 받는 이유는 시장에서 생산과 소비능력이 가장 뛰어날 뿐 아니라 시장 전반에 큰 영향을 미치기 때문이다. MZ세대를 무시하고는 비즈니스를 할 수 없게 됐다.

알파세대

알파세대는 어려서부터 기술적 진보를 경험하며 자라나는 세대로, 2010~2024년 사이에 태어난 세대를 의미한다. 아날로그를 경험해 본 적 없는 이들은 오로지 디지털 시대만을 접하기 때문에 디지털과 인공지능이 발달하는 과정을 함께 경험한 세대들과는 완전히 다르다. 알파세대는 스마트폰, 로봇, 인공지능 등을 사용하는 것에 익숙하다보니 이전 세대와 다르게 AI를 활용하는 데 거부감 없이 친숙하게 이용할 수 있다는 장점이 있으나 정서나 사회성 발달에 부정적인 영향을 끼칠 수 있다는 우려가 있다. 2025년이 되면 알파세대의 수가 22억 명에 이를 것으로 전망된다.

엠제코 (MZ-ECO)

'MZ세대'와 생태·환경을 뜻하는 'ECO'를 합친 용어다. 환경을 중요한 가치관으로 삼아 환경보호를 실천하는 MZ세대를 의미하는 말이다. 환경파괴로 인한 기후위기에 직접적으로 피해를 입고 있는 MZ세대가 심각성을 인지함에 따라 긍정적인 변화를 이끌기 위해 직접 행동에 나서면서 등장했다. 이들은 친환경적인 소비습관과 조깅을 하면서 쓰레기를 줍는 플로깅, 쓰레기 배출량을 줄이는 제로 웨이스트 챌린지 등 다양한 환경보호 캠페인을 주도하며 기성세대의 변화도 촉구하고 있다. 최근 엠제코의 영향력이 커지면서 기업에서도 플라스틱 용기 줄이기, 친환경 포장재 사용, 재활용이 가능한 소재의 의류 출시 등 이들을 겨냥한 친환경 마케팅을 펼치며 환경보호에 동참하고 있다.

미포머족 (Meformer族)

'나(Me)'와 '알리다(Informer)'가 합쳐진 단어로 개인 블로그나 인스타그램, 페이스북, 유튜브 등 각종 SNS를 이용해 '나'를 알리는 일에 적극적인 사람들을 일컫는 말이다. 미국 러트거스대 연구진이 트위터 이용자 350명을 대상으로 조사한 결과를 발표하면서 이용자의 80% 가량이 '미포머'에 해당된다고 밝힌 바 있다. 이들은 뉴스나 요리법 등 다른 사람에게 유용한 지식이나 정보를 제공하는 것이 아니라 개인의 생각이나 감정, 사생활 등 개인과 관련된 게시물을 올리고 타인과 공유한다. 기업들은 미포머족이 인간관계를 유지하기 위해 인터넷을 적극적으로 활용한다는 점을 이용해 이들과 공감대를 형성하여 브랜드 친화력을 높이는 방향으로 마케팅을 확대하고 있다.

파이어족 (FIRE族)

'FIRE'는 'Financial Independence, Retire Early'의 약자이다. 젊었을 때 '극단적'으로 절약한 후 노후 자금을 빨리 모아 이르면 30대, 늦어도 40대에는 은퇴하고자 하는 사람들을 의미한다. 파이어족은 심플한 라이프스타일을 통해 저축금을 빨리 마련하고 조기에 은퇴함으로써 승진, 월급, 은행 대출 등의 고민에서 벗어나고자 한다. 주로 고학력·고소득 계층을 중심으로 파이어 운동이 확산되고 있는데, 이는 일에 대한 불만족도, 높은 청년실업

률, 경제적 불확실성 확대 등과 관련이 있다는 분석이다. 금융전문가는 "파이어족 확산이 시사하는 바는 소비 패러다임의 거대한 변화"라며 "표면적으로 돈을 저축하는 것처럼 보이지만, 이들이 궁극적으로 저축하는 것은 미래의 시간"이라고 분석하고 있다.

기후변화

2023년 미국 비영리 연구기관 클라이밋 센트럴(Climate Central)의 보고서에 따르면, 175개국 920개 도시의 평균기온이 점차 상승하고 있고, 이는 산업화 이전보다 1.32도 상승한 수치라고 밝혔다. 아울러 클라이밋 센트럴은 이러한 지구 평균기온이 가파르게 상승하는 이유로 화석연료 사용, 해양의 열 흡수기능 한계 등을 꼽았으며, 이에 대한 본격적인 영향은 2024년부터 나타날 것이라고 경고하기도 했다.

이러한 온난화의 영향으로 극한기후현상의 강도 및 빈도가 증가함에 따라 사회·경제적 피해가 우려되고 있다. 특히 도시는 인구·재산의 밀집으로 이러한 피해에 취약할 것으로 보인다.

우리나라에서도 제3차 국가 기후위기 적응 강화대책(2023~2025)에서 '기후탄력성' 개념을 제시하며 기후탄력성 확보를 위한 지역 중심의 대응체계 강화 필요성을 강조했으나, 이를 실현하기 위한 구체적인 시스템과 관련 정책은 아직 미비한 상태다.

우리 환경부는 2024년 9월 10일 여의도 국회의사당에서 '기후탄력도시 조성을 위한 제도개선 방향'에 대한 논의에서 기후위기적응정보 통합플랫폼 구축, 폭염·홍수·가뭄 등 기후변화 위험지도 구축, 기후위기 취약계층 실태조사 등을 계획하고 있다고 밝혔다. 이러한 국내 기후탄력성을 증진할 수 있는 제도기반과 정책 추진을 통해 국가·지자체·공공기관의 적응정책을 강화해 나가겠다고는 구상이다.

펫셔리 (Petxury)

반려동물 관련 시장에서 고급화된 서비스를 의미한다. '펫(Pet)'과 '럭셔리(Luxury)'의 합성어로 반려동물을 위해 아무리 비싼 상품 또는 서비스라고 하더라도 기꺼이 값을 지불하는 소비자들이 증가하면서 만들어진 용어이다. 실제로 여러 명품 브랜드에서 이러한 소비자를 타깃으로 한 반려동물용 옷, 목줄, 캐리어 등 다양한 상품을 출시하고 있다. 이에 대해 반려동물을 향한 사랑이라는 긍정적인 시선이 있는 반면, 단순히 과시욕을 뽐내기 위한 수단이라는 부정적인 시선도 있다.

티슈인맥

자신이 필요할 때만 관계를 맺고 필요 없으면 미련 없이 관계를 끊어버리는 '일회성 인간관계'가 한 번 사용하고 버리는 티슈(휴지)와 비슷하다는 의미로 만들어진 신조어이다. 이러한 개념이 등장한 데에는 인간관계에서 오는 스트레스의 영향 때문이라는 분석이 많다. 즉, 억지로 인맥을 유지·관리하는 것에 피로를 느낀 현대인들이 자신의 뜻이나 생각과 맞지 않는 경우 더 이상 관계를 지속하지 않아도 된다는 점 때문에 일회성 인간관계를 선호한다는 것이다. 또한 모바일메신저와 SNS의 발달로 타인과 관계 맺기가 쉬워진 점, 혼자만의 시간을 즐기는 경향이 늘어난 점 등도 관련이 깊다. 사회적 변화로 티슈인맥과 같은 새로운 인간관계가 등장하면서 전문가들은 이러한 관계형성이 인간관계에서 오는 스트레스를 줄여주는 긍정적인 역할도 하지만 극단적인 관계단절은 정서적 고립, 정서장애 등의 부작용을 일으킬 수 있으므로 주의가 필요하다고 말했다.

팸잼족 (Fam-Zam族)

'가족(Family)'과 '재미(ZAM)'가 합쳐진 신조어다. 코로나19로 인해 지인과의 만남 및 외부활동이 감소하면서 가족 중심의 소비성향이 강하게 나타나는 것을 말한다. 이들은 집에서 보내는 시간이 늘어남에 따라 간편한 가정생활을 위해 로봇청소기, 식기세척기 등의 제품을 선호하며 셀프 인테리어 제품에 관심을 보인다. 또한 빠르고 편리하게 먹을 수 있는 냉동·즉석식품과 전문 레스토랑에서 접할 수 있는 고급 식재료의 수요 증가현상이 동시에 나타났는데, 이는 집에서 간단하게 끼니를 해결하고자 하는 심리와 외식 분위기를 내려는 심리가 반영된 것이다.

전장연 시위

2021년 12월 3일부터 시작된 전장연의 출근길 지하철 승하차 시위는 2022년 12월 2일까지 총 47차례 진행되었으며, 이로 인해 서울시 대중교통, 지하철의 운행은 84번 지연된 것으로 알려졌다. 전장연은 장애인권리예산 확대를 요구하고 있는데, 장애인권리예산에는 이동권, 교육권, 노동권, 탈시설 및 자립생활권 등 장애인이 사람답게 살아갈 권리를 보장하는 데 필요한 예산을 모두 포함한다. 2022년 12월 24일 국회가 최종 의결한 2023년 장애인권리예산은 전년 1조 9,493억 원보다 3,043억 원 늘었지만, 전장연은 이를 "최저임금 인상에 따른 자연 증가분에 지나지 않는다."라고 보고 있다.

전장연은 2023년 3월 23일 오후 12시까지 지하철 탑승 시위를 중단하고, 다시 한 번 기획재정부와 서울시에 4대 요구안(▲지하철 리프트 추락 참사, 엘리베이터 100% 설치 약속

미이행 사과 ▲3월 23일까지 기획재정부에 장애인권리예산 반영 촉구 ▲탈시설 가이드라인 권고에 대한 유엔장애인권리위원회 위원과 초청 간담회 이행 ▲2024년 서울시 장애인권리예산 답변) 반영을 요청하였다.

개인정보 처리 표시제

개인정보위원회가 공개한 자료에 따르면 개인정보처리자가 개인정보 처리 동의서를 받을 때 홍보목적이나 민감정보 처리 등 중요한 내용은 활자크기 9포인트(pt) 이상으로 다른 내용보다 20% 이상 크게 표시해야 한다. 또 개인정보 처리방침을 작성할 때는 정보주체가 핵심 사항을 쉽게 알아볼 수 있도록 기호로 구성한 개인정보 처리 표시제(라벨링)가 도입된다. 이는 '알기 쉬운 개인정보 처리 동의 안내서'와 '개인정보 처리방침 작성지침'을 통해 공개했다. 이번 안내서와 작성지침은 개인정보 처리자가 정보주체에게 과도하게 동의를 요구하거나 정보주체가 개인정보 처리내용을 제대로 확인하지 않고 동의하는 관행을 개선하기 위해 마련됐다.

• 개인정보 관련 개념
  - 개인정보 처리: 개인정보의 수집, 생성, 기록, 저장, 보유, 가공, 편집, 검색, 출력, 정정, 복구, 이용, 제공, 공개, 파기 등 개인정보와 관련된 모든 행위를 말한다.
  - 정보주체: 처리되는 정보에 의해 알아볼 수 있는 사람으로서 그 정보의 주체가 되는 사람을 말한다.
  - 개인정보 처리자: 업무를 목적으로 개인정보파일을 처리하는 공공기관, 법인, 단체 및 개인 등을 말한다.

스토킹 처벌

「스토킹처벌법」은 스토킹 행위·범죄에 대한 정의 및 처벌규정을 담고 있는 법안으로, 2021년 3월 24일 국회를 통과했다. 스토킹은 경범죄 처벌법상 지속적 괴롭힘으로 분류돼 '10만 원 이하 벌금이나 구류 또는 과료'에 그쳐 왔다. 그러다 1999년에 첫 발의된 「스토킹처벌법」이 22년 만에 통과되면서, 앞으로 스토킹 범죄자에게는 최대 5년 이하 징역이나 5,000만 원 이하의 벌금이 부과된다. 법안은 스토킹 행위를 상대방 의사에 반해 정당한 이유 없이 접근하거나, 따라다니거나 진로를 막아서는 행위, 주거·직장·학교 등 일상적으로 생활하는 장소 또는 그 부근에서 기다리거나 지켜보는 행위, 우편·전화·정보통신망 등을 이용하여 물건·글·말·영상 등을 도달하게 하는 행위 중 상대방에게 불안감이나 공포심을 일으키는 행위를 했을 경우로 정의했다. 그리고 이러한 행위가 지속되거나 반복될 경우를 스토킹 범죄로 정의하고, 스토킹 범죄자에게 3년 이하 징역이나 3,000만 원 이하의 벌금에 처할 수 있게 했다. 만약 흉기 등 위험한 물건을 이용할 경우에는 5년 이하 징역이나 5,000만 원 이하의 벌금형으로 형량이 가중된다. 법안은 이 밖에도 스토킹 행위에 대한 신고가 있는 등의 경우 경찰이 100m 이내 접근금지 등의 긴급조치를 한 후 지방법원 판사의 사후승인을 청구할 수 있도록 했다.

윤창호법 위헌

2회 이상 음주운전으로 적발될 경우 징역 · 벌금형으로 가중처벌 받게 되는 「도로교통법」(일명 윤창호법)이 헌법에 어긋난다는 헌법재판소의 판단이 2021년 11월 25일 나왔다. 헌재는 2018년 12월 24일 개정돼 2020년 6월 9일 다시 바뀌기 전까지의 구「도로교통법」제148조 2의 규정 중 '음주운전 금지규정을 2회 이상 위반한 사람' 부분이 죄형법정주의의 명확성 원칙과 과잉금지원칙 등을 위배했다는 내용의 헌법소원에서 재판관 7대 2의 의견으로 위헌결정을 내렸다. 다수의견은 해당 조항이 "가중요건이 되는 과거 음주운전 금지규정 위반행위와 처벌대상이 되는 재범 음주운전 금지규정 위반행위 사이에 시간적 제한이 없다"며 "과거의 위반행위가 형의 선고나 유죄 확정판결을 받은 전과일 것을 요구하지도 않는다"고 지적하면서 위헌의견을 냈다.

- 죄형법정주의

  어떤 행위가 범죄가 되고 어떤 처벌을 할 것인가는 미리 성문법률에 규정되어 있어야 한다는 원칙이다. 즉, '법률이 없으면 범죄도 없고 형벌도 없다'는 것을 의미한다. 법적 안정성을 보호하고 형벌권의 자의적 행사로부터 개인의 권리를 보장하기 위한 것이다.

정인이 사건

생후 16개월 된 입양아 '정인이'를 학대해 숨지게 한 혐의로 기소된 양모에게 징역 35년형이 확정됐다. 2022년 4월 28일 대법원 3부(주심 김재형 대법관)는 살인 등 혐의로 기소된 양모 장모 씨의 상고심에서 징역 35년을 선고한 원심을 확정했다. 「아동복지법」위반(아동 유기 · 방임) 등 혐의를 받았던 양부 안모 씨도 징역 5년형이 확정됐다.

징벌적 손해배상 제도

처벌적 손해배상이라고도 하며, 민사재판에서 가해자가 피해자에게 악의를 품고 불법행위를 한 경우 징벌을 가할 목적으로 부과하는 손해배상으로, 실제 손해액보다 훨씬 많은 액수를 부과하게 하도록 하는 제도이다. 우리나라는 징벌적 손해배상액을 실제 손해액의

3~5배로 제한하고 있다. 2021년 7월 더불어민주당이 임시국회에서 언론사에도 징벌적 손해배상 제도를 도입하는 「언론중재법」 처리 방침을 공개했다. 언론사에 대한 징벌적 손배제 도입의 핵심 쟁점 사안은 오보·가짜뉴스에 대해 손해액의 3~5배 범위 내에서 손해배상을 청구하도록 하는 것이다. 이에 대해 언론 유관단체들은 국정 현안에 대한 언론의 비판 기능이 제한되면서 국민의 알 권리와 언론의 자유가 훼손된다고 주장하면서 반발했다.

「중대재해처벌법」

「중대재해 처벌 등에 관한 법률(약칭: 중대재해처벌법)」은 2021년 제정한 법률로, 안전·보건 조치의무를 위반하여 인명피해를 발생하게 한 사업주, 경영책임자, 공무원 및 법인의 처벌 등을 규정하였다. 이 법안은 「산업안전보건법」보다 처벌 수위를 높여 법인뿐 아니라 사업주에게까지 책임을 물을 수 있다. 이 법에서 중대재해란 '중대산업재해'와 '중대시민재해'로 나뉘는데, 이 중 중대산업재해는 사망자가 1명 이상 발생하였거나 6개월 이상 치료가 필요한 부상자가 2명 이상 발생한 산업재해에 대해 처벌하고, 상시 근로자가 5명 이상인 사업장에 대해 적용한다.

차별금지법

성별, 장애, 병력, 나이, 성적지향성, 출신국가, 출신민족, 인종, 피부색, 언어 등을 사유로 합리적 이유 없이 고용, 교육기관의 교육 및 직업훈련 등에서 차별을 받지 않도록 하는 내용의 법률을 말한다. 2007년, 2010년, 2012년 3차례에 걸쳐 차별금지법 입법을 시도했으나 모두 회기 종료와 함께 폐지됐다. 장혜영 정의당 의원이 대표발의한 '차별금지법안'은 최근 국회 국민청원 10만 명을 넘기면서 소관 상임위인 법제사법위원회가 본회의 부의 여부를 놓고 논의하기도 했으며 이상민 더불어민주당 의원은 포괄적 차별금지법인 '평등에 관한 법률안'을 대표발의했다. 현재 민법에서는 피해자가 그 책임을 입증해야 하는데, 차별금지법안 규정은 가해자가 입증 책임을 지도록 한 것이다. 가해자로 지목된 사람이 차별행위가 존재하지 않았다거나, 차별을 하게 된 정당한 사유를 입증하지 못하면 손해배상 책임을 져야 한다.

용산공원 시범 개방

대통령 집무실 인근의 용산공원 부지가 편의시설 확충을 마치고 지난 2022년 6월 10일부터 26일까지 일반 시민에게 시범 개방되었으며 미군 기지의 숙소 등이 있던 주요 장소들뿐만이 아니라 대통령 집무실 앞뜰 등도 관람이 가능했다. 그동안 일반에게 공개되지 않았던 지역이었으며 시민들은 대부분 호기심과 기대에 차 있는 모습들로 투어 가이드의 안내에 따라 이동하거나 카트를 탔다.

다만 녹색연합 등 환경단체들은 개방 첫날 용산 부근에서 기자회견을 열고 "유해성 조사 보고서에 따르면 현행법상 공원으로 사용할 수 없을 정도로 오염이 심하므로 국민 건강을 위해서라도 오염정화부터 이뤄져야 한다"고 주장했다. 이에 대해 원희룡 국토교통부 장관은 "오염 논란은 '과장된 얘기'이며 철저하고 신중한 자세로 접근하겠다"고 반박했다.

06 　과학 · IT

누리호 3차 발사

2023년 5월 25일, 이종호 과학기술정보통신부 장관과 이상률 한국항공우주연구원은 전남 고흥에서 열린 누리호 3차 발사 결과 브리핑에서 국내 우주수송능력을 확보하기 위해 독자적으로 개발한 누리호 3차 발사가 국민의 관심과 성원 속에 마무리되었다고 발표하였다. 누리호는 발사 후 정해진 비행시퀀스에 따라 비행 과정이 모두 정상적으로 진행되었고, 오후 7시 7분쯤에는 남극 세종기지에서 차세대소형위성 2호의 비콘(Beacon) 신호까지 확인하였다. 이종호 장관은 "앞으로 2027년까지 누리호를 3차례 반복 발사함과 동시에 누리호보다 성능이 향상된 차세대발사체 개발을 추진해 국제적인 경쟁력을 확보해나갈 것"이며, "기업과 연구기관들이 새로운 비즈니스 모델을 펼쳐나갈 수 있도록 기반을 마련해 나가겠다."라고 밝혔다. 이어서 이종호 장관은 "따뜻한 격려와 성원을 보내주신 국민 여러분과 누리호 3차 발사 준비를 위해 땀과 열정을 아끼지 않은 연구자, 산업체 관계자 모든 분들께 진심으로 감사드린다."라고 덧붙였다.

세종1호 (Sejong-1)

한글과컴퓨터(한컴그룹)의 우주사업 자회사인 한컴인스페이스가 개발한 한국 최초 지구관측용 민간위성이다. 크기 100×200×300mm, 무게 10.8kg의 나노급 초소형 저궤도 인공위성으로 지상으로부터 500km 궤도에서 하루 12~14회, 약 90분에 한 번씩 지구를 선회할 예정이다. 발사 후 약 한 달간 시험테스트 과정을 거쳐 5m 해상도의 관측 카메라를 통해 지구관측 영상 데이터를 확보하게 된다. 한컴그룹은 우주사업을 위해 2020년 9월 우주 · 드론 전문기업인 '인스페이스'를 인수했으며, 이후 미국 민간위성기업 스파이어 글로벌과 협력하여 인공위성 및 탑재체를 개발해왔다. 2022년 5월 25일 오후 2시 35분(현지시간) 미국의 민간 우주기업 스페이스X의 '팰컨9' 로켓에 실린 '세종1호'가 미국 플로리다주 케이프커내버럴 소재 케네디 우주센터에서 발사됐으며, 발사 후 지상국과의 교신이 성공적으로 완료됨에 따라 궤도진입에 성공했음을 확인했다.

스타라이너 결함

2024년 9월 6일 기체 결함으로 유인 시험 비행에 실패한 미국의 항공기 전문업체인 보잉의 우주캡슐 '스타라이너'가 국제우주정거장(ISS)을 떠나 지구로 귀환했다. 스타라이너는 2022년 5월 무인 시험 비행에서 ISS에 도달한 후 지구에 무사히 귀환하였다. 2024년 6월에는 첫 유인 시험 비행을 위해 NASA 소속 우주비행사인 부치 윌모어와 수니 윌리엄스를 태우고 지구를 떠났다. 그러나 ISS 도킹 이후 헬륨 누출 및 기동 추진기 고장 등 기체 결함이 확인되어 지구 귀환이 미뤄졌다. 결국 NASA는 9월 24일 스타라이너의 무인 귀환을 결정했다. ISS에 남은 우주비행사들의 귀환에는 스페이스X '드래건' 활용될 2025년 2월 복귀할 수 있을 것으로

키홀 (Key Hole)

'열쇠구멍으로 훔쳐 본다'라는 의미의 미국의 대표적인 정찰위성이다. 정확한 제원이나 성능에 대해 공식적으로 밝혀진 바는 없지만, 직경 2.4m의 반사망원경이 장착되어 있으며 최대 600km 고도에서 지상에 있는 15cm 크기의 물체를 식별할 수 있는 성능을 갖춘 것으로 알려져 있다. 특히 광학카메라와 적외선카메라를 모두 장착하고 있어 야간이나 구름이 낀 흐린 날씨에도 지상감시가 가능하다. 평소에는 600km 고도를 유지하다가 목표물을 세밀하게 관찰할 필요가 있을 때는 고도를 200~300km까지 낮춘다. 특히 키홀이 촬영한 영상이나 사진은 높은 해상도로 화제가 되었다. 러시아의 우크라이나 침공 전 미국은 키홀 등의 첩보위성을 통해 러시아군의 움직임을 예측한 바 있다.

글로벌 반도체 쇼티지

쇼티지(Shortage)는 공급이 수요에 비해 턱없이 부족한 것을 말한다. 여기에는 복합적인 원인이 있다. 코로나19 팬데믹으로 외출이 제한되면서 집에서 사용하는 IT 기기, 가전제품의 수요가 급증하자 파운드리 업체는 수요가 준 자동차 반도체 공정을 줄이고 수익성이 높은 IT 기기, 가전제품 반도체 공정을 늘렸다. 그런데 2022년 들어 자동차의 수요가 빠르게 회복되면서 줄었던 자동차 반도체의 수요가 다시 증가하였으나 2월부터 벌어진 한파와 화재 및 자연재해로 반도체 공장의 가동이 중단되는 등의 이유로 반도체 쇼티지 현상이 심화

되고 있다.

차량용 반도체는 차를 만들 때 들어가는 경우가 많고, 공정이 기술적으로 어렵기 때문에 생산 라인을 단기간에 쉽게 증설할 수 없는 특징이 있다. 따라서 반도체 쇼티지 현상은 장기화될 것으로 전망된다.

자동차 업계는 반도체 쇼티지 현상으로 막대한 손해를 입었으며, 이에 대한 대응으로 공장을 중단하거나 감산한다. 반대로 반도체 가격은 높아지고 있어 국가에서 반도체를 더 이상 '산업의 쌀'이 아닌 '국가 안보'의 문제로 여기게 됐다. 따라서 미국, 일본, 대만이 서로 합심하여 반도체 공급망 재편을 추진하는 가운데 이들 국가 간에 '반도체 밀월'이 강화되고 있다.

인터넷에 대한 공정 (FAIR) 기여법

미국 공화당 상원이 발의한 '인터넷에 대한 공정(FAIR) 기여법'은 구글, 애플, 페이스북 등 빅테크 기업에 농어촌 · 학교 등 네트워크 투자 비용을 분담하도록 하는 내용을 핵심으로 담고 있다. 법률안 발의 자체로 빅테크 기업의 인프라 비용과 관련한 사회적 책임을 환기시켰으며 세계 시장 제도 개선 논의에 상당한 영향을 미칠 것으로 보인다.

'인터넷에 대한 공정(FAIR) 기여법'이 통과될 경우 미국 연방통신위원회(FCC)는 구글, 애플, 넷플릭스, 아마존 등을 대상으로 하여 보편서비스기금(USF) 부과를 위한 정확한 대상과 여부 · 규모 등을 결정한다. 빅테크 기업을 제외한 주요 이해관계자는 상당한 관심과 지지를 표명하기도 했다. '인터넷에 대한 공정(FAIR) 기여법'은 빅테크 기업이 네트워크를 이용해 방대한 부를 창출하는 만큼 사회적인 책임을 확대할 필요성이 있다는 취지로 추진된다. 기존 통신요금 이외에 정부와 통신사, 이용자가 별도 기금을 부담해서 농어촌과 학교 네트워크 인프라를 확충하던 체제에 빅테크 기업을 편입하려는 방안이다. 브랜든 카 FCC 상임위원은 구글, 넷플릭스, 디즈니플러스 등 빅테크 기업은 농어촌 데이터 트래픽의 75%를 차지하므로 이 같은 인프라를 무료로 이용하여 사업하는 빅테크 기업이 매출에서 0.009%만 부과해도 연간 100억 달러에 이르는 보편기금을 완전히 대체할 수 있을 것이라고 전망했다.

향후 세계 시장에서 이와 유사한 논의가 확산할 것으로 전망된다. 우리나라에서는 양정숙 의원(무소속)이 구글, 네이버, 카카오 등 부가통신사업자를 「전기통신사업법」상 보편역무 제공 의무사업자 예외규정에서 제외하는 법률 개정을 추진하고 있으며 주요 부가통신사업자에 보편기금 등 의무를 부과, 소외지역 통신망 구축 등에 활용하려 한다는 점에서 미국의 인터넷에 대한 공정 기여법 추진과 맥락이 유사한 측면도 있다. 프랑스와 독일은 구글, 넷플릭스에 영상콘텐츠 기금을 부과하도록 하는 법률을 개정하여 시행에 들어갔다. 통신과 방송으로 분야는 다르지만 사회 인프라를 이용해 수익을 창출한 기업에 국민 서비스 확대를 위한 공적 책임을 부과한다는 점에서 미국의 인터넷에 대한 공정 기여법과 유사한 맥락이다.

전기차 배터리 관리 시스템 (BMS)

최근 잇따라 발생한 전기자동차 화재로 전기차의 안전성에 대한 우려가 커지고 있다. 전기차에서 화재 발생 할 경우 열폭주로 인해 온도가 1000℃ 이상으로 올라 순식간에 차량이 전소될 수 있다. 또한 주변 차량에 피해를 줄 뿐 아니라 정확한 화재 원인도 파악하기 어렵다. 전문가들은 이에 대해 전기차의 배터리 관리 시스템(BMS)이 잘 작동할 수 있도록 배터리 완전 충전과 방전을 피하라고 당부하였다. 이 사건을 계기로 배터리 데이터 관련 규제 개선 및 배터리 관리 시스템의 고도화에 대한 논의의 필요성이 커진 상황이지만 이 또한 시간이 걸릴 것으로 예상되어 당분간 전기차에 대한 우려를 잠재우기는 어려울 것으로 보인다.

콘티 (Conti)

친 러시아 성향으로 추정되는 세계 최대 규모의 랜섬웨어 해킹 조직이다. 조직 내 주요 해커가 러시아어를 사용하며 거점 역시 러시아 상트페테르부르크에 위치한 것으로 알려졌다. 이들은 기업뿐만 아니라 국가 등의 주요 인프라를 비롯해 학교, 의료기관 등을 가리지 않고 공격한다. 2020년 5월 무렵 활동을 시작했으며, 기업의 전산망에 침투해 내부기밀을 훔치거나 시스템을 마비시키고 시스템 복구를 조건으로 대가를 요구하는 수법을 사용하고 있다. 현재 스턴이라고 불리는 인물이 조직을 총괄하고 있고, 조직원은 350명 이상으로 이 중 30여 명이 관리자 역할을 수행하고 있는 것으로 추정된다. 러시아와 연계된 해킹그룹 '콘티'로 인한 피해가 커지자 미국 정부는 최대 1,500만 달러(약 193억 원)의 현상금을 걸었다.

제로 트러스트 (Zero Trust)

사이버 보안 전문가이자 포레스터 리서치 수석연구원인 존 킨더버그가 2010년에 제시한 사이버 보안모델이다. '신뢰가 곧 보안 취약점'이라는 원칙을 내세워 내부에서 접속한 사용자에 대해서도 검증을 거치는 것을 기본으로 한다. 전체 시스템에서 안전한 영역이나 사용자는 전무하다는 것을 기본전제로 한 뒤 내부자 여부와 관계없이 인증절차와 신원확인 등을 거쳐 철저하게 검증하는 한편 접속권한을 부여한 뒤에도 최소한의 신뢰만 부여해 접근을 허용한다. 코로나19에 따른 원격 · 재택 근무의 확산으로 네트워크 보안이 더욱 중요해

짐에 따라 제로 트러스트가 그 대안으로 주목받고 있다.

- 매터(Matter) 인터넷 기반 **표준 프로토콜**

민간 표준단체 CSA(Connectivity Standards Alliance)가 개발 중인 인터넷(IP) 기반 표준 프로토콜(통신 표준)로 플랫폼과 사물인터넷(IoT) 기기 간에 주고받는 통신언어를 단일화하는 것을 말한다. 개발에는 구글, 애플, 아마존, 삼성전자, LG전자, 퀄컴 등을 비롯해 플랫폼·기기·부품 분야의 220여 개 기업이 참여하고 있다. 사물인터넷 기기는 앱이나 AI 스피커 등을 통해 연동되는데, 이 과정에서 통신언어를 주고받는다. 기존에는 기업마다 개별적인 통신언어를 갖고 있어 상호연동에 제한이 있었으나, 통신언어가 매터로 통일되면 하나의 앱이나 허브를 통해 제어할 수 있게 된다. 플랫폼과 사물인터넷 기기 간 통신언어가 달라 상호연동성에 제한이 있어 스마트홈 서비스의 실효성이 떨어지자 이를 표준화한 통신언어 개발의 필요성이 대두되면서 매터가 추진 중이다.

챗GPT

챗GPT는 인공지능(AI) 챗봇으로, 세계 최대 소프트업체 마이크로소프트사가 투자한 오픈 AI(Open AI)에서 개발하였다. 2022년 11월 출시 이후 2개월여 만에 월간 활성 이용자 (MAU)가 1억 명을 넘어서는 등 '열풍'을 일으키고 있다. 현재 구글의 검색 기능이 주제어를 입력하면 관련 정보가 나열돼 이용자가 선택해야 하는 것과 달리 챗GPT는 스스로 언어를 생성하고 추론하는 능력을 지녀 이용자가 필요로 하는 정보를 가장 먼저 제공한다. 인터넷에 연결돼 있지는 않지만 1천 750억 개의 매개변수를 활용해 사람들이 평소 사용하는 언어와 유사한 형태를 보여 준다. 간단한 주제어 몇 개만으로 단 몇 초 만에 글을 만들어내고 시도 지을 뿐만 아니라, 다양한 분야의 논문이나 과제를 높은 수준으로 작성할 수도 있다. 이에 따라 세계 최대 검색 엔진 업체 구글이 인공지능(AI) 챗봇 바드(Bard) 출시를 공식 선언하면서 앞서 등장한 챗GPT와 치열한 경쟁을 예고하고 있다. 챗GPT 이용이 확산하면서 국내 대학교에서도 과제, 보고서 작성에 활용하는 사례가 드러나고 있다. 이에 각 대학 측은 챗GPT를 활용한 부정행위 방지를 위해 대책 논의를 시작했으나 뚜렷한 대비책은 아직 마련하지 못하고 있다. 또한 취업준비생의 자기소개서 작성에도 적용될 경우 업무방해 혐의로 처벌할 수 있을지에 대한 논란도 일고 있다.

딥페이크 (Deepfake)

인공지능을 활용해서 인간의 이미지를 합성하는 기술이다. 합성하려는 인물의 얼굴이 나오는 동영상을 딥러닝하여, 대상이 되는 동영상을 프레임 단위로 합성하는 원리이다. 영상의 화질과 처리되는 데이터의 질에 따라 딥페이크 영상은 원본 영상과 구분이 어려울 정도로 발전하는 추세이다. 온라인에 공개된 데이터의 양이 많은 유명인들을 대상으로 영상 합성이 용이하다는 점을 이용하여 다양한 딥페이크 영상이 업로드 되고 있다.

이는 2017년 미국 온라인 커뮤니티 레딧(Reddit)에 '딥페이크(Deepfakes)'라는 아이디를 가진 네티즌이 할리우드 배우의 얼굴과 포르노를 합성한 편집물을 올리면서 시작됐다. 최근 국내에서도 연예인, 정치인 등 유명인은 물론 일반인까지 대상이 되면서 사회적 문제가 되고 있다.

딥페이크는 온라인에 공개된 무료 소스코드와 머신러닝 알고리즘으로 쉽게 제작이 가능하고 제작물이 진위 여부를 가리기 어려울 만큼 정교하다는 점에서 그 문제가 심각하다. 여기에 피해자의 신고가 없으면 단속이 어렵고, 주로 SNS를 통해 제작을 의뢰하고 합성물을 받기 때문에 계정을 폐쇄할 경우 단속을 피할 수 있어 처벌이 어렵다는 문제가 있다.

가상인간

인공지능을 활용해 온라인상의 가상인물을 실제 사람과 유사한 모습으로 만들어 내는 것을 의미한다. 1998년 국내 최초 가상인간인 아담은 당시에 많은 관심을 끌었다. 현재는 아담보다 사람과 더 유사한 모습을 가진 다양한 가상인간들이 SNS 활동과 광고 출연 등 다양한 분야의 마케팅 수단으로 활용되고 있는데 이들을 '버추얼 인플루언서(Virtual Influencer)'라고 부르며, 대표적인 예로 로지와 김래아가 있다. 기업에서 이들을 마케팅 수단으로 선호하는 이유는 시공간 등 여러 제약에 관계없이 자유롭게 CG로 모든 장면을 연출할 수 있고, 기업 이미지에 영향을 미칠 수 있는 '모델' 관리에 효과적이기 때문이다. 이러한 장점으로 가상인간 시장은 게임, 영화 등 엔터테인먼트를 넘어 홍보, 유통, 교육, 헬스케어, 제조업 등 다양한 산업 분야에 걸쳐 성장세를 보이고 있지만, 한편으로는 금전적 피해를 유발하는 등 온라인 범죄에 악용 될 수 있다는 점과 일자리 감소 등에 관한 우려의 목소리가 있다. 이처럼 상업적 측면에서의 장점만을 앞세워 인간 고유의 존엄성과 가치가 훼손되어서는 안 된다는 경계 섞인 시각도 있다.

랜섬웨어

몸값(Ransom)과 악성코드(Malware)의 합성어로 사용자 동의 없이 무단으로 사용자 파일을 모두 암호화하고 시스템 복구를 위해 돈을 요구하는 악성 프로그램을 말한다. 암호화 알고리즘으로 파일 데이터를 암호화하여 사용자가 사용할 수 없게 되는 원리를 이용하였고, 사용자는 시스템에 접근이 제한되므로 시스템 복구를 위한 돈을 낼 수밖에 없다. 최근에는 홈페이지를 접속하기만 해도 랜섬웨어에 감염되는 '드라이브 바이 다운로드(Drive by Download)'가 발견되었다. 이것은 해커가 보안이 취약한 웹사이트를 노리고 악성코드를 숨기면 홈페이지 접속 시 사용자 모르게 자동 다운되어 감염되는 방식이다.

로지스틱스 4.0

물품을 이동 · 보관하는 경제 제반 활동, 즉 유통을 효율적으로 운영하는 시스템을 말하며, 총 3세대에 걸친 혁신 과정을 거쳤고, 현재 4.0세대에 진입하였다.

로지스틱스 1.0은 '수송의 기계화'로 육상수송의 고속화, 대용량화와 선박 보급에 의한 해상수송의 확대로 설명할 수 있다. 로지스틱스 2.0은 '하역의 기계화'로 컨테이너를 활용한 해운-육운의 일관 수송 실현 등이 있고, 로지스틱스 3.0은 '물류관리의 시스템화'로 WMS, TMS 등 물류관리시스템과 통관정보시스템의 등장이 핵심 내용이다. 이어진 로지스틱스 4.0 시대에는 정보통신기술을 활용해 기존의 전통적인 구조를 디지털 구조로 전환하는 디지털 트랜스포메이션이 활발하게 전개될 것으로 전망되는데, 대표적으로 거래 플랫폼 구축, 물류센서 등 건물 내 배송 자동화, 라스트 마일 배송 효율화 등이 있다.

메타버스

가상이라는 의미의 'Meta'와 우주를 뜻하는 'Universe'의 합성어로 3차원 가상 세계를 말하며, 구체적으로 사회의 전반적인 측면에서 현실과 비현실이 공존할 수 있는 가상 세계라는 넓은 의미로 쓰인다. 메타버스의 특징은 증강현실(Augmented Reality), 라이프로깅(Lifelogging), 거울세계(Mirror Worlds)가 있다. 증강현실은 현실 공간에 가상의 물체를 겹쳐 보이게 하고, 라이프로깅은 사물이나 사람의 일상적인 정보와 경험을 저장하고 공유할 수 있으며, 거울세계는 현실 세계를 있는 그대로 반영하지만 훨씬 많은 정보를 축적하여 이를 통해 많은 정보를 얻을 수 있는 것을 말한다.

정부는 '메타버스 신산업 선도전략'을 발표했다. 현재 우리나라의 메타버스 세계 시장점유율은 12위 수준으로 추정되며, 정부는 일상생활과 경제활동 등 다양한 영역에서 기존 플랫폼과 차별화된 새로운 유형의 메타버스 플랫폼을 발굴 · 지원하기로 하였다. 특히 한류 콘텐츠의 위상 및 경쟁력을 메타버스 플랫폼의 글로벌 국가 경쟁력으로 이어가기 위해 전통문화 · 예술, 게임 · 애니메이션, 패션, 스포츠 등 다양한 분야에서 맞춤형 사업을 지원한다. 메타버스 기업 통합지원 거점은 판교를 시작으로 4대 초광역권(충청 · 호남 · 동북 · 동남)에 '메타버스 허브'를 단계적으로 확대할 예정이다. 이곳에서는 메타버스 서비스 개발에 필요한 실증 시설과 기업 육성 및 인재 양성을 위한 공간을 제공하며, 아울러 공동체 가치 실현을 위한 서비스 개발과 수요 창출을 돕는 메타버스 사회 혁신센터도 운영하기로 했다.

• 메타버스(Metaverse) 성범죄 처벌 추진

한편 국내에서 현실과 가상의 경계가 모호해진 틈을 타 메타버스의 성범죄가 늘고 있으나 현재로써는 마땅히 제재할만한 법적 근거가 없는 실정이다. 이와 관련하여 정부는 10대들이 주로 이용하는 가상공간에서의 청소년을 대상으로 한 각종 범죄에 대한 우려를 인지하고 대책 마련에 나섰다. 정부는 제4차 '청소년보호종합대책'으로 디지털미디어 윤리 정립을 도모하고, 메타버스 내 아바타를 대상으로 한 성범죄에 대응하기 위해 아바타의 인격권 인정여부를 연구한 뒤 가상공간에서의 범죄에 관한 처벌의 실효성을 확보하겠다고 밝혔다.

• 메타버스(Metaverse) 근무제

장소에 구애받지 않고 가상의 공간에서 온라인으로 업무를 처리하면서 실시간 소통이 가능한 근무형태를 말한다. 카카오가 7월 부터 메타버스 근무제를 도입하겠다고 밝히면서 국내에 회자되기 시작했다. 코로나19 이후 해외에선 알파벳(구글)과 메타(페이스북) 등 빅테크기업들이 이러한 원격근무형태를 선도하고 있으며, 국내에선 네이버와 카카오 등을 중심으로 확산하고 있다. 그러나 메타버스 내에서 직원의 아바타가 괴롭힘을 당하거나 감시를 당할 경우 회사가 이를 보호할 수 있는 관련 규정이 갖춰져 있지 않아 노동자의 권리가 침해당할 수 있고, 회사로부터 감시를 당하거나 근무 여건이 악화할 수 있다는 논란도 커지고 있다.

반도체 파운드리

반도체는 메모리 반도체와 비메모리 반도체로 나뉘고, 그중 비메모리 반도체는 팹리스(설계)와 파운드리(위탁제조)로 나뉜다. 이전의 파운드리는 주조(금속 제품을 만드는 방식)하여 금속 제품을 생산하는 것을 일컬었지만, 현재는 반도체 산업에서의 위탁제조 업체를 말한다. 반도체를 제조하는 회사가 설계에 따라 제조만 하는 파운드리 업체로 탈바꿈한 것은 제조업체들이 보유한 설계기술의 한계와 민감한 기밀 유지 문제 때문이다.

한국은 메모리 반도체에선 강한 편이지만, 비메모리 반도체에선 취약한 편이다. 비메모리 반도체 분야에서는 대만의 TSMC가 독보적인 점유율을 기록하고 있고 삼성전자는 이 분야에서 2위이지만 격차가 커서 어려운 경쟁을 하고 있다. 더욱이 러시아-우크라이나 전쟁에 따른 공급망 불안과 인플레이션(물가 상승), 소비심리 위축 및 제품 판매 부진, 금융시장 불안 등으로 반도체 시장경제에 위기의식이 고조되고 있는 현시점을 고려할 때, 글로벌 IT(정보통신) 및 가전업계 매출 성장세가 둔화되고 원자재 가격 부담 등으로 수익성이 떨어질 가능성을 배제할 수 없으므로, 삼성전자는 글로벌 전략회의에서 이런 대내외 여건을 총체적으로 점검하고 위기 타개 방안을 모색하고 있다. 하반기 사업 목표의 공통 의제로 글로벌 공급망 위기에 대응하여 공급망관리(SCM) 혁신, 재고 건전화, 전사적 자원 효율적 운영 방안 등을 다룰 것으로 알려졌다.

한편, 대만의 TSMC는 일본 정부로부터 구마모토 반도체 공장 건설 계획과 관련 투자금 약 4조 5,700억 원(4,760억 엔)을 승인 받았다.

블록체인

효율적인 데이터 처리 기술 중 하나로 네트워크에 접속하는 참여자의 거래 내역 등 데이터를 분산하고 저장하는 기술을 말한다. 블록체인은 정보를 분산해 저장하는 형태로 관리되어 특정 주체가 통제권을 갖지 못하고, 기록된 정보는 변경 없이 영구히 기록되며 누구나 볼 수 있다. 블록체인의 장점은 네트워크에 접속한 참여자들이 공동으로 정보를 기록하고 검증하며 보관함으로써 금융기관이나 정부가 없어도 데이터의 신뢰성을 확보할 수 있다는 점과 절차가 간소하고 비용이 절감되며 데이터 위조 및 변조 방지가 가능하다는 점이다. 이러한 장점 때문에 월마트, 화이자, IBM 등의 거대 기업들은 이미 사업 영역에서 블록체인을 도입하고 있다. 반면 익명성으로 인한 불법 거래대금 결제, 비자금 조성, 탈세가 가능하다는 점과 문제 발생 시 책임소재가 모호하고, 개인키를 분실하거나 해킹당하게 되면 해결 방법이 없는 점이 단점으로 꼽힌다. 또 다른 문제는 기록된 데이터를 다시는 변경할 수 없기에 참여자가 지우고 싶은 데이터가 있더라도 지울 수 없다는 것이다.

스타링크

스페이스X에 의해 건설되고 있는 세계 최초의 우주 인터넷망이다. 고도 1,200km 이하의 지구 저궤도에 1만 2천 개의 위성을 띄워 지구 전역에 초고속 인터넷 서비스 제공을 목표로 만들어졌다. 저궤도 인터넷 위성은 고도 3만 6,000km의 정지궤도 통신위성을 이용하는 기존 위성 인터넷보다 거리가 훨씬 가깝고 위성 간 통신도 가능할 뿐 아니라 데이터 전송 속도가 빠르기 때문에 광케이블이 깔려 있지 않은 곳에도 고속 인터넷 서비스가 가능하다. 하지만 일각에서는 천체 관측 방해와 충돌 위험을 우려하는 목소리도 있다.

스페이스X가 2019년 5월 처음으로 60개의 위성을 쏘아 올린 것을 기점으로 2년 만인 2021년 5월 지구 궤도상에 1,584개의 스타링크 위성을 배치했다. 2022년에는 러시아의 침공으로 인해 통신 시설이 파괴된 우크라이나에 스타링크 단말기 15,000여 대를 배송하여 우크라이나의 통신 회복을 지원하기도 했다.

스타링크가 2023년 4분기에 한국에 진출할 예정이다. 앞서 스페이스X는 3월 초에 국내 사업을 전담하기 위해 '스타링크 코리아'를 설립하였으며 기간통신사업자 등록까지 마쳤다. 기존에는 항공기나 선박 등에 이용하는 기업용(B2B)통신서비스를 예측하였으나 스타렉스 관계자는 B2C 서비스도 고려하고 있다고 밝혔다.

양자 컴퓨터

0, 1 그리고 0과 1의 조합을 동시에 나타내고 저장할 수 있는 양자 비트(Quantum Bits) 또는 큐비트(Qubit)를 이용하여 데이터를 처리할 수 있다. 따라서 모든 정보를 0 아니면 1 로만 저장할 수 있는 기존 컴퓨터보다 데이터 처리 속도가 훨씬 빠르다. 양자 컴퓨터는 오 늘날 가장 빠른 슈퍼컴퓨터보다 훨씬 빠르게 데이터를 처리할 수 있으나 큐비트 수가 증가 할수록 양자 결집 상태를 유지하는 것이 어려워지는 문제가 있기 때문에 양자 컴퓨터의 성 능은 양자 오류를 최소화하는 데 달려 있다. 양자 컴퓨터는 특히 기존의 컴퓨터가 해결할 수 없었던 문제에 이용된다. NP-하드 문제, 순회 세일즈맨 문제(Travelling Salesman Problem)가 대표적이다.

• **양자기술**

미국의 리처드 파인먼 교수가 1982년에 더 이상 나눌 수 없는 에너지 최소단위인 양자 의 성질을 컴퓨터 개발에 활용하자는 생각에서 시작된 기술이다. 양자의 중첩성, 불확정 성, 비가역성 등의 원리를 활용해 0 또는 1 하나만 표현하는 기존 컴퓨터에 비해 0과 1 을 동시에 가지는 것을 큐비트(Qbit)라 하며 폭발적인 능력을 낸다. 큐비트 2개는 00, 01, 10, 11이라는 4개 값, 큐비트 3개와 4개는 각각 8개와 16개 값으로, 그 값이 기하급 수적으로 늘어나기 때문에 연산능력이 급증하고 정보누출 우려가 없다. 특히 양자기술 로 머신러닝 알고리즘을 더 빨리 처리하면 인공지능 도입이 가속화되는 동시에 효율화될 것으로 기대된다.

• **양자우위**

양자 컴퓨터가 뛰어난 연산능력으로 기존의 가장 강력한 슈퍼컴퓨터를 넘어선 전환점을 말한다. 미국 캘리포니아공대 물리학자 존 프레스킬 교수가 처음 사용한 개념이다. 50큐 비트의 양자 컴퓨터라면 양자우위를 달성할 수 있다고 알려졌고, 구글은 2019년 당시 가장 빠른 슈퍼컴퓨터인 IBM 서밋이 1만 년 동안 풀어야 할 문제를 자사 양자 컴퓨터가 약 200초 만에 풀었다고 주장했다. 구글의 양자우위 실험은 여러 차례 신뢰성에 의문이 제기되지만, 넓은 의미에서 기본적인 양자우위는 달성됐다고 볼 수 있다.

자율주행

사람이 운전하지 않아도 기계가 알아서 원하는 목적지까지 운전하는 것을 말하며 0부터 5까지의 다섯 단계가 있다. 레벨 0 비자동화(No Automation) 단계는 운전자가 주행의 모든 것을 통제하고 책임진다. 레벨 1 운전자 보조(Driver Assistance) 단계는 차선유지 기능을 통해 운전자를 보조한다. 레벨 2 부분 자동화(Partial Automation) 단계는 특정 조건 내에서 일정시간 동안 차량의 조향과 가감속을 차량이 인간과 동시에 제어할 수 있다. 레벨 3 조건부 자율주행(Partial Automation) 단계는 고속도로와 같은 특정 조건의 구간에서 시스템이 주행을 담당하며, 위험 시에만 운전자가 개입한다. 레벨 4 고등 자율주행(High Automation) 단계는 대부분의 도로에서 자율주행이 가능하다. 주행 제어와 주행 책임이 모두 시스템에 있다. 레벨 5 완전 자율주행(High Automation) 단계는 운전자가 불필요하며, 탑승자만으로 주행이 가능한 단계이다.

전기차

전기차가 주목받는 이유는 세계 각국이 내연기관차의 배기가스 배출을 규제하고, 친환경 자동차 도입을 위한 각종 지원정책을 이어가고 있기 때문이다. 전기차가 빠른 기간 내에 시장을 형성하고 규모를 키울 수 있던 이유는 보조금 외 다양한 정책 지원으로 비용 면에서 소비자의 부담을 줄였기 때문이다. 현재 전기차는 내연기관 자동차보다 가격은 비싸지만 보조금을 통해 내연기관 자동차와 경쟁할 수 있는 여건이 마련되고 있다.

보조금 외에 전기차를 살 때 받을 수 있는 각종 세제 혜택도 전기차를 선호하게 만든다. 차량 구매 시 납부하는 세금 혜택, 연마다 납부하는 자동차세, 주차요금, 통행료 등 다양한 혜택을 받을 수 있다. 또한 전기차의 동력인 전기 이용금이 내연기관 자동차의 연료인 화석연료보다 저렴하기 때문에 유지 비용이 적게 들며, 소음과 진동이 거의 발생하지 않아 조용한 주행이 가능하다는 장점도 있다.

하지만 충전 시간이 오래 걸리고 충전소 인프라가 적으며, 한 번 충전 시 주행 가능한 거리가 내연기관 자동차 대비 짧다는 단점도 있다. 이를 해결하기 위해 전기차 배터리에 대한 연구가 활발히 진행 중이고, 정부 또한 지속적인 전기차 충전 인프라 구축에 대한 의지를 드러냈다.

키오스크

원래 '신문이나 음료 등을 파는 매점'을 뜻하는 영어 단어로, 오늘날 공공장소에 설치한 무인 디지털 단말기를 말한다. 건물 안내, 시설, 행사, 박람회 등에서 정보를 제공하는 용도로 사용하는 것도 해당된다.

최근 코로나19 상황으로 직원이 직접 대면주문을 받는 경우보다 훨씬 안전하며, 고용주 입장에서 인건비를 줄이고 직원을 효율적으로 배치할 수 있다는 장점이 있다. 하지만 종업원의 노동을 소비자에게 강요한다는 점, 일자리 감소의 문제, 터치스크린의 오작동으로 인한 기계 결함과 디지털기기 사용에 취약한 노령층과 휠체어 사용자나 시각장애인 등의 사회적 약자의 경우 사용에 불편을 느끼기도 한다.

마마 (MAMAA)

메타(Meta), 아마존(Amazon), 마이크로소프트(Microsoft), 애플(Apple), 알파벳(Alphabet)의 영문 머리글자를 조합한 용어로 미국 증시를 주도하는 빅테크 5개사를 총칭하는 말이다. 이 용어는 미국 경제 방송인 CNBC의 짐 크레이머가 2021년 처음 제시했다. 자신이 기존에 제시했던 페이스북, 아마존, 애플, 넷플릭스, 구글을 총칭한 팡(FAANG)에서 페이스북을 새 사명인 메타로 바꾸고 코로나19로 주가 폭등세가 지속된 마이크로소프트를 포함했으며, 구글은 모회사인 알파벳으로 바꿨다.

CES (Consumer Electronics Show)

미국 라스베이거스에서 매년 1월에 열리는 세계 최대 규모의 가전제품 전시회로 1967년 시작되어 2017년 50주년을 맞았다. 2000년대 초반까지는 TV, 냉장고 등의 가전제품 위주로 전시가 진행됐으나, 정보통신기술이 급격하게 발달하면서 인공지능, 자율주행차 등 첨단 IT 기술을 적용한 제품들을 선보이는 행사가 됐다.

K-브랜드 열풍

올해도 한국의 국가 브랜드 이른바 'K-브랜드'에 대한 인기는 지속될 것으로 보인다. 굳이 수출과 직결된 산업 종사자가 아닌 일반 국민도 한국이라는 국가 브랜드 위상이 달라지고 있음을 체감하는 요즘이다. 한국을 찾는 외국인 관광객도 부쩍 늘었다.

법무부 출입국 자료에 따르면 2024년 1월 한국에 입국한 외국인 수는 92만5000명으로, 전년 동기 대비 2배가량 증가한 수치를 보였다. 또한 한국문화관광연구원이 2023년 4분기 외래 관광객 4000여 명을 조사한 결과 한국 여행에 관심을 두게 된 계기는 '한류 콘텐츠 (31.9%)'가 가장 많은 것으로 밝혀졌다. 단순히 과거에 중국, 일본 등 동아시아 등지를 여행 하다가 한국을 거쳐 가는 것이 아닌 한국이라는 국가에 관심을 가지고 방문을 하는 것이다.

유네스코 세계유산 체계적 보존·활용

국내에 있는 유네스코 세계유산을 체계적으로 보존하고 활용하기 위한 5개년 계획이 추진 될 예정이다. 문화재청은 '세계유산 보존·관리 및 활용 종합계획'을 수립해 2026년까지 이행한다고 밝혔으며, 「세계유산의 보존·관리 및 활용에 관한 특별법」이 지난해 2월 시행 된 이후 처음 마련된 중장기 계획이다. 문화재청은 5개년 중장기 계획의 목표로 '세계유산 의 탁월한 보편적 가치(OUV)를 온전하게 미래 세대로 전하다'를 내세웠다. 4개의 전략과 제로 세계유산의 지속 가능한 보존체계 마련, 포괄적·체계적 관리역량 강화, 탁월한 보편 적 가치 활용과 문화자원화, 세계유산 분야 국제협력 강화를 내세우기도 했으며, 해당 전 략과제에 따른 핵심과제 16개를 별도로 선정했다.

• 세계유산 영향평가(HIA)

세계유산에 위협이 되는 다양한 요소가 미치는 영향을 평가하는 것을 뜻한다.

『무예제보』 보물 지정

우리나라에 현존하는 최고(最古) 무예서로 알려진 수원화성박물관 소장 『무예제보(武藝諸 譜)』가 국가지정문화재 보물로 지정되었다. 『무예제보』는 임진왜란을 겪은 조선이 명나라 군대 전술을 참고해 곤봉, 방패, 창, 삼지창, 장검 등 다양한 무기의 제조법과 조련술을 한 문, 한글, 그림 등으로 설명한 책이다.

'청년 Dream, 국군 드림' 지원 제도

현재 국방부가 전 군을 대상으로 추진하고 있으며, 2019년 장병들이 군 복무 중 미래를 설계하고 꿈을 가꿔나갈 수 있도록 도움을 주기 위해 '청년들의 꿈을 우리 군이 이뤄 드린다'는 뜻의 '청년 Dream, 육군 드림'에서 비롯됐다. 국방부와 군은 '청년 Dream, 국군 드림'을 통해 군복무 중에 있는 장병들이 전역 후 미래를 준비하는 여건을 마련할 수 있도록 심혈을 기울여 시행하고 있다. 해당 정책을 바탕으로 장병들은 군 생활을 하면서 원격강좌를 통한 학점 취득, 군 복무경험 학점 인정, 국가기술 자격증 및 어학 자격시험, 학용품비 지원 등을 받을 수도 있다. 학습뿐만 아니라 다양한 자기계발이 가능하도록 한 사람이 1년에 최대 12만 원까지 소요비용을 지원받는 '병 자기계발비용 지원사업'도 활성화하고 있으며 장병들은 이 제도를 활용해 자기계발을 위한 도서 구입, 어학 · 자격 취득, 능력검정 응시료, 온 · 오프라인 강좌 수강료 등을 지원받을 수 있다. 가장 많은 병력을 보유한 육군은 앞으로도 '청년 Dream, 국군 드림' 지원 제도를 통해 장병들의 자기계발을 지원하는 동시에 전투력을 향상할 수 있는 선순환 구조를 만들겠다는 방침이다.

안데르센상 영예 이수지 작가

그림책 『여름이 온다』의 이수지(48) 작가가 아동문학계에서 최고의 권위를 인정받는 한스 크리스티안 안데르센상을 받았다. 국제아동청소년도서협의회(IBBY)는 2022년 3월 이탈리아 볼로냐에서 열린 국제아동도서전 개막식에서 이수지 작가가 안데르센상 일러스트레이터 부문 수상자로 선정됐다고 밝혔다. 이번 수상은 한국 작가로서 최초의 안데르센상 수상이며, 아시아에서는 1984년 일본 작가 미쓰마사 아노 이후 38년 만의 수상이다. 이수지 작가의 수상으로 한국은 세계 아동문학계가 주목하는 안데르센상의 수상자를 배출한 28번째 국가가 됐다. 2022년 후보로는 32개국에서 62명이 등록했고 최종 후보 6명이 선정된 가운데 수상의 영예는 이수지 작가에게로 돌아갔다. 안데르센상은 특정 작품이 아니라 작가가 지금까지 창작한 모든 작품을 대상으로 한다는 점에서 수상자에게는 대단한 명예로 여겨진다.

대한민국 최초 필즈상 수상

허준이 교수가 대한민국 최초로 필즈상을 수상하는 영예를 거머쥐었다. 수학자들에게 가장 큰 영예로 여겨지는 필즈상(Fields Medal)은 국제수학연맹(IMU)이 4년마다 개최하는 세계 수학자 대회(ICM)에서 40세 미만의 수학자들에게 수여하는 상으로써 '수학의 노벨상'이라고 불리기도 한다.

보편적 시청권

전 국민적 관심을 받는 스포츠를 시청할 수 있는 권리이다. 이 권리가 보장되기 위해서는 무료 지상파 채널이 우선으로 중계권을 소유해야 한다. 해당 제도는 유럽의 '보편적 접근권'을 원용한 것으로 2007년 방송법이 개정되면서 처음 도입됐다. 방송통신위원회는 모호한 의미였던 '국민적 관심이 매우 큰 체육경기대회'를 구체화하면서 2016년 방송수단을 확보해야 하는 시청범위를 90%와 75%를 기준으로 나눴다. 90%는 동·하계 올림픽과 월드컵, 75%는 WBC(월드 베이스볼 챔피언) 등이다.

파리 올림픽

33번째 하계올림픽은 프랑스 파리에서 개최되었다. 이로써 파리는 100년 만에 다시 올림픽을 열게 되었으며, 런던(1908년, 1948년, 2012년)에 이어 역사상 올림픽을 세 번 여는 도시가 되었다.

2017년 9월 페루의 수도 리마에서 열린 IOC(International Olympic Committee, 국제올림픽위원회) 제131차 총회에서 개최지가 결정되었는데, IOC는 최종 후보였던 파리와 LA(Los Angeles, 로스앤젤레스)의 순차적인 개최를 만장일치로 확정하였다. 개최 도시를 동시에 선정한 것은 IOC 사상 최초이다. 또한 올림픽 사상 최초로 경기장이 아닌 야외에서 개막식이 열렸는데, 주무대는 파리를 관통하는 센강이었다. 선수들은 배를 타고 오스테를리츠 다리부터 이에나 다리까지 약 6km의 구간에서 수상(水上) 퍼레이드를 벌인 뒤 트로카데로 광장 경기장에서 개막식을 마쳤다.

파리 올림픽은 에펠탑, 베르사유 궁전, 콩코르드 광장 등 파리의 대표 문화유적지들이 경기장으로 활용되었으며, 친환경·저탄소 올림픽을 표방하여 새 경기장 건설을 최소화하였고 경기장의 약 95%를 기존 건물과 임시구조물로 구성하였다.

2024년 7월 26일부터 8월 11일까지 진행된 2024 파리 올림픽은 초반 우려했던 것과 다르게 긍정적인 평가가 이어졌다. 미국 일간지 뉴욕타임스(NYT)는 프랑스가 올림픽 직전 조기 총선을 치른 후 새 정부를 구성하지 못한 상황에서도 사회 전 부문의 기여로 놀라운 업적을 남겼다고 평가하기도 했다.

NFT 아트

NFT와 Art의 합성어로, 실물로 존재하는 것이 아니라 미술작품의 증명서(토큰)로서 존재하는 예술작품을 말한다. 블록체인으로 유통되는 토큰이 지니고 있는 고유값으로 인해 다른 토큰으로 대체하는 것이 불가능하며, 소유권·저작권·판매이력 등을 기록할 수 있어

지적재산권 보호에 효과적이다. 기존의 디지털 아트는 원본과 사본을 구별하기 힘들어 작가들이 작품에 대한 저작권이나 수익성을 보장받지 못했지만, NFT 아트는 디지털상에서도 원본을 입증할 수 있어 작품으로서도 가치를 인정받고 있다.

• NFT(Non-Fungible Token, 대체 불가능한 토큰)

블록체인에 저장된 데이터 단위로, 고유하면서 상호 교환할 수 없는 토큰을 뜻한다. NFT는 사진, 비디오, 오디오 및 기타 유형의 디지털 파일을 나타내는 데 사용할 수 있다. 가상의 진품 증명서 역할을 하므로 대체 불가능하고 사본은 인정되지 않는다는 특징이 있다. 이러한 디지털 항목의 사본은 누구나 얻을 수 있지만 NFT는 블록체인에서 추적되어 소유자에게 저작권과 소유권 증명을 해야 한다.

제45회 세계군인선수권 고공강하 제패

2022년 6월 특수전사령부 대표팀이 오스트리아 비엔나에서 열린 제45회 고공강하 세계군인선수권대회에 출전하여 우수한 성적을 거뒀다. 이는 1995년 고공강하 세계군인선수권대회 첫 출전 이후 최고의 성적으로 종목별 세계선수권대회에서 최초로 금메달을 수상한 쾌거이다. 고공강하 세계군인선수권대회에 참가한 우리 군은 남녀 3개 부문에 출전했으며, 특전사 여군 대표팀은 4인조 상호활동(4-Way) 부문 1위를, 정밀강하 단체 3위 여군 종합 2위를 달성하여 국군의 위상을 드높였다. 이종섭 국방부 장관은 우선 본연의 임무에 충실하면서도 강도 높은 체력단련과 고도의 훈련을 통해 최고의 기량을 갈고닦은 대표팀의 노고를 치하했으며 "이번 성과는 우리 군의 전투 역량을 국제적으로 널리 알리고, 특전사의 고공침투 능력이 세계 최고 수준임을 입증한 계기가 됐다"며 "앞으로도 최정예 특전부대원답게 임무 수행능력을 지속적으로 향상시켜 줄 것"을 당부했다.

와이어 투 와이어 (Wire To Wire)

경기나 시즌 내내 1위 자리를 한 번도 내주지 않고 정상에 오르는 것을 의미한다. 본래는 경마 용어였으나, 경마 · 골프 · 자동차 경주 등 여러 분야에서 사용되고 있다. 우리나라에서는 주로 골프 기사에서 볼 수 있었으나, 2022년 KBO 리그 최초로 SSG 랜더스가 개막부터 1위 자리를 놓치지 않고 정규리그 우승에 성공하면서 자주 등장하는 용어가 되었다.

CHAPTER 03 대한민국 국가관

01 대한민국 국가관

1. 대한민국 국호의 유래

(1) 대한제국의 유래

고종 황제는 1897년 10월 13일 반조문(頒詔文)을 통해 국호를 대한(大韓)으로 하고, 임금을 황제로 칭한다고 선포했다.

(2) 임시정부

대한이라는 국호는 1910년 8월 대한제국이 멸망할 때까지 사용됐으며 1919년 4월 11일 임시정부는 「대한민국 임시헌장」 제1조를 '대한민국은 민주공화제로 함'으로 정하고, 1919년 9월 11일 공포된 「대한민국 임시헌법」 제1조에서 '대한민국은 대한인민으로 조직함'을 규정함으로써 우리의 국호는 대한민국으로 확정됐다.

(3) 대한민국

1945년 8월 15일 광복 이후, 1948년 7월 17일 공포된 「대한민국 헌법」의 헌법 전문과 제1조에서 대한민국 국호를 명시하고 있다.

2. 국기에 대한 맹세문(2007.07.27.개정)

나는 자랑스러운 태극기 앞에
자유롭고 정의로운 대한민국의 무궁한 영광을 위하여
충성을 다할 것을 굳게 다짐합니다.

1. 태극기

(1) 태극기의 내력

① 세계 각국이 국기(國旗)를 제정하여 사용하기 시작한 것은 근대 국가가 발전하면서부터였다. 우리나라의 국기 제정은 1882년(고종 19) 5월 22일 체결된 조미수호통상조약(朝美修好通商條約) 조인식이 직접적인 계기가 됐다. 하지만 당시 조인식 때 게양된 국기의 형태에 대해서는 현재 정확한 기록이 남아 있지 않다.

② 2004년 발굴된 자료인 미국 해군부 항해국이 제작한 '해상국가들의 깃발(Flags of Maritime Nations)'에 실려 있는 이른바 'Ensign'기가 조인식 때 사용된 태극기(太極旗)의 원형이라는 주장이 있다.

③ 1882년 박영효(朴泳孝)가 고종의 명을 받아 특명전권대신(特命全權大臣) 겸 수신사(修信使)로 일본에 다녀온 과정을 기록한 『사화기략(使和記略)』에 의하면 그해 9월 박영효는 선상에서 태극 문양과 그 둘레에 8괘 대신 건곤감리(乾坤坎離) 4괘를 그려 넣은 '태극 · 4괘 도안'의 기를 만들어 그달 25일부터 사용하였으며, 10월 3일 본국에 이 사실을 보고하였다는 기록이 있다.

④ 고종은 1883년 3월 6일 왕명으로 이 '태극 · 4괘 도안'의 '태극기(太極旗)'를 국기로 제정 · 공포하였으나, 국기 제작 방법을 구체적으로 명시하지 않은 탓에 이후 다양한 형태의 국기가 사용되어 오다가 대한민국 임시정부에서 1942년 6월 29일 국기제작법을 일치시키기 위하여 「국기통일양식(國旗統一樣式)」을 제정 · 공포하였지만, 일반 국민들에게는 널리 알려지지 않았다.

⑤ 1948년 8월 15일 대한민국 정부가 수립되면서 태극기의 제작법을 통일할 필요성이 커짐에 따라, 정부는 1949년 1월 국기시정위원회(國旗是正委員會)를 구성하여 그해 10월 15일에 「국기제작법고시」를 확정 · 발표했다.

⑥ 이후, 국기에 관한 여러 가지 규정들을 제정 · 시행하여 오다가, 2007년 1월 「대한민국 국기법」을 제정하였고 「대한민국 국기법 시행령」(2007.07.)과 「국기의 게양 · 관리 및 선양에 관한 규정」(국무총리훈령, 2009.09.)도 제정함에 따라 국기를 체계적으로 관리하기 위한 규정을 완비하였다.

<국기 다는 날>

국경일 및 기념일	
3월 1일	3 · 1절
6월 6일	현충일
7월 17일	제헌절
8월 15일	광복절
10월 1일	국군의 날
10월 3일	개천절
10월 9일	한글날

※ 국기는 매일 24시간 달 수 있다.

(2) 태극기에 담긴 뜻

① 우리나라 국기인 '태극기'는 흰색 바탕에 가운데 태극 문양과 네 모서리의 건곤감리 4괘로 구성되어 있다.

② 태극기의 흰색 바탕은 밝음과 순수 그리고 전통적으로 평화를 사랑하는 우리의 민족성을 나타내고 있다. 가운데의 태극 문양은 음(陰: 파랑)과 양(陽: 빨강)의 조화를 상징하는 것으로 우주 만물이 음양의 상호 작용에 의해 생성하고 발전한다는 대자연의 진리를 형상화한 것이다.

③ 네 모서리의 4괘는 음과 양이 서로 변화하고 발전하는 모습을 효(爻: 음 --, 양 ―)의 조합을 통해 구체적으로 나타낸 것이다. 그 가운데 건괘(乾卦)는 우주 만물 중에서 하늘을, 곤괘(坤卦)는 땅을, 감괘(坎卦)는 물을, 이괘(離卦)는 불을 상징한다. 이들 4괘는 태극을 중심으로 통일의 조화를 이루고 있다.

④ 이와 같이, 예로부터 우리 선조들이 생활 속에서 즐겨 사용하던 태극 문양을 중심으로 만들어진 태극기는 우주와 더불어 끝없이 창조와 번영을 희구하는 한민족(韓民族)의 이상을 담고 있다. 따라서 우리는 태극기에 담긴 이러한 정신과 뜻을 이어받아 민족의 화합과 통일을 이룩하고, 인류의 행복과 평화에 이바지해야 할 것이다.

2. 애국가

(1) 애국가의 내력

① 애국가(愛國歌)는 '나라를 사랑하는 노래'를 뜻한다. 우리나라는 애국가에 특별한 이름을 붙이지 않고 이를 국가(國歌)로 사용하고 있다.

② 애국가라는 이름으로 노랫말과 곡조가 붙여져 나타난 것은 조선 말 개화기 이후부터이다. 1896년 '독립신문' 창간을 계기로 여러 가지의 애국가 가사가 신문에 게재되기 시작했는데, 이 노래들을 어떤 곡조로 불렀는가는 명확하지 않다. 다만 대한제국(大韓帝國)이 서구식 군악대를 조직해 1902년 '대한제국 애국가'라는 이름의 국가를 만들어 나라의 주요 행사에 사용했다는 기록은 지금도 남아 있다.

③ 현재의 애국가 노랫말은 외세의 침략으로 나라가 위기에 처해 있던 1907년을 전후하여 조국애와 충성심 그리고 자주 의식을 북돋우기 위하여 만든 것으로 보인다. 그 후 여러 선각자의 손을 거쳐 오늘날과 같은 내용을 담게 되었는데, 이 노랫말에 붙여진 곡조는 스코틀랜드 민요 '올드 랭 사인(Auld Lang Syne)'이었다.

④ 당시 해외에서 활동 중이던 안익태(安益泰)는 애국가에 남의 나라 곡을 붙여 부르는 것을 안타깝게 여겨, 1935년에 오늘날 우리가 부르고 있는 애국가를 작곡하였다. 대한민국 임시정부는 이 곡을 애국가로 채택해 사용했으나 이는 해외에서만 퍼져나갔을 뿐, 국내에서는 광복 이후 정부 수립 무렵까지 여전히 스코틀랜드 민요곡으로 불렀다.

⑤ 1948년 대한민국 정부가 수립된 이후 현재의 노랫말과 함께 안익태가 작곡한 곡조의 애국가가 정부의 공식 행사에 사용되고 각급 학교의 교과서에도 실리면서 전국적으로 애창되기 시작하였다. 그 후 해외에서도 이 애국가가 널리 전파되어 실질적인 국가(國歌)로 자리 잡게 됐다.

⑥ 한 세기에 가까운 세월 동안 슬플 때나 기쁠 때나 우리 겨레와 운명을 같이 해 온 애국가를 부를 때마다 우리는 선조들의 나라 사랑 정신을 새롭게 되새겨야 할 것이다.

(2) 애국가 가사

1. 동해물과 백두산이 마르고 닳도록
   하느님이 보우하사 우리나라 만세
   무궁화 삼천리 화려 강산
   대한 사람 대한으로 길이 보전하세

2. 남산 위에 저 소나무 철갑을 두른 듯
   바람 서리 불변함은 우리 기상일세
   무궁화 삼천리 화려 강산
   대한 사람 대한으로 길이 보전하세

3. 가을 하늘 공활한데 높고 구름 없이
   밝은 달은 우리 가슴 일편단심일세
   무궁화 삼천리 화려 강산
   대한 사람 대한으로 길이 보전하세

4. 이 기상과 이 맘으로 충성을 다하여
   괴로우나 즐거우나 나라 사랑하세
   무궁화 삼천리 화려 강산
   대한 사람 대한으로 길이 보전하세

3. 무궁화

(1) 나라꽃 무궁화

① 예로부터 우리 민족의 사랑을 받아온 무궁화(無窮花)는 우리나라를 상징하는 꽃으로 '영원히 피고 또 피어서 지지 않는 꽃'이라는 뜻을 지니고 있다.

② 옛 기록을 보면 우리 민족은 무궁화를 고조선 이전부터 하늘나라의 꽃으로 귀하게 여겼고, 신라는 스스로를 '근화향(槿花鄕: 무궁화 나라)'으로 부르기도 하였다. 중국에서는 우리나라를 예로부터 "무궁화가 피고 지는 군자의 나라"라고 칭송하였다.

③ 오랜 세월 동안 우리 민족과 함께 해 온 무궁화는 조선 말 개화기를 거치면서 "무궁화 삼천리 화려 강산"이란 노랫말이 애국가에 삽입된 이후 더욱 국민들의 사랑을 받아왔다. 이 같은 무궁화에 대한 우리 민족의 한결같은 사랑은 일제 강점기에도 계속되었고, 광복 후에 무궁화를 자연스럽게 나라꽃(國花)으로 자리 잡았다.

④ 우리는 민족과 함께 영광과 수난을 같이해 온 나라꽃 무궁화를 더욱 사랑하고 잘 가꾸어 고귀한 정신을 길이 선양해야 할 것이다.

(2) 무궁화의 특징

① 7월 초순에서 10월 중순까지 매일 꽃이 피고, 한 그루에 2~3천여 송이가 핀다.

② 옮겨 심어도 잘 자라고, 공해에도 강한 특성을 지니고 있어 민족의 근면과 끈기를 잘 나타내준다.

(3) 무궁화의 종류

꽃 색깔에 따른 분류	
단심계	꽃의 중심부에 단심(붉은색 또는 자색 계통의 무늬)이 있는 꽃
배달계	중심부에 단심이 없는 순백색의 꽃
아사달계	흰색 또는 매우 연한 분홍색 꽃잎 가장자리에 붉은색 무늬가 있는 꽃

4. 국새

(1) 국새의 의미

① 국가를 상징하는 인장(印章)의 명칭은 새(璽), 보(寶), 어보(御寶), 어새(御璽), 옥새(玉璽), 국새(國璽) 등으로 다양하게 불려져 왔다. 여기서 새(璽), 보(寶)는 나라의 인장(印章)의 뜻을 지니고 있으며, 어보(御寶), 어새(御璽)는 시호, 존호 등을 새긴 왕실의 인장을 뜻하는 말이다. 옥새(玉璽)는 재질이 옥으로 만들어졌다고 해서 붙여진 이름으로, 국가를 상징하는 인장의 현대적 명칭은 국새(國璽)이다.

② 국새는 국사(國事)에 사용되는 관인으로서 나라의 중요문서에 국가의 상징으로 사용된다. 따라서 국새는 국가 권위를 상징하며, 그 나라의 역사성과 국력, 문화를 반영하는 상징물이다. 국새는 동양에서는 인장의 형태로, 서양의 경우에는 주로 압인 형태로 발전해 왔다.

(2) 제5대 국새

① 현재 사용하고 있는 제5대 국새는 2010년 9월부터 전문가 간담회, 국민 여론조사, 공청회 등 전문가 및 국민의 폭넓은 의견을 수렴하고, 2010년 11월 각계 전문가로 국새 제작위원회를 구성하여 국새 제작에 들어가 2011년 9월 제작을 완료하고 2011년 10월 25일부터 사용하고 있다.

② 국새는 가로, 세로 10.4cm 정사각형이며 무게는 3.38kg으로 국새의 존엄성과 권위·위엄을 높이기 위하여 이전의 국새보다 크게 제작하였다. 국새 내부를 비우고 인뉴(印紐, 손잡이)와 인문(印文, 아래 부분)을 분리하지 않고 한 번에 주조하는 중공 일체형(中空一體型)으로 제작했다.

③ 국새의 재질은 금, 은, 구리, 아연, 이리듐으로 구성하였으며, 희귀 금속인 이리듐을 사용함으로써 합금 성분 간에 조직을 치밀하게 하여 균열을 방지했다.

④ 인문은 '대한민국'을 훈민정음체로 각인하였다. 인뉴는 쌍봉(雙鳳)이 앉아 있는 자세로 날개와 꼬리 부분은 역동적이며 봉황의 등 위로 활짝 핀 무궁화를 표현한다.

5. 나라문장(우리나라의 문장)

(1) 나라문장의 의미

① 문장은 주로 서양에서 가문 · 단체 · 국가의 권위를 상징하는 표시로 많이 이용된다.

② 나라문장은 국가문장 또는 국장(國章)이라고도 하며, 우리나라의 문장은 태극 문양을 무궁화 꽃잎이 감싸고 '대한민국'이라는 글자가 새겨진 리본으로 그 테두리를 둘러싸는 모습이다.

(2) 나라문장의 사용

① 1963년 12월 10일 「나라문장 규정」을 제정하였으며 외국기관에 발송되는 중요문서, 훈장 및 대통령 표창장, 재외공관의 건물 등에 대한민국의 상징으로 사용하고 있다.

② 나라문장은 휘장 또는 철인으로 하며, 필요에 따라 일정한 비율로 규격을 확대 또는 축소하여 사용할 수 있다.

---

1. 국방부의 기본

(1) 국방부의 마크

〈상징(MI; Ministry Identity)〉

육군 상징   해군 상징   공군 상징

국방부가 육·해·공군의 군정/군령과 군사를 관장하며, 육·해·공군이 단결하여 국 토방위를 책임진다는 의미를 가진다.

2. 국방부 더 알아보기

(1) 국방부의 국정과제

① 제2창군 수준의 「국방혁신 4.0」 추진으로 AI 과학기술 강군 육성
  - 제2창군 수준으로 국방 태세 전반 재설계, AI 과학기술 강군 육성
  - AI 기반의 유·무인 복합 전투체계 발전, 국방 R&D 체계 전반 개혁

② 북한 핵·미사일 위협 대응 능력의 획기적 보강: 북한 핵·미사일 및 수도권 위협 장사정포에 대한 우리 군의 대응능력을 획기적으로 보강하여 실질적인 대응 및 억제 능력을 구비

③ 한·미 군사동맹 강화 및 국방과학기술 협력 확대
  - 한미 확장억제 실행력 강화 및 확고한 연합방위태세 구축
  - 한미 동맹의 신뢰를 제고 및 한미일 안보협력 강화로 동맹의 결속력 강화
  - 한국군의 핵심군사능력 조기 확보, '조건에 기초한 전시작전통제권 전환' 추진

④ 첨단전력 건설과 방산수출 확대의 선순환 구조 마련
  - 4차 산업혁명 시대 방위산업을 경제성장을 선도하는 첨단전략산업으로 육성하여 경제안보와 국가안보 간 선순환 관계 유도
  - "도전적 국방 R&D → 첨단무기체계 전력화 → 방산수출"로 이어지는 방위산업 생태계 구축을 통한 국가 먹거리 산업화 추진

⑤ 미래세대 병영체계 조성 및 장병 정신전력 강화
  - 의·식·주 등 병사 개인 생활여건 개선 및 군 특성을 반영한 의료시스템 구축
  - 장병들의 학업 연속성 보장 및 자기계발 기회 확대
  - 산재해 있는 군사시설을 통폐합하고 군사시설 보호구역을 최소화하여 지역 주민과 군이 상생할 수 있는 환경 조성

⑥ 군 복무가 자랑스러운 나라 실현
  - 병역의무 이행에 대한 합당한 예우와 사회적 보상을 통하여 군복무에 대한 상실감 해소를 위해 노력
  - 군인의 처우 및 복무여건 개선, 인권보장 등을 통한 복무 만족도 제고

1. 육군의 기본

(1) 육군의 마크

 대한민국 육군
Republic of Korea ARMY

가운데 태극은 세계의 중앙에 위치한 대한민국, 태극을 둘러싼 월계수는 군인으로서 쟁취할 승리와 영광, 월계수의 중앙 하단부 리본은 승리를 위한 기본 요소인 단결과 결속을 각각 상징한다.

(2) 육군의 3대 역할

보장자 (Assurer)	구축자 (Builder)	연결자 (Connector)
• 전략적 억제 • 작전적 신속대응 • 결전방위, 안전 보장	• 남북 신뢰형성 및 평화구축 지원 • 국민의 안전 지원 • 국제 평화유지 및 군사외교	• 의무복무의 가치 제고 • 사회 경쟁력을 겸비한 간부 육성 • 과학기술 · 산업 · 경제발전 기여

2. 육군 더 알아보기

(1) 육군의 목표(2007년 개정)

① 전쟁억제에 기여한다.: 군의 존재 목적은 궁극적으로 전쟁에서 승리하여 국가를 보전하는 일이지만, 싸우지 않고 이기는 것이 최선이다. 이를 위해 우리 육군은 평소 철저한 군사대비 태세를 확립하여 전쟁이 발발하지 않도록 억제하는 데 기여해야 한다는 것을 의미한다.

② 지상전에서 승리한다.: 전쟁억제에 실패하여 전쟁이 발발했을 때 우리 육군은 부여받은 임무에 따라 최소의 희생으로 단기간에 지상전에서 승리하여 전쟁종결에 기여한다는 것을 의미한다.

③ **국민편익을 지원한다.**: 우리 육군이 국가시책 구현에 앞장서고 국민의 안전과 편익을 적극 지원하며 장병들에 대한 민주시민 교육을 담당하는 국민의 군대임을 의미한다.

④ **정예강군을 육성한다.**: 미래에 예상되는 다양한 안보위협과 첨단 정보 · 과학전 양상에 대비하여, 우리 육군이 유비무환의 정신으로 끊임없는 정예화 · 선진화를 추진하여 상시 최강의 유 · 무형 전투력을 유지해야 함을 의미한다.

(2) 육군의 비전

① **미래 다영역작전을 주도하는 첨단과학 기술군**: 미래형 첨단 플랫폼을 갖추고 실시간 초연결 · 지능화된 조직으로 변모하여 다영역전장을 지배하는 디지털 육군

② **핵심가치로 하나된 가치기반의 전사공동체**: 보편적 · 헌법적 가치에 기반한 자기동기화를 바탕으로 높은 복무의지를 갖고 상호 다양성과 전문성을 장려하면서도 강력한 연대의식을 지닌 '하나의 육군'

③ **창의적 지력과 리더십을 갖춘 미래지향적 인재의 보고**: 서로에게 영감을 주고, 변혁의 지속성을 이끌어가며, 첨단분야에서도 민 · 군 호환성을 갖춘 국가적 인재들이 넘쳐나는 육군

④ **복지 · 문화의 혁신으로 매력 넘치는 육군**: 모든 구성원이 자부심을 갖도록 멋진 복장과 만족하는 생활 그리고 편한 휴식공간으로 높은 '삶의 질'을 제공하며, 인원 · 생명이 존중받는 '안전한 육군'

(3) 육군의 핵심가치

① **정의**: 육군 전 구성원이 참된 군인이자 민주시민으로서 어떠한 상황에도 옳고 그름을 판단할 수 있도록 하는 사고와 행동의 기준

② **3대 핵심가치**

- **위국헌신**: 군인의 본분으로서 국가와 국민을 위해 최선을 다해 봉사하고 희생하는 것
- **책임완수**: 우리에게 부여되는 임무를 올바르고 탁월하게 수행하여 대한민국 수호에 이바지하는 것
- **상호존중**: 모든 사람이 갖는 인간으로서의 존엄성과 가치를 서로 동등하게 인정하고 지켜주는 것

③ **가치관의 진화**

- 2002년 "충성 · 용기 · 책임 · 존중 · 창의" 5대 가치관을 정립
- 2019년 "위국헌신 · 책임완수 · 상호존중"이라는 3대 핵심가치를 재정립

④ 핵심가치 재정립의 원인: 2002년 육군은 "충성 · 용기 · 책임 · 존중 · 창의" 5대 가치관을 정립하여 신념화 및 행동화에 힘썼으나, 첨단과학기술군으로의 도약적 변혁 및 급변하는 사회 · 문화에 따른 장병들의 가치관의 변화를 반영하여 전 구성원을 하나의 전사공동체로 결집하고, 사회와 육군의 변화를 반영할 수 있도록 17년 만인 2019년 육군은 '하나의 육군'을 이루기 위하여 "위국헌신 · 책임완수 · 상호존중"이라는 3대 핵심가치를 재정립하였다.

03 해군

1. 해군의 기본

(1) 해군의 마크

상단부의 마스트 형상은 함정 이미지를, 마스트 아래의 원은 21세기 한국 해군의 주 무대가 세계(지구)임을 함축적으로 표현하였고 원안의 태극문양은 대한민국이라는 국적을 나타낸다. 하단부의 역삼각형 형태는 '대양해군'을 상징하는 항공모함을 형상화하여 해군의 희망과 미래 비전을 나타냈으며, 역동적인 형태의 파도문양은 오대양을 향한 진취적이고 힘찬 항진을 표현하였다.

(2) 해군의 5대 역할

전쟁억제	강력한 해군력을 보유함으로써 적의 전쟁 도발을 억제
해양통제	필요한 시간과 해역에 대해 적의 사용을 거부하고 아군의 사용을 보장
해상교통로 보호	우리 상선의 이동로를 안전하게 보호 ※ 해상교통로(SLOC; Sea Lane Of Communication)
군사력 투사	바다로부터 상륙군, 항공기, 유도탄, 함포 등으로 지상에 군사력을 투입
국가 대외정책 지원 및 국위 선양	• 국제 평화유지, 함정 외국 방문 등 • 국위선양해양탐색 및 구조 활동, 어로 보호 지원, 해상테러 · 해적행위 차단, 해난구조 및 해양오염 방지 등

2. 해군 더 알아보기

(1) 해군의 목표 · 비전

① 언제나 국민 곁에 있는 해군
- 해양질서 유지와 해양개발의 충실한 보호자
  - 북한 및 주변국 선박들의 영해 및 경제수역 침범을 저지한다.
  - 해상에서의 불법적인 테러와 해적활동을 예방한다.
  - 국가경제질서를 교란하는 밀수선 및 밀입국을 예방한다.
  - 고가의 심해저탐사장비, 플랫폼, 시추장비 등 해양자원 개발을 위한 시설과 장비를 보호한다.
- 해상재난 예방 및 구조의 최첨병
  - 정확한 해상기상 정보를 수집 · 전파한다.
  - 한반도 전 해상에 함정이 상시 배치되어 있어 해상재난 시 신속히 구조한다.
- 해양환경을 지키는 감시자
  - 한반도 주변 경제구역을 함정, 항공기로 24시간 초계하여 어자원남획 또는 해저자원 불법채취 등 해양 불법행위 감시와 해양오염 방지 등의 환경감시 활동을 수행한다.
- 국민들의 진취적인 해양사상 고취를 위한 실습장
  - 매년 약 5만여 명의 청소년과 일반 국민의 함정견학 등을 통하여 해양사상을 고취하고 해저유물 탐사 및 인양작업 지원으로 찬란한 민족유산과 전통문화의 보존 · 계승에 기여한다.
- 국위선양의 선도자
  - 1954년부터 시작된 해군의 순항훈련과 주기적으로 실시하는 림팩, 기뢰대항전훈련 등 해외 연합훈련을 통해 대한민국 해군의 역량을 대내 · 외에 널리 과시하고 있다.

② 국가번영을 이루는 필수적 존재
- 국가방위에 유용한 전력
  - 해군력은 기동성이 우수하여 전개와 철수가 용이하고 장기간 원거리작전 수행이 가능하여 융통성이 크며 위기관리에 가장 적합한 전력이다.
- 국가대외정책 지원
  - 군함은 국제법상 국가영토의 일부분으로 필요한 장소로 이동하여 국가의 힘과 의지를 과시할 수 있는 전력이다.

- 국민생활 보호
  - 해군은 해양질서유지와 해양개발의 충실한 보호자로서 각종 해양활동을 보장하고 해상재난 예방 및 구조 역할을 수행한다.
- 국가경제의 활력소
  - 군함은 컴퓨터, 레이더 등 첨단장비를 운용하기 때문에 고급 기술 인력을 사회에 공급하며, 군함건조에 필요한 근로자 고용으로 국가경제 발전에 기여한다.

(2) 해군의 문화

① 함상 경례와 길차렷

- 해군 함정에서는 일반적인 군인 상호 간의 거수경례와 더불어 나름대로의 함내 경례 관습이 있는데, 함상에서는 좁은 공간임을 감안하여 거수경례 시 팔꿈치를 앞쪽으로 45도 돌려서 경례를 하는 것을 허용하고 있으며, 함정의 좁은 통로를 상호 통과 시 상급자가 좁은 통로를 잘 지나갈 수 있도록 하급자는 '길차렷'을 실시하며 경례를 대신할 수 있다.
- 또한 함정 내에서의 경례 관습은 육상 부대의 경례 관습과는 많은 차이점이 있다. 함정 승조원들끼리는 과업 중 수시로 마주칠 경우가 많으며, 이에 따라 함정 승조원은 함정 소속 상급자에 대하여 매일 처음 만났을 때에만 거수경례로 예의를 표하고 이후 마주칠 경우에는 경례를 하지 않고 예의만 표시하면 된다. 그러나 함장이나 장관급 장교 또는 타 소속 함정의 상급자에게는 마주칠 때마다 경례로 예의를 표시하여야 한다.
- 해군 장병이 여성에게 경례를 할 때는 모자를 벗어 허리를 약간 굽혀 목례를 하며, 일반인과 인사 시에도 통상 목례를 하는 것이 관습화되어 있다.

② 15분 전, 5분 전 문화

- 함정에 승함하기 위해 정시에 도착하였음에도 부두에서 함정으로 놓여 있던 현문(舷門) 사다리가 철거되어 당황하게 되는 경우가 있는데, 이는 함정에 있어서 5분 전은 곧 출항을 의미한다는 점을 미처 파악하지 못해서 일어나는 것이다. 해군 함정이 임무 수행을 위해 출항할 경우에는 사전에 많은 준비가 필요하며, 일정한 절차에 따라 출항 준비를 해야 한다.
- 함정의 출항 절차는 사전에 발전기 작동 및 자이로(Gyro) 시동을 한 후, 출항 15분 전이 되어 출항 경보 및 출입항 요원이 배치되면서 출항 준비가 완료된다. 출항 5분 전은 함장이 함교(Bridge)에 위치하여 출항을 위한 명령을 하달하고 현문이 철거되면 부두에 매어 있던 홋줄이 풀어지는 시각이다. 함정에서의 15분 전, 5분 전에 의한 출항 절차의 의미는 해군 생활 거의 모든 분야에서 이루어진다. 각

종 과업 수행을 위한 집합이나 당직 근무 교대, 과업 진행의 방법 등이 15분 전, 5분 전의 형태로 집행되며, 5분 전은 모든 집합이 완료되고 업무 시작 준비가 완료된 상태를 의미한다.

- 이러한 해군의 5분 전 문화를 육상에서 일어날 수 있는 사례로 구분하여 보면, 일반 업무 중 차량 출발 5분 전이라는 방송을 청취하고 아직도 차량 출발 시간이 5분이 남았다고 생각하여 여유를 가지다가는 그 차량에 승차하지 못한다. 5분 전에 차량은 출발하고 있기 때문이다.
- 일찍이 조선 시대 우리 수군의 출항 준비 절차에서도 시간 간격은 차이가 있지만, 나팔의 횟수에 따라 출항을 준비토록 하였다. 민족의 성웅 이순신 제독의 『난중일기』에는 선박의 출항 준비를 의미하는 기록들이 나오는 경우가 종종 있는데, 출항 준비와 출항을 지시하는 의미로서 나팔의 횟수를 표시하고 있다.

> "2월 6일 새벽 3시에 첫 나팔을 불었다. 동이 틀 무렵 둘째 나팔, 셋째 나팔을 불고 돛을 올렸다. 2월 9일 첫 나팔, 둘째 나팔을 불고 나서 날씨를 보니, 비가 와서 바다로 나가지 않았다."

- 함정의 출항 절차는 옛날이나 지금이나 유사하다는 점에서 흥미롭다.
- 해군 함정에서의 15분 전, 5분 전에 의한 출항 절차는 세계 거의 모든 나라의 해군에서 실시하고 있는 대표적인 해군 공통 문화이다. 해군에서의 15분 전, 5분 전에 의한 문화는 해군 장병들이 모든 일을 추진할 때 항상 시간에 여유를 두고 처리하는 기초가 되며, 타인과 약속 시에도 15분 전, 5분 전 개념에 맞추어 행동을 함으로써 대인 관계에 있어서도 믿음을 주는 사람으로 인정받고 있다.

③ 줄과 매듭

- 사람과 사람이 만나 두터운 우정과 믿음을 나누는 것을 '인연을 맺는다'라고 표현하듯, 우리 해군에도 육지와 바다를 연결해주는 인연이 있다. 부두와 바다 위에 떠 있는 배를 연결시켜 그 둘의 인연을 이어주는 '홋줄'이 그것이다. 부두에 계류되어 있는 함정에는 홋줄부터 시작해 각종 줄들이 다양한 용도로 쓰이고 있는데, 우리 해군에서 쓰이는 줄은 재료에 따라 크게 섬유삭(纖維索)과 강삭(鋼索)으로 나눌 수 있다. 섬유삭(纖維索)은 마닐라삼과 대마 껍질, 목화 섬유 등의 자연 섬유와 나일론 등의 합성 섬유로 만들어지며, 강삭(鋼索)은 철사로 만든 와이어 로프를 의미한다.
- 특히 섬유삭은 꼬임과 굵기를 다양하게 하여 함정에서 각종 작업 및 항해 시 장비의 결박, 인명 구조와 각종 훈련 등 다방면에서 그 진가를 발휘하며 바다의 유동

적이고 거친 환경에 적응하는 해군에게 없어서는 안 될 중요한 역할을 담당하고 있다.

- 매듭은 함정에서 다양한 줄의 활용을 가능하게 하는 기술의 결정체라고 할 수 있다. 인류 원시 문화의 시작과 함께 등장한 오랜 기술이지만 해군에 실용적인 기술로 활용된 것은 범선을 운용한 16세기 이후부터이다. 오늘날 우리 해군에 활용되는 매듭의 종류는 그 쓰임새와 모양에 따라 50가지가 넘는다. 미끄럼 방지를 위한 매트부터 시작해서 안전망, 구명정, 난간과 손잡이 그리고 계류해 놓은 로프까지 함정 안팎이 온통 매듭으로 둘러싸여 있다 해도 과언이 아니다. 오랜 시간, 바다라는 특수한 환경에 적응하기 위해서는 강하고 딱딱한 것보다 부드럽고 질긴 것이 유리하다는 사실을 깨닫고 실용적인 기술로 발전시킨 매듭은 예술 작품 못지않게 아름다울 뿐만 아니라 줄을 함정에서 효율적으로 사용할 수 있게 한다. 줄과 매듭은 거친 파도와 싸워야 하는 바다 사나이들의 끈질긴 생명력의 상징이자 바다를 삶의 터전으로 하는 독특한 해군 문화의 한 부분이다.

④ 청결은 군함의 생명

- 함정에 처음 승조한 사람이라면 함정 승조원들이 하루에도 수차례씩 함정 내부를 구역별로 나누어 청소하는 모습을 보게 된다. 그리고 이러한 청소 작업 절차가 일정한 규칙에 따라서 일부는 바닥을 쓸고 닦거나, 일부는 헝겊이나 조그마한 도구를 사용하여 부착물이나 갑판 위의 녹을 제거하는 모습 또는 장비 위의 먼지를 제거하는 등 여러 형태별로 함·승조원 총원이 작업하고 있는 것을 볼 수 있다.

- 함정은 함정을 구성하고 있는 선체가 모두 철로 구성되어 있으며, 내부에 적재하고 있는 다양한 장비는 그 수를 헤아릴 수 없을 만큼 많다. 함정은 해수의 강한 염분 성분으로 인하여 많은 녹이 발생하며, 녹을 초기에 제거하지 않으면 함정의 뼈대인 선체나 함 외부에 부착된 부속품들이 쉽게 녹이 슬게 되어 제 기능을 발휘하지 못하게 된다. 또한 좁은 공간에서 많은 인원들이 생활하기 때문에 하루에도 수차례씩 청소를 하지 않으면 청결을 유지하지 못하게 되며, 함·승조원들의 건강에도 영향을 미치게 된다.

- 이러한 이유로 모든 승조원들에게 함체 내·외부 및 장비, 기계류의 청결 및 장비 유지를 위한 인원 배치 기준을 설정하고 각 부서별로 일정한 구역을 할당하고 있다. 함정의 청결을 위한 일과 진행은 아침 총 기상 후 실내외 청소를 시작으로 오전·오후 과업 시작 15분 전에는 함 외부 장비 및 부착물 등에 대한 녹 제거 등 보수 과업을 실시하고, 과업 끝 30분 전부터 청소를 실시하며, 순검 전에도 청소를 실시하는 등 함 내 일과에 청소나 보수 과업이 차지하는 비중이 크다. 또한 제반

검열 시에도 함 내의 청결 상태나 보수 과업 집행 상태를 확인하는 데 큰 비중을 두고 있다.

- 이처럼 함정 내에서의 청결 문제가 중요시되는 것은 함 내의 청결은 곧 해군 장병들의 건강 문제와 직결되고, 각종 장비의 성능을 최고조로 유지하여 함정의 작전 임무 수행 능력을 향상시킬 수 있다는 점에서 더욱 강조되고 있다. 이러한 해군 장병들의 청결 습관은 가정에서 거실과 침실을 깨끗이 하고 잘 정리하는 것이라든지, 또는 육상 부서 사무실의 집기류 및 카펫·커튼 등을 미적 감각에 맞추어 구비하고 깨끗이 보존하는 것 등에까지 연장된다.

⑤ 군함의 당직 근무

- 함정의 당직 근무는 함정의 전투력 유지와 함정 운용에 있어 가장 중요한 요소로 함정의 형태, 임무 및 승조원의 구성 수에 따라 적절하게 편성된다. 함정의 당직 편성은 항해 당직과 정박 당직으로 구분되며, 일반적인 당직 편성이 당직사령, 당직사관, 부직사관, 당직하사관, 당직병 등으로 나누어져 있는 육상 부대의 당직 편성과는 근본적으로 임무와 책임이 다르다.

- 항해 당직은 바다에서의 안전 항해와 전투 임무를 완벽히 수행하기 위하여 각 부서의 임무별 특성으로 당직 근무가 편성되며, 1일 3직제로 1인이 교대로 8시간씩 (주간 4시간, 야간 4시간) 연속적인 당직 근무를 수행한다.

- 함정 승조원 모두가 항해 당직에 편성되어 연속적인 당직 근무를 수행하고 있기 때문에, 함정에서의 항해 중 오전 과업은 야간 당직자의 기상 시간을 고려하여 오전 10시부터 시작되는 것이 관례이다. 1일 24시간 당직 근무가 계속됨에 따라 함정에 따라서는 심야 시간대(보통 00:00~04:00)의 당직 근무를 2시간씩 2개 조로 나누어서 근무하는 경우가 있으며, 이를 'Dog-Watch'라는 용어로 표현한다. 이는 당직조 3개 조가 주·야간 총 6회로 구분되어 근무하기 때문에 같은 조가 항상 동일한 시간대에 근무하게 되는 경우를 피하기 위해 7개 조로 구분하여 변화된 시간대에 근무가 가능토록 하기 위한 것이며, 특히 심야 시간대의 당직 근무 부담을 줄이기 위한 방법으로 이용된다.

- 정박 당직은 모항에 입항하여 대기, 수리 및 교육 훈련을 수행할 때 편성되며, 당직사령, 현문 당직과 기관 당직으로 구분된다. 함정의 당직 요원은 제반 당직 임무를 빈틈없이 수행하기 위해 정신적·육체적으로 강인한 인내심을 발휘해야 한다. 일반적으로 함정의 전투력과 명성은 당직 운영의 수준에 의해 결정되며 해군 장교의 함정 경력의 성패 역시 당직 임무의 수행 능력에 의존한다는 점을 감안할 때 당직 조직과 근무의 중요성은 해군이 존재하는 한 결코 간과되지 않을 것이다.

1. 공군의 기본

(1) 공군의 마크

 대한민국공군
REPUBLIC OF KOREA AIR FORCE

① **무궁화**: 대한민국의 국화이자 상징인 무궁화를 통해 공군인의 한없는 애국애족 정신을 표현
② **독수리**: 국가안보의 핵심전력으로서 대한민국 공군의 용맹과 진취성을 상징
③ **별**: 국토방위와 국민의 안녕을 책임지는 대한민국 공군의 막중한 임무를 의미
④ **월계**: 호국의 충성심으로 나아가서 싸우면 반드시 이기는 필승공군의 영광을 뜻함

(2) 공군의 역할

① 평시
- 적 징후 감시
- 완벽한 전투준비태세 유지
- 국지도발 대응태세 완비
- 평화유지와 재난구조

② 전시
- 공중우세와 정보우세 확보
- 적의 군사력과 전쟁의지 및 잠재력 파괴
- 지 · 해상군 작전지원
- 지속작전능력 향상 및 전력보호 임무 수행

2. 공군 더 알아보기

(1) 공군의 목표 · 비전

① **공군의 목표**: 대한민국 공군은 항공우주력을 운영하여 전쟁을 억제하고, 영공을 방위하며, 전쟁에서 승리하고, 국익증진과 세계평화에 기여한다.

② 공군의 비전
- 대한민국을 지키는: 국가방위와 국익수호라는 목표성 제시
- 가장 높은 힘: 우주를 포함하는 활동영역과 강하고 스마트한 공군의 의지 표현
- 정예우주공군: 미래전장 및 국가안보의 영역과 공군작전영역이 우주로 확장되어 감에 따라 '우주'로 영역을 확장해 나가는 공군의 목표와 의지를 명확하고 강력하게 표현, 여기서 '우주'의 개념은 물리적 영역뿐 아니라 '우주, 사이버, 전자기파' 영역 등을 포함하는 광의의 개념

(2) 공군의 핵심가치

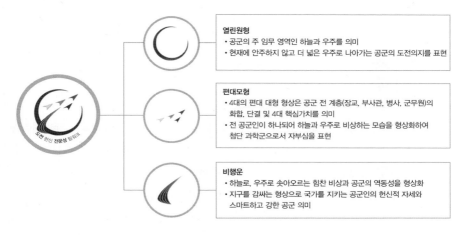

열린원형
- 공군의 주 임무 영역인 하늘과 우주를 의미
- 현재에 안주하지 않고 더 넓은 우주로 나아가는 공군의 도전의지를 표현

편대모형
- 4대의 편대 대형 형상은 공군 전 계층(장교, 부사관, 병사, 군무원)의 화합, 단결 및 4대 핵심가치를 의미
- 전 공군인이 하나되어 하늘과 우주로 비상하는 모습을 형상화하여 첨단 과학군으로서 자부심을 표현

비행운
- 하늘로, 우주로 솟아오르는 힘찬 비상과 공군의 역동성을 형상화
- 지구를 감싸는 형상으로 국가를 지키는 공군인의 헌신적 자세와 스마트하고 강한 공군 의미

(3) 공군의 상징

① **빨간 마후라**: '빨간 마후라(Muffler, 머플러)'는 대한민국의 조종사들만이 매고 있다. 전 세계 각 국의 공군 조종사들도 머플러나 스카프를 두르지만 우리 군처럼 조종사 전체가 '빨간 마후라'를 착용하는 경우는 없다. 유독 대한민국 공군만이 '빨간 마후라'를 제복의 한 부분처럼 매고 있어 대한민국 공군 조종사의 상징이 되었다.

② **빨간 마후라의 고향, 강릉 기지**: '빨간 마후라'는 6·25 전쟁 중 당시 김영환 대령이 지휘하던 우리 공군의 최전방 기지인 강릉 기지 제10전투비행전대 조종사들이 적 상공으로 출격하면서 두른 것이 기원이다. 이후 '빨간 마후라'는 다른 부대의 공군 조종사들에게도 널리 퍼졌다. 이런 이유로 강릉 기지를 빨간 마후라의 고향이라고 부른다. '빨간 마후라'는 단순히 조종사의 상징일 뿐만 아니라 조종사들에게 뜨거운 정열과 불굴의 사명 의식, 그리고 필승의 신념을 고취하는 촉매제가 되고 있다. 또한 대한민국 공군 조종사로서의 긍지와 자부심을 담고 있기도 하다. 오늘날 우리 공군 조종사의 상징이 된 '빨간 마후라'는 학생 조종사들이 정해진 비행 교육 과정을

마치고 수료할 때 참모총장이 직접 목에 걸어 주는 전통으로 이어지고 있다. 앞으로도 '빨간 마후라'는 공군 조종사들에게 있어 나라를 위해 목숨을 바치겠다는 신념과 결의를 담은 표상으로 영원히 남을 것이다.

05 해병대

1. 해병대의 기본

(1) 해병대 마크

① 리본: 독수리가 입에 물고 있는 리본에 적힌 '정의와 자유를 위하여'는 해병대가 존재하는 목적을 나타낸 글귀로서 내 한 목숨 해병대라는 조직과 조국에 바친다는 의미
② 독수리: 용맹성과 승리의 상징으로 민족과 조국의 수호신이면서 전장에서 승리의 불사신이기를 갈망하는 해병대의 기상을 의미
③ 별: 지상전투를 상징하기도 하는 별은 조국과 민족의 생존을 위한 국방의무의 상징으로 조국과 민족을 지키는 해병대의 신성한 사명을 나타냄
④ 닻: 해양 또는 해군을 상징하기도 하는 닻은 배를 일정한 곳에 머물러 있게 하기 위하여 만들어진 갈고리로서 기울어져 있는 모양의 닻은 함정이 정박 또는 정선하여 해병대 고유의 임무인 상륙작전 개시를 의미

(2) 해병대의 임무

① 국군은 육군, 해군 및 공군으로 조직하며, 해군에 해병대를 둔다(「국군조직법」 제2조 1항).
② 해병대는 상륙작전을 주임무로 하고, 이를 위하여 편성, 장비를 갖추며 필요한 교육 · 훈련을 한다(「국군조직법」 제3조 2항).

2. 해병대 더 알아보기

(1) 해병대의 핵심가치

구분	정의	포함가치
충성(Loyalty)	창설 이후 싸우면 반드시 승리하는 자랑스러운 전통에 대한 자부심과 소속감에 대한 책임의식을 가지고 이에 걸맞게 사고하고 행동함	애국, 헌신, 단결, 희생
명예(Honor)	전우애와 최고의 팀워크, 희생정신을 기반으로 조국과 해병대, 국민을 위해 목숨까지 바칠 수 있는 자세	성실, 신뢰, 자부심, 정직
도전(Challenge)	강인한 육체와 정신력을 바탕으로 현실에 안주하지 않고 끊임없이 변화하는 자세로 미래를 지향함	용맹, 용기, 열정

(2) 해병대의 상징

① 팔각모

- 팔각모의 팔극(八極)
  - '지구상 어디든지 가서 싸우면 승리하는 해병대'임을 상징
- 팔각모의 팔각(八角)
  - 화랑도 정신인 오계(五戒)와 세 가지 금기(禁忌)를 표현

오계(五戒)	세 가지 금기(禁忌)
국가에 충성하라(事君以忠)	유흥을 삼가라(愼遊興)
뜻 없이 죽이지 말라(殺生有擇)	
벗에게 믿음으로 대하라(交友以信)	전투에 후퇴하지 말라(臨戰無退)
욕심을 버려라(禁慾)	
부모에게 효도하라(事親以孝)	허식을 삼가라(愼虛飾)

- 팔각의 중심점은 지휘관을 중심으로 하여 다음과 같은 여덟 가지 해병대의 길을 나타낸다.

여덟 가지의 해병대 길
• 평화의 독립수호 • 적에게 용감 • 엄정한 군기 • 긍지와 전통 • 희생정신으로 국가에 헌신 • 불굴의 투지 • 가족적인 단결도모 • 필승의 신념으로 승리 쟁취

② 붉은 명찰

- 진홍색
  - '피'와 '정열, 용기, 신의', 그리고 '약동하는 젊음'을 조국에 바친 해병대의 전통을 상징(약칭: 피와 정열)
- 황색
  - 해병대는 신성하며, 해병은 언제나 예의 바르고 명랑하며 활기차고, 땀과 인내의 결정체임을 상징(약칭: 땀과 인내)

01 개요

1. AI면접이란?

면접관의 역할을 하는 AI가 응시자의 표정·음성·시선처리·어휘(핵심단어) 등을 체크하여 응시자의 직무능력 및 성향, 인성 등을 평가하는 면접을 의미한다. AI면접에서는 지원자가 원하는 시간과 장소에서 인터넷 PC를 이용하여 자기소개 및 지원동기 등의 질의응답과 주어진 게임을 수행한다.

〈육군 AI면접 메인화면〉 〈면접 실시 화면〉

2. 평가 요소

종합 코멘트, 주요 및 세부역량 점수, 응답 신뢰 가능성 등을 분석하여 종합평가 점수로 도출된다.

성과능력지수	스스로 성과를 내고 지속적으로 성장하기 위해 갖춰야 하는 성과 지향적 태도 및 실행력
조직적합지수	조직에 적응하고 구성원들과 시너지를 내기 위해 갖춰야 하는 심리적 안정성
관계역량지수	타인과의 관계를 좋게 유지하기 위해 갖춰야 하는 관계 지향적 태도 및 감정 파악 능력
호감지수	대면 상황에서 자신의 감정과 의사를 적절하게 전달할 수 있는 소통 능력

02   **AI면접 준비**

1. 면접 환경 점검

AI면접은 Windows 7 이상의 OS에 최적화되어 있다. 웹카메라와 헤드셋(또는 이어폰과 마이크)을 갖춘 데스크탑이나 노트북을 준비해야 하며, 크롬 브라우저도 미리 설치해 놓는 것이 좋다. 또한, 태블릿 PC, 모바일 웹은 응시가 불가능한 경우도 있으니 반드시 해당 공고를 확인해야 한다. 준비가 끝났다면 면접 시작 전에 주변 상태와 복장을 깔끔하게 정리한다.

〈화면 전환〉

〈주변기기 체크〉

2. 이미지

AI면접은 동영상으로 녹화되므로 응시자의 표정이나 자세, 태도 등에서 나오는 전체적인 이미지가 상당히 중요하다. 특히, '상황 제시형 질문'에서는 실제로 대화하듯이 답변해야 하므로 표정과 제스처의 중요성은 더더욱 커진다. 그러므로 자연스럽고 부드러운 표정과 정확한 발음은 면접 시 기본이자 필수 요소이다.

(1) 시선 처리

눈동자가 위나 아래로 향하는 것은 피해야 한다. 대면면접의 경우 아이 콘택트(Eye Contact)가 가능하기 때문에 대화의 흐름상 눈동자가 자연스럽게 움직일 수 있지만, AI면접에서는 카메라를 보고 답변하기 때문에 다른 곳을 응시하거나, 시선이 분산되는 경우에는 불안감으로 눈빛이 흔들린다고 평가될 수 있다. 따라서 카메라 렌즈 혹은 모니터를 바라보면서 상대와 대화를 하듯이 면접을 진행하는 것이 가장 좋다. 시선 처리는 연습하는 과정에서 동영상 촬영을 하며 확인하는 것이 좋다.

(2) 입 모양

좋은 인상을 주기 위해서는 입꼬리가 올라가도록 미소를 짓는 것이 좋으며, 이때 입꼬리는 양쪽이 동일하게 올라가는 것이 좋다. 그러나 입만 움직이게 되면 거짓된 웃음으로 보일 수 있기에 눈과 함께 미소 짓는 연습을 해야 한다. 자연스러운 미소 짓기는 쉽지 않기 때문에 매일 재미있는 사진이나 동영상을 보거나 최근 재미있었던 일 등을 떠올리면서 자연스러운 미소를 짓는 연습을 해야 한다.

(3) 발성 · 발음

답변을 할 때 말을 더듬는다거나 '음…', '아…' 하는 소리를 내는 것은 감점 요인이다. 매 질문마다 답변을 생각할 시간이 주어지는데, 응시자가 자신의 의견을 체계적으로 정리하지 못한 채 답변을 시작할 때 발생하는 상황이다. 생각할 시간이 주어진다는 것은 답변에 대한 기대치가 올라간다는 것을 의미하므로 주어진 시간 동안에 빠르게 답변을 구조화하는 연습을 해야 하고, 말끝을 흐리는 습관이나 조사를 흐리는 습관을 교정해야 한다. 이때, 연습 과정을 녹음하여 체크하는 것이 좋고, 답변의 내용 또한 명료하고 체계적으로 답변할 수 있도록 연습해야 한다.

3. 답변 방식

AI면접을 보다 보면, 대부분 비슷한 유형의 질문 패턴이 반복되는 것을 알 수 있다. 따라서 대면 면접 준비방식과 동일하게 질문 리스트를 만들고 연습하는 과정이 필요하다. 특히, AI면접은 질문이 광범위하기 때문에 출제 유형 위주의 연습이 이루어져야 한다. 또한, 답변을 미리 준비해서 읽으면 결과에 부정적인 영향을 줄 수도 있다. 실제 면접에서도 답변을 종이에 적어두고 읽지 않듯이, AI면접도 응시 중에 준비한 답변을 읽을 수 없다.

(1) 유형별 답변 방식

① 기본 필수 질문: 응시자들에게 필수로 질문하는 유형으로 응시자만의 답변이 확실하게 준비되어 있어야 한다.

② 상황 제시형 질문: AI면접에서 주어지는 상황은 크게 8가지 유형으로 분류된다. 각 유형별로 효과적인 답변을 할 수 있도록 연습해야 한다.

③ 심층 구조화 질문(개인 맞춤형 질문): 주로 응시자의 가치관에 따른 선택을 묻는 유형으로, 여러 예시를 통해 유형을 익히고, 그에 맞는 답변을 연습해야 한다.

(2) 유성(有聲) 답변 연습

AI면접을 연습할 때에는 같은 유형의 예시를 연습한다고 해도 실제 면접에서의 세부 소재는 거의 다르다고 할 수 있다. 때문에 새로운 상황이 주어졌을 때 유형을 빠르게 파악하고 답변을 구조화하는 반복 연습이 필요하며, 항상 목소리를 내어 답변하는 연습을 하는 것이 좋다.

(3) 면접에 필요한 연기

면접은 연기가 반이라고 할 수 있다. 물론 가식적이고 거짓된 모습이 아닌, 상황에 맞는 적절한 행동과 답변에 대한 평가를 극대화시킬 수 있는 연기를 말하는 것이다. 때문에 하나의 답변에도 깊은 인상을 심어 주어야 하고, 이때 필요한 것이 연기이다. 특히, AI면접에서는 답변 내용에 따른 표정 변화가 필요하며, 답변에 연기를 더하는 부분까지 연습이 되어 있어야 면접 준비가 완벽히 되었다고 말할 수 있다.

응시자의 외면적 요소 V4를 활용한 정서 및 성향, 거짓말 파악	
Vision Analysis	미세 표정(Micro Expression)
Voice Analysis	보디 랭귀지(Body Language)
Verbal Analysis	진술 분석 기법(Scientific Contents Analysis)
Vital Analysis	자기 최면 기법(Auto Hypnosis)
AI면접의 V4를 대비하는 방법으로 미세 표정, 보디 랭귀지, 진술 분석 기법, 자기 최면 기법을 활용	

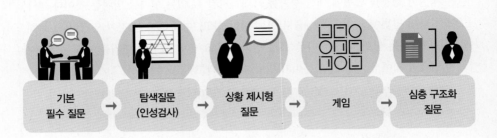

| 기본
필수 질문 | → | 탐색질문
(인성검사) | → | 상황 제시형
질문 | → | 게임 | → | 심층 구조화
질문 |

1. 기본 필수 질문 – 자기소개 및 장단점과 같은 자기PR

모든 응시자가 공통으로 받게 되는 질문으로, 기본적인 자기소개, 지원동기, 성격의 장단점 등을 질문하는 구성으로 되어 있다. 이는 대면면접에서도 높은 확률로 받게 되는 질문 유형이므로, AI면접에서도 답변한 내용을 대면면접에서도 다르지 않게 답변해야 한다.

Q1. 자기소개를 해보세요.
Q2. 자신의 장단점에 대해 말해주세요.

2. 탐색질문(인성검사) – 응시자의 특성을 파악하기 위한 핵심질문

인적성시험의 인성검사와 일치하는 유형으로, 정해진 시간 내에 해당 문장과 응시자의 가치관이 일치하는 정도를 빠르게 체크해야 하는 단계이다.

Q1. 어떤 일에 실패했어도 반드시 도전하는 편인가요?
Q2. 사람들 앞에서만 실수할까 많이 불안해 하나요?
Q3. 본인의 능력이 뛰어나다고 생각하나요?
Q4. 평소 감정기복이 심한 편인가요?
Q5. 생활이 매우 규칙적인 편인가요?
Q6. 당신은 사회 비판적인가요?
Q7. 다른 사람의 감정을 내 것처럼 느끼나요?

3. 상황 제시형 질문 - 감정전달을 극대화할 수 있는 질문 형식

특정한 상황을 제시하여, 제시된 상황 속에서 어떻게 대응할지에 대한 답변을 묻는 유형이다. 기존의 대면면접에서는 이러한 질문에 대하여 응시자가 어떻게 행동할지에 대한 '설명'에 초점이 맞춰져 있었다면, AI면접에서는 실제로 '행동'하며, 상대방에게 이야기하듯 답변이 이루어져야 한다.

> Q. 1시간 동안 줄을 서고 있는데, 거동이 불편한 노인분이 새치기를 하려고 합니다. 어떻게 이야기하겠습니까?

4. 게임

몇 가지 유형의 게임이 출제되고, 정해진 시간 내에 해결해야 하는 유형이다. 인적성 시험의 새로운 유형으로, AI면접 중에서도 비중이 상당하다.

5. 심층 구조화 질문(개인 맞춤형 질문)

인성검사 과정 중 응시자가 선택한 항목들에 기반한 질문에 답변을 해야 하는 유형이다. 때문에 인성검사 과정에서 인위적으로 접근하지 않는 것이 중요하고, 주로 가치관에 대하여 묻는 질문이 많이 출제되는 편이다.

경험 및 상황질문	탐침질문
더 좋은 성과를 만들기 위해 가장 중요한 것이 무엇이라고 생각합니까? ➡	Q1. 그것을 위해 어떤 태도와 행동을 취하시겠습니까? Q2. 그 행동의 결과에 대체로 만족하시는 편인가요?

도형 옮기기 유형

(1) 기둥에 각기 다른 모양의 도형이 꽂혀져 있다. 왼쪽 기본 형태에서 도형을 한 개씩 이동 시켜서 오른쪽의 완성 형태와 동일하게 만들 때 최소한의 이동 횟수를 고르시오.

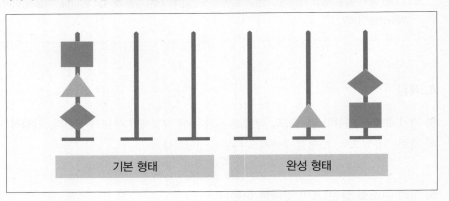

기본 형태   완성 형태

① 1회   ② 2회
③ 3회   ④ 4회
⑤ 5회

해설

왼쪽 기둥부터 1~3번이라고 칭할 때, 사각형을 3번 기둥으로 먼저 옮기고, 삼각형을 2번 기둥으로 옮긴 뒤 마름모를 3번 기둥으로 옮기면 됩니다. 따라서 정답은 ③입니다.

Solution

온라인으로 진행하게 되는 AI면접에서는 도형 이미지를 드래그하여 실제 이동 작업을 진행하게 됩니다. 문제 해결의 핵심은 '최소한의 이동 횟수'에 있는데, 문제가 주어지면 머릿속으로 도형을 이동시키는 시뮬레이션을 진행해보고 손을 움직여야 합니다. 해당 유형에 익숙해지기 위해서는 다양한 유형을 접해 보고, 가장 효율적인 이동 경로를 찾는 연습을 해야 합니다. 도형의 개수가 늘어나면 다소 난도가 올라가므로 연습을 통해 유형에 익숙해지도록 해야 합니다.

(2) 두 개의 동전이 있다. 왼쪽 동전 위에 쓰인 글씨의 의미와 오른쪽 동전 위에 쓰인 색깔의
일치 여부를 판단하시오.

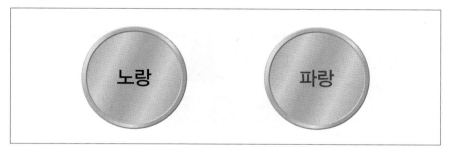

① 일치　　　　　　　　　　　　　　② 불일치

해설

왼쪽 동전 글씨의 '의미'와 오른쪽 동전 글씨의 '색깔' 일치 여부를 선택하는 문제입니다. 제
시된 문제의 왼쪽 동전 글씨 색깔은 검정이지만 의미 자체는 노랑입니다. 또한, 오른쪽 동전
글씨 색깔은 회색이지만 의미는 파랑입니다. 따라서 노랑과 파랑이 일치하지 않으므로 왼쪽
동전 글씨의 의미와 오른쪽 동전의 색깔은 불일치합니다.

Solution

빠른 시간 내에 다수의 문제를 풀어야 하기 때문에 혼란에 빠지기 쉬운 유형입니다. 풀이 방
법의 한 예로 오른쪽 글씨만 먼저 보고, 색깔을 소리 내어 읽어보는 것입니다. 입으로 내뱉은
오른쪽 색깔이 왼쪽 글씨에 그대로 쓰여 있는지를 확인하는 등 본인만의 접근법 없이 상황을
판단하다 보면 실수를 할 수밖에 없기 때문에 연습을 통해 유형에 익숙해져야 합니다.
① 오른쪽 글씨만 보고, 색깔을 소리 내어 읽습니다.
② 소리 낸 단어가 왼쪽 글씨의 의미와 일치하는지를 확인합니다.

무게 비교 유형

(3) A, B, C, D 4개의 상자가 있습니다. 시소를 활용하여 무게를 측정하고, 무거운 순서대로 나열하시오(단, 무게 측정은 최소한의 횟수로 진행해야 합니다).

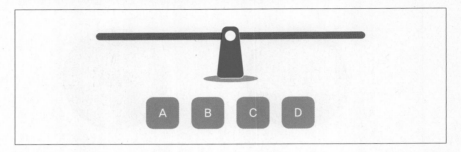

해설

온라인으로 진행하게 되는 AI면접에서는 제시된 물체의 이미지를 드래그하여 계측기 위에 올려놓고, 무게를 측정하게 됩니다. 비교적 쉬운 유형에 속하나 계측은 최소한의 횟수로만 진행해야 좋은 점수를 받을 수 있습니다. 측정의 핵심은 '무거운 물체 찾기'이므로 가장 무거운 물체부터 덜 무거운 순서로 하나씩 찾아야 하며, 이전에 진행한 측정에서 무게 비교가 완료된 물체들이 있다면, 그중 무거운 물체를 기준으로 타 물체와의 비교가 이루어져야 합니다.

Solution

① 임의로 두 개의 물체를 선정하여 무게를 측정합니다.

②·③ 더 무거운 물체는 그대로 두고, 가벼운 물체를 다른 물체와 교체하여 측정합니다.

④ 가장 무거운 물체가 선정되면, 남은 3가지 물체 중 2개를 측정합니다.

⑤ 남아 있는 물체 중 무게 비교가 안 된 상자를 최종적으로 측정합니다.

따라서 무거운 상자 순서는 'C>B>A>D'입니다.

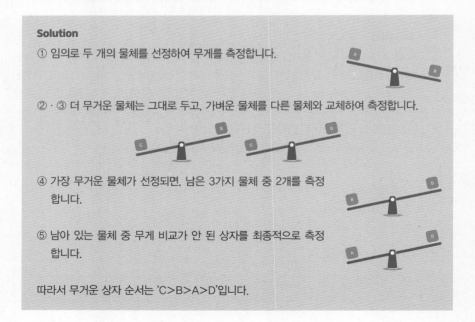

(4) 제시된 도형이 2번째 이전 도형과 모양이 일치하면 Y를, 일치하지 않으면 N을 기입하시오.

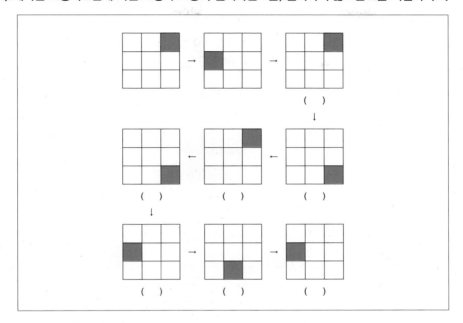

(5) 도형 안에 쓰인 자음, 모음, 숫자와의 결합이 '분류코드'와 일치하면 Y를, 일치하지 않으면 N을 체크하시오.

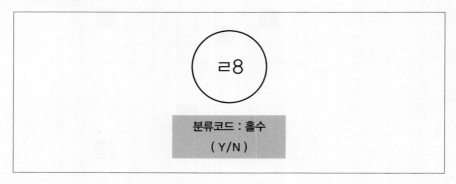

해설

분류코드에는 짝수, 홀수, 자음, 모음 4가지가 존재합니다. 분류코드로 짝수 혹은 홀수가 제시된 경우 도형 안에 있는 자음이나 모음은 신경 쓰지 않아도 되며, 제시된 숫자가 홀수인지 짝수인지만 판단하면 됩니다. 반대로, 분류코드로 자음 혹은 모음이 제시된 경우에는 숫자를 신경 쓰지 않아도 됩니다. 제시된 문제에서 분류코드로 홀수가 제시되었지만, 도형 안에 있는 숫자 8은 짝수이므로 N이 정답입니다.

Solution

개념만 파악한다면 쉬운 유형에 속합니다. 순발력을 요하는 문제로, 정해진 시간 내에 최대한 많은 문제를 풀어야 합니다. 계속해서 진행하다 보면 쉬운 문제도 혼동될 수 있으므로 시간을 정해 빠르게 문제를 해결하는 연습을 반복한 후 실전면접에 임해야 합니다.

(6) 주어지는 인물의 얼굴 표정을 보고 감정 상태를 판단하시오.

① 무표정   ② 기쁨
③ 놀람   ④ 슬픔
⑤ 분노   ⑥ 경멸
⑦ 두려움   ⑧ 역겨움

Solution

제시된 인물의 사진을 보고 어떤 감정 상태인지 판단하는 유형의 문제입니다. AI면접에서 제시되는 표정은 크게 8가지로 '무표정, 기쁨, 놀람, 슬픔, 분노, 경멸, 두려움, 역겨움'입니다. '무표정, 기쁨, 놀람, 슬픔'은 쉽게 인지가 가능하지만, '분노, 경멸, 두려움, 역겨움'에 대한 감정은 비슷한 부분이 많아 혼동될 수 있습니다. 사진을 보고 나서 5초 안에 정답을 선택해야 하므로 깊게 고민할 시간이 없습니다. 사실 해당 유형이 우리에게 완전히 낯설지는 않은데, 우리는 일상생활 속에서 다양한 사람들을 마주하게 되며 이때 무의식적으로 상대방의 얼굴 표정을 통해 감정을 판단하기 때문입니다. 즉, 누구나 어느 정도의 연습이 되어 있는 상태이므로 사진을 보고 즉각적으로 드는 느낌이 정답일 확률이 높습니다. 따라서 해당 유형은 직관적으로 정답을 선택하는 것이 중요합니다. 다만, 대다수의 응시자가 혼동하는 표정에 대한 부분은 어느 정도의 연습이 필요합니다.

(7) 주어지는 4장의 카드 조합을 통해 대한민국 국가 대표 야구 경기의 승패 예측이 가능하다. 카드 무늬와 앞뒷면의 상태를 바탕으로 승패를 예측하시오(각 문제당 제한 시간 3초).

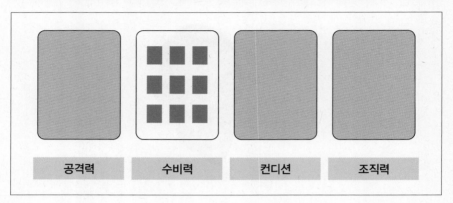

① 승리   ② 패배

Solution

계속해서 제시되는 카드 조합을 통해 정답의 패턴을 파악하는 유형입니다. 온라인으로 진행되는 AI면접에서는 답을 선택하면 곧바로 정답 여부를 확인할 수 있습니다. 이에 따라 하나씩 정답을 확인한 후, 몇 번의 시행착오 과정을 바탕으로 카드에 따른 패턴을 유추해 나갈 수 있게 됩니다. 그렇기 때문에 초반에 제시되는 카드 조합의 정답을 맞히기는 어려우며, 앞서 얻은 정보들을 잘 기억해 두는 것이 핵심입니다. 제시된 문제의 정답은 패배입니다.

우리 인생의 가장 큰 영광은
결코 넘어지지 않는 데 있는 것이 아니라
넘어질 때마다 일어서는 데 있다.

- 넬슨 만델라 -

좋은 책을 만드는 길, 독자님과 함께하겠습니다.

2025 시대에듀 면접관이 공개하는 군무원 면접 합격의 공식

개정3판1쇄 발행	2025년 01월 10일 (인쇄 2024년 10월 08일)
초 판 발 행	2021년 07월 20일 (인쇄 2021년 07월 16일)
발 행 인	박영일
책 임 편 집	이해욱
편 저	시대적성검사연구소
편 집 진 행	박종옥 · 이수지
표지디자인	조혜령
편집디자인	김예슬 · 장성복
발 행 처	(주)시대고시기획
출 판 등 록	제10-1521호
주 소	서울시 마포구 큰우물로 75 [도화동 538 성지 B/D] 9F
전 화	1600-3600
팩 스	02-701-8823
홈 페 이 지	www.sdedu.co.kr

I S B N	979-11-383-8072-0 (13350)
정 가	23,000원

시대에듀의
지텔프 최강 라인업

1주일 만에 끝내는
지텔프 문법

10회 만에 끝내는
지텔프 문법 모의고사

답이 보이는 지텔프 독해

스피드 지텔프 레벨2

지텔프 Level.2
실전 모의고사

※ 도서의 이미지 및 구성은 변경될 수 있습니다.